21世纪高职高专教材·财经管理系列

管理学基础

(第3版)

主　编　袁淑清
副主编　尹　丹　程良友
主　审　包忠明

清华大学出版社
北京交通大学出版社
·北京·

内 容 简 介

本书主要包括计划职能、组织职能、领导职能、控制职能、创新职能5个模块。计划职能模块包括计划、目标管理、决策3个项目；组织职能模块包括组织结构设计、组织变革、人员配备3个项目；领导职能模块包括领导、激励、沟通、协调4个项目；控制职能模块包括控制基础、绩效评估2个项目；创新职能模块包括创新和管理创新2个项目。各项目都配有案例分析、课堂案例讨论、思考和实训等。

本书可作为高职高专财经管理类专业的教学用书，也可作为管理者或相关从业人士学习或培训的参考教材。

本书封面贴有清华大学出版社防伪标签，无标签者不得销售。
版权所有，侵权必究。侵权举报电话：010-62782989 13501256678 13801310933

图书在版编目（CIP）数据

管理学基础/袁淑清主编；尹丹，程良友副主编．—3版．—北京：北京交通大学出版社：清华大学出版社，2023.1
（21世纪高职高专教材·财经管理系列）
ISBN 978-7-5121-4820-8

Ⅰ．①管⋯ Ⅱ．①袁⋯ ②尹⋯ ③程⋯ Ⅲ．①管理学-高等职业教育-教材 Ⅳ．①C93

中国版本图书馆CIP数据核字（2022）第197005号

管理学基础
GUANLIXUE JICHU

责任编辑：黎 丹

出版发行：清 华 大 学 出 版 社   邮编：100084   电话：010-62776969
　　　　　北京交通大学出版社   邮编：100044   电话：010-51686414
印　　刷 者：北京时代华都印刷有限公司
经　　销：全国新华书店
开　　本：185 mm×260 mm   印张：14.5   字数：362千字
版 印 次：2010年12月第1版   2023年1月第3版   2023年1月第1次印刷
印　　数：1～2 000册   定价：39.00元

本书如有质量问题，请向北京交通大学出版社质监组反映。对您的意见和批评，我们表示欢迎和感谢。
投诉电话：010-51686043，51686008；传真：010-62225406；E-mail：press@bjtu.edu.cn。

前　言

"管理学基础"是管理类各专业必修的专业基础课程，在管理类专业课程体系中具有重要的地位。通过该课程的学习，学生可以了解管理学的基本原理和基本方法，培养学生基层管理工作岗位的综合管理技能和素质。

本书自 2010 年 12 月第 1 版、2015 年 6 月第 2 版以来，先后被全国多所高职院校使用，受到师生、管理者及相关从业人士的广泛欢迎与好评。本次再版对教材的基本结构没有变动，而是根据管理环境的变化和企业管理人员的建议，替换了部分案例，使教材更加工作化；根据师生的反馈和教学的需求，增加了客观题的数量，使教材更加实战化；为了提升学生的综合素养，添加了素质目标，使教材更加能力化。再版后的教材具有以下特色：

一是在编写思路上，本教材依据教育部关于职业院校人才培养方案的要求，坚持面向市场、服务发展、促进就业的办学方向；结合高职院校学生的知识结构特征，从学生对管理知识的实际需求出发，本着注重能力培养、理论必需够用，以职业能力为本位，以就业为导向的指导思想，深化产教融合、校企合作的教学理念；坚持以培养全面素质教育为基础，把立德树人融入教材体系，实现综合素养教育与管理技能教育有机统一。

二是在编写内容上，本教材把学生的管理能力从理论中细分出来，通过课程内容的整合，实践教学内容和组织形式的创新，使教材内容项目化、实务化、能力化，并按管理工作的实践要求，对教材内容进行实践性系统化设计，使其案例化、实战化和工作化。

三是在编写结构上，本教材采用了以工作项目为主体的模块化编写体例，将管理学的知识、方法、过程和具体的任务联系起来，教材体系完整、内容新颖，大大增强了学生的实际操作能力。

本教材按照管理的职能，分为计划职能、组织职能、领导职能、控制职能和创新职能 5 个模块，包含 14 个项目，每个项目由案例导读、理论与实务知识、思考和实训几个部分组成，具体内容安排如下。

模块 1：计划职能，包括分析环境、制定目标、设计与抉择方案、编制计划、反馈计划执行情况。

模块 2：组织职能，包括设计组织结构、建立职权关系体系、组织变革、人员配备。

模块 3：领导职能，包括领导者是组织的领头人、合理用人是一门艺术、有效激励、沟通与协调。

模块 4：控制职能，包括建立控制标准、采取纠正措施、衡量工作绩效。

模块 5：创新职能，包括创新是一个整体性工程、创新方法是提高创新能力的有效工具、管理创新模式、企业国际化管理。

四是在编写模式上，本教材采用了案例导读、工作实战引领的编写模式。与同类代表性教材相比较，主要特色与创新之处在于将知识点与技能点"情景化""问题化""工作化""系统化""能力化""操作化"。

本教材在编写过程中还采用了校企合作的研讨模式，在充分调研和征求企业管理者意见的基础上，安排教材编写内容。

本教材由常州纺织服装职业技术学院袁淑清教授主编，常州纺织服装职业技术学院包忠明教授对全部书稿进行了审阅。在修订过程中，参阅了许多相关的教材和专著，吸收和使用了有关教材和专著的成果，并得到了尹丹老师和程良友老师的大力支持，在此表示诚挚的谢意。由于时间和水平的限制，书中会有一些不足之处，恳请读者多提宝贵意见。

编 者
2022 年 11 月

目　录

0　概述 ··· 1
　0.1　管理 ··· 1
　0.2　管理者 ·· 5
　0.3　管理学 ··· 10
　0.4　管理学原理 ·· 12
　0.5　管理理论 ·· 14
　0.6　思考和实训 ··· 22

模块1　计划职能

项目1　计划 ·· 28
　1.1　案例导读 ·· 28
　1.2　理论与实务知识 ··· 29
　1.3　思考和实训 ··· 38

项目2　目标管理 ·· 41
　2.1　案例导读 ·· 41
　2.2　理论与实务知识 ··· 42
　2.3　思考和实训 ··· 48

项目3　决策 ·· 51
　3.1　案例导读 ·· 51
　3.2　理论与实务知识 ··· 52
　3.3　思考和实训 ··· 59

模块2　组织职能

项目4　组织结构设计 ·· 64
　4.1　案例导读 ·· 64
　4.2　理论与实务知识 ··· 65
　4.3　思考和实训 ··· 73

项目 5　组织变革 ·· 76
  5.1　案例导读 ··· 76
  5.2　理论与实务知识 ··· 77
  5.3　思考和实训 ··· 82

项目 6　人员配备 ·· 85
  6.1　案例导读 ··· 85
  6.2　理论与实务知识 ··· 86
  6.3　思考和实训 ··· 96

模块 3　领导职能

项目 7　领导 ··· 102
  7.1　案例导读 ·· 102
  7.2　理论与实务知识 ·· 103
  7.3　思考和实训 ·· 114

项目 8　激励 ··· 118
  8.1　案例导读 ·· 118
  8.2　理论与实务知识 ·· 119
  8.3　思考和实训 ·· 127

项目 9　沟通 ··· 131
  9.1　案例导读 ·· 131
  9.2　理论与实务知识 ·· 132
  9.3　思考和实训 ·· 141

项目 10　协调 ··· 145
  10.1　案例导读 ··· 145
  10.2　理论与实务知识 ·· 146
  10.3　思考和实训 ·· 154

模块 4　控制职能

项目 11　控制基础 ·· 158
  11.1　案例导读 ··· 158
  11.2　理论与实务知识 ·· 159
  11.3　思考和实训 ·· 165

项目 12　绩效评估 ·· 169
  12.1　案例导读 ··· 169
  12.2　理论与实务知识 ·· 170
  12.3　思考和实训 ·· 177

模块 5 创 新 职 能

项目 13 创新 ·· 182
　13.1 案例导读 ·· 182
　13.2 理论与实务知识 ··· 183
　13.3 思考和实训 ·· 198
项目 14 管理创新 ·· 203
　14.1 案例导读 ·· 203
　14.2 理论与实务知识 ··· 204
　14.3 思考和实训 ·· 217
参考文献 ·· 222

0 概 述

管理学是系统研究管理活动的基本规律和一般方法的科学,是在近代社会化大生产条件下和自然科学与社会科学日益发展的基础上形成的。

管理学的目的:研究在现有的条件下如何通过合理的组织和配置人、财、物等因素,提高生产力的水平。

管理的五大职能:计划职能、组织职能、领导职能、控制职能、创新职能。

0.1 管 理

0.1.1 什么是管理

管理是管理学中最基本的概念。由于管理概念本身具有多义性,它不仅有广义和狭义的区分,而且还因时代、社会制度和专业的不同,产生不同的解释和理解。随着社会化程度的提高和人类知识领域的拓展,人们对管理的认识和理解就有了一些差异。许多中外学者从不同的研究角度出发,对管理做出了不同的解释。

归纳各种论述,我们认为,管理是在特定的环境下,管理者为了实现一定的目标,对其所能支配的各种资源进行有效的计划、组织、领导和控制等一系列活动的过程。这个概念包含以下四层意思。

知识链接 0-1

(1) 管理是一个过程

管理过程是由一系列相互关联、连续进行的活动所构成。这些活动包括计划、组织、领导、控制等,它们是管理的基本职能。

(2) 管理的核心是达到目标

管理活动都是在组织中发生的,不管什么样的组织都是有一定目标的,管理是围绕着既定的组织目标来进行的。目标不明确,管理便无从谈起。

(3) 管理达到目标的手段是运用组织拥有的各种资源

组织达到的目标是通过组织活动实现的,而任何组织活动都离不开使用或消耗一定的资源(包括人、财、物、时间、信息)。管理就是以最低的组织资源、最佳的组织活动,来达到管理的目标。

(4) 管理的本质是协调

管理的最终目的是实现目标。协调的功能是通过正确处理组织内外各种关系,为组织发展创造良好的内部条件和外部环境,从而促进组织目标的实现。

0.1.2 管理的性质

管理作为人类一种特殊的实践活动,具有自己独特的性质。

1. 管理的二重性

马克思主义管理二重性理论认为,管理具有自然属性和社会属性。

管理的自然属性是指管理是由许多人协作劳动而产生的,是有效组织共同劳动所必需的,因此具有同生产力和社会化大生产相联系的自然属性,它与具体的生产方式和特定的社会制度无关。管理要处理人与自然的关系,要合理地组织社会生产力,故也称做管理的生产力属性。

管理的社会属性是指管理体现着生产资料占有者指挥劳动、监督劳动的意志,因此它又有同生产关系和社会制度相联系的社会属性。它与生产关系和社会制度相连,是为统治阶级服务的,并受一定生产关系、政治制度和意识形态的影响和制约。

任何管理活动都是在特定的社会生产关系条件下进行的,都必然地要体现一定社会生产关系的特定要求,为特定的社会生产关系服务,从而实现其调节和维护社会生产关系的职能。所以,管理的社会属性也称为管理的生产关系属性,其性质取决于不同的社会经济关系和社会制度的性质。在不同的社会制度条件下,不同的监督目的和方式,必然使管理活动具有不同的性质。

2. 管理的综合性

任何管理活动都受多种因素的综合影响,并通过综合解决各种复杂的矛盾以达到系统的协调和管理目标的实现,这就是管理的综合性。管理的综合性表现在各个方面,如分析问题、进行决策要综合考虑管理系统内外各种因素的影响;组织实施和进行调节,要综合运用各种管理方法;调动人的积极性,要综合分析各种不同人员的心理和思想状态,等等。

管理活动这种综合性的特点,也决定了管理科学研究的复杂性和边缘性。只有从各个不同角度对各种管理活动进行综合研究,才能正确地认识和把握管理规律,并提出普遍适用、行之有效的管理原则和管理措施。

3. 管理的科学性

管理作为一个活动过程,其间存在一系列客观规律。人们通过对各种社会管理实践经验的收集、归纳、检测数据,提出假设,验证假设,从中抽象、总结出一系列反映管理活动过程中客观规律的管理理论和一般方法。

人们利用这些理论和方法来指导自己的管理实践,又以管理活动的结果来衡量管理过程中所使用的理论和方法是否正确、是否行之有效,从而使管理的科学理论和方法在实践中得到不断的验证和丰富。

因此,管理是一门科学,是指以反映管理客观规律的管理理论和方法为指导,有一套分析问题、解决问题的科学的方法论。科学是指在特定的领域中,将已稳定、成熟的客观规律系统化、理论化的概括和总结。

管理的科学性还表现在:经过了长期的探索和实践,寻找和证实了大量的管理客观规律;管理在长期实践中,已经将经营上升为理论,开始形成了一套比较完整的知识体系;管理不仅积累了自身的经验和规律,而且众多的科学方法逐步融入到管理实践和管理理论中,使其更加严谨和科学。

4. 管理的艺术性

管理是一门艺术，其内涵就是强调管理的实践性和灵活性。仅仅凭借书本上的管理理论和管理原则来进行管理，无异于"纸上谈兵"，是不能保证其成功的。管理人员必须在管理实践中发挥积极性、主动性和创造性，灵活地将管理知识与具体管理相结合，才能有效地进行管理。

管理的艺术性表明，管理在实践中靠的是人格魅力、洞察形式与创新。在复杂的社会活动中，仅有管理理论知识还不能保证实践的成功，实际上也不存在固定不变的管理模式，只有审时度势，灵活运用管理理论才能获得事业的成功。不同的文化背景体现出不同的管理艺术，因此管理者如何在管理工作中应用不同的管理方法艺术直接关系到管理工作的成败。

总之，管理是科学性与艺术性的有机统一体，是辩证统一的关系。这一点对于从事管理工作的管理者来讲，具有十分重要的意义。它有助于促进我们既重视管理理论知识的学习，又不忽视在管理实践中的灵活运用。

知识链接 0-2

> **案例思考**
>
> 如何进行管理
>
> 在一个企业管理经验交流会上，有两个厂的厂长分别论述了他们各自对如何进行有效管理的看法。
>
> 甲厂长认为，企业首要的资产是员工，只有员工们都把企业当成自己的家，都把个人的命运与企业的命运紧密联系在一起，才能充分发挥他们的智慧和力量为企业服务。因此，管理者有什么问题，都应该与员工们商量着解决；平时要十分注重对员工需求的分析，有针对性地给员工们提供学习、娱乐的机会和条件；每月的黑板报上应公布当月过生日的员工的姓名，并祝愿他们生日快乐；如果哪位员工生儿育女了，厂里应派车接送，厂长应亲自送上贺礼。在甲厂长的厂里，员工们都普遍地把企业当作自己的家，全心全意地为企业服务，工厂就能日益兴旺发达。
>
> 乙厂长则认为，只有实行严格的管理才能保证实现企业目标所必须开展的各项活动顺利进行。因此，企业要制定严格的规章制度和岗位责任制，建立严密的控制体系、注重上岗培训、实行计件工资制等。在乙厂长的厂里，员工们都非常注意遵守规章制度，努力工作以完成任务，工厂则可发展迅速。
>
> **思考：**
> 这两个厂长谁的观点更有道理，为什么？

0.1.3 管理的职能

管理职能是对管理过程中各项行为内容的概括，是人们对管理工作应有的一般过程和基本内容所做的理论概括。划分管理职能，其意义在于：管理职能把管理过程划分为几个相对独立的部分，在理论研究上能更清楚地描述管理活动的整个过程，有助于实际的管理工作及管理教学工作。

究竟应该包括哪些管理职能？管理学者至今仍众说不一。例如，法约尔的五大职能、三大职能的观点、行为科学的四大职能、管理过程六项基本职能与管理九大职能等。由此可见，管理的职能是随着社会经济的发展、科学技术的进步和管理理论与实践的发展而不断发展变化的。本书把管理的职能概括为5个方面：计划、组织、领导、控制和创新，如图0-1所示。

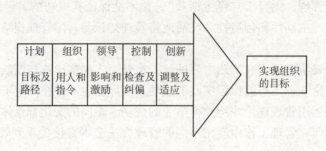

图0-1 管理职能

1. 计划

计划是指对未来的活动进行规划和安排，在工作或行动之前，预先拟定出具体内容和步骤，包括确立短期目标和长期目标，以及选定实现目标的手段等。

计划职能的主要内容如下：一是分析和预测单位未来的情况变化；二是制定目标，包括确定任务、方针、政策等；三是拟定实现计划目标的方案，做出决策，对各种方案进行可行性研究，选定可靠的满意方案；四是编制综合计划和各专业活动的具体计划；五是检查总结计划的执行情况。

计划职能是管理活动的首要职能，它是一个管理活动的起点。计划既是组织在未来一定时期内的行动目标和方式在时间和空间的进一步展开，又是组织、领导、控制等管理职能的基础。因此，计划职能对于管理活动具有至关重要的作用。

2. 组织

组织是指为了实现目标，对人们的活动进行合理的分工和协作，合理配备和使用资源，正确处理人际关系的管理活动。

组织职能的主要内容如下：一是按照目标要求建立合理的组织结构；二是按照业务性质分工、确定各部门的职责范围；三是给予各级管理人员相应的权力；四是明确上下级之间、个人之间的领导与协作关系，建立信息沟通渠道；五是配备、使用和培训工作人员；六是建立考核和奖惩制度，激励员工。

组织职能是管理的一项重要职能。管理者进行管理的指令要借助组织各部门之间按特定的次序传递；管理的目标要通过合理的组织设计和有效的组织行为来实现。

3. 领导

领导是指领导者为了实现组织的目标，运用权力向其下属施加影响力的一种管理行为。这种行为和影响力通过组织所赋予的权力、实行监督和控制，但更主要的是通过个人依据组织环境，运用领导技能，采取正确的领导方式和领导行为，团结和带领组织人员高效率地实现组织目标。

领导职能的主要内容如下：一是指导人们的行为，指明达到目标的途径；二是协调人们之间的关系，统一思想和认识；三是激励每个成员自觉地为实现组织目标共同努力。

领导者在行使领导职能时，除了运用自己的智慧、经验和科学的领导方法，还需要运用领导艺术，以充分发挥领导效能。

领导是管理的一个职能，属于管理活动的范畴，它贯穿在整个管理活动中。

4. 控制

控制是指管理者为了保证实际工作与计划一致，有效实现目标而采取的管理活动。虽然在计划职能中要求尽可能全面、周密地反映客观情况，制订出切实可行的计划，但是在管理过程中还会出现各种预料不到的情况，所以在执行计划的过程中仍有可能产生不同程度的偏差。这就要求控制职能加以调节，以保证目标的实现。

控制职能的主要内容如下：一是制定控制标准；二是衡量计划执行情况，将实际成果同预定目标相比较以确定是否发生了偏差；三是采取纠正措施，将各种有效的控制方法应用于管理过程中。

控制是管理过程的关键职能，是通过信息反馈和绩效评估，对组织的活动进行监督、检查、纠正偏差的过程，是连续不断、反复进行的过程，贯穿于整个管理活动的始终。

5. 创新

创新是一项重要的管理职能，在一个科技迅猛发展、环境瞬息万变的社会，任何因循守旧、墨守成规、缺乏创新的组织都将在激烈的竞争中被淘汰。经济学家熊彼特认为，资本主义的发展主要依赖企业家的创新活动这一"内在因素"。这种创新包括引进新产品、采用新技术、开辟新市场、发掘原材料新来源等"技术创新"及改进企业组织等"制度创新"。

现代社会创新的内容更加广泛，除了技术创新与制度创新，还包括观念创新、管理创新等内容。所谓管理创新，对于一般的组织而言，可以理解为创造一种新的更加有效的资源整合模式，不断提高管理的效率与效益，以促成组织目标的高效实现。具体来说，管理创新可以是创设一个新的组织机构，提出一种新的发展思路、管理模式与方法等。

以上五项管理职能在管理实践中不是互相独立的，而是一个相互联系、相互制约、相互渗透的统一体。作为一个管理者，不能机械地按照这五项职能来依次从事管理工作，卓越的管理是这五项职能在运作上的高度契合。成功的管理者应该用联系的、发展的、辩证的眼光看待这些职能。

0.2 管 理 者

0.2.1 什么是管理者

管理者是指在组织中行使管理职能、指挥或协调他人完成具体任务的人，是组织中的一个角色。每个组织中都有不同的管理者，由于管理者所处的管理岗位不同，可以分为：高层管理人员、中层管理人员、基层管理人员。一般而言，高层管理人员重在规划决策及战略管理，中层管理人员着重于部门内的管理，而基层管理人员重在具体实施执行。所以，在履行相应职责的能力上，高层管理人员要求具备战略性能力，中层管理人员要求具备贯彻执行与组织协调能力，基层管理人员则要求具备较多的操作实施能力。

1. 高层管理人员

高层管理人员是对整个组织的管理负有全面责任的人，处于管理层的最高层，如公司的总经理或总裁、医院的院长等。他们的主要职责是：制定组织的总目标、总战略；掌握组织的大政方针并评价整个组织的绩效；开拓进取、改变现状，为组织发展创造机会；合理配置资源，协调好各方面的利害关系。高层管理人员关心的是组织完整的长期的战略规划。

高层管理人员应具备的能力主要包括：战略规划和预见能力、保持平稳情绪的能力、洞察分析和果断决策的能力、克服困难和追求成功的能力、创新能力、领导能力、团队合作能力、组织能力、协调能力、应变能力、人际沟通能力。

2. 中层管理人员

中层管理人员处于管理层的中间部分，在整个管理活动中起着承上启下的作用。他们的主要职责是：一般侧重各部门之间工作关系的协调、上下级之间的沟通、与外部的联络、经营计划的实施及促使本部门成为一个完整的工作团体。与高层管理人员相比，中层管理人员特别注意日常的管理工作。中层管理人员如地区或部门经理、办事处主任等。中层管理人员偏重的是中期、内部的管理性计划。

中层管理人员的能力结构主要包括：执行能力；人际沟通说服能力；业务适应能力；组织协调能力；团队合作能力；判断洞察力；情绪控制力。

3. 基层管理人员

基层管理人员又称第一线管理者，处于管理的最底层。他们的主要职责是：让管理幅度内的作业人员把工作做好，给其分派具体工作任务。基层管理人员采用的是直接控制的方式，直接指挥和监督现场作业活动，保证各项任务的有效完成，个人对控制行为的结果负责。基层管理人员如企业的作业长或工段长、高校的教研室主任等。基层管理人员侧重于短期的作业计划。

基层管理人员的能力结构主要包括：操作实施能力、理解把握能力、解决实际矛盾与问题的技能技巧、学习能力、团队合作能力、应变能力、管理意识。

作为管理者，不论处于组织的哪一个管理层次，其履行的管理职能都包括计划、组织、领导和控制，但侧重点不同。

各层次的管理者侧重的管理职能如图 0-2 所示。

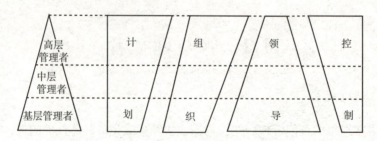

图 0-2　各层次的管理者侧重的管理职能

案例思考

什么是优秀管理者

刘全是深圳一家消费电子产品公司的策划部经理，农村出身的大学生，由于工作颇有成就，深得公司领导赏识，从一线摸爬滚打到现在这个位子。他对工作要求特别严格，经常废寝忘食地全身心投入到工作中，甚至没有时间去谈恋爱。他希望他的员工也像他一样，全心全意投入到公司的事务中，一心为公，敬业奉献。他的口头禅是"公司事再小也是大事，个人事再大也是小事"。

他要求下属员工上班时间不得闲聊、不得接打私人电话、不得做与岗位工作无关的事情,所有时间都得用在工作上;要求下属员工养成"早到晚归"的习惯,让下属员工每天陪自己加班到十一二点,即使下属员工真的无事可做,也不能随便回去。假如下属员工没有养成这种习惯,那么加薪晋职的机会就很渺茫,而且很可能被他冷藏,再无出头之日,要么就是莫名接到调职或解雇的通知。另外,无论什么节假日,他都会为下属员工重新规划,以满足他工作的需要,根本没有什么周末、国家法定节假日的概念。

在他的领导下,下属员工总有做不完的工作,即便有些工作没有任何意义。他的举措引起了下属员工的怨言,他们抱怨自己完全没有私人空间,随时都被经理管理和监督,好像自己是卖给了公司,身心受到严重的限制,他们快要疯掉了。一次其中一个下属在内部网站牵头讨论加班要给加班费、工作应该劳逸结合问题,被他知道了,没几天这位员工就在绩效考评中被合理规范地"处理"掉了。随后一个深夜召开的部门会议上,下属员工终于爆发了自己的情绪,刘全的工作也因此陷入了被动、士气低落、效率下降、人员流失、管理混乱等,不久他就被撤职调离。

类似的公司管理者在我们周围不少见。这个案例反映出公司管理者存在诸多问题:管理者角色定位不明确、工作计划性不强、管理跨度不合理、企业文化建设不成功、管理监控不力等。

思考:
怎样做一个合格的管理者?如何扮演好管理者的角色?

0.2.2 管理者的角色

20世纪60年代末期,加拿大管理学家亨利·明茨伯格在《管理工作的本质》一书中提出了管理者角色理论。他认为,在一个组织中无论管理者处于哪个层次,也无论处于哪个职能部门,都必须扮演特定的角色。

明茨伯格通过实证研究得出结论,管理者在计划、组织、领导、控制组织资源过程中所要履行的职责可划分为十种角色。这十种角色可以进一步组合成三个方面:人际关系、信息传递和决策制定,具体内容如图0-3所示。管理者通过扮演各种角色来影响组织内外个人和群体的行为。

图0-3 管理者在工作中担当的角色

1. 人际关系角色

管理者扮演人际关系角色的目的是为员工和作为整体的组织提供方向与监督。具体包括三种人际关系角色。

(1) 代表者角色

作为组织的管理者，必须行使一些具有礼仪性质的职责，如接待来访者、参加社会活动或宴请重要客户等。在这样做的时候，管理者就是在行使代表者的角色。

(2) 领导者角色

由于管理者对所在组织的成败负重要责任，因此管理者必须要和员工一起工作并通过员工的努力来确保组织目标的实现，如培训和激励员工等。

(3) 联络者角色

管理者无论是在和组织内的个人或工作小组一起工作时，还是在与外部利益相关者建立良好关系时，都起着联络者的作用。管理者只有对重要的组织问题有敏锐的洞察力，才能在组织内外建立良好的关系和网络。

2. 信息传递角色

管理者扮演信息传递角色的目的是确保组织内一起工作的人享有足够的信息，从而能够顺利完成工作。具体包含三种信息传递角色。

(1) 监控者角色

作为监控者，管理者需要分析组织内外的各种信息。可以通过接触下属来收集信息，并且从个人关系网中获取对方主动提供的信息。根据这种信息，管理者可以识别组织的潜在机会和威胁。

(2) 传播者角色

作为传播者，管理者把他们作为信息监控者所获取的大量信息传达给组织成员，并影响他们的态度和行为，如就组织的前景和目标与员工进行沟通。

(3) 发言人角色

管理者必须把有关组织的计划、政策、行动、结果等信息传递给组织以外的个人。例如，发起全国性的广告宣传活动，提高新产品的知名度。

3. 决策制定角色

管理者扮演决策制定角色的目的是处理获得的信息并得出结论；通过决策分配资源，以保证计划的实施。具体包括四种决策制定角色。

(1) 企业家角色

管理者在其职权范围之内充当本组织变革的发起者和设计者。管理者应密切关注组织内外环境的变化和事态的发展，以便发现机会，并对所发现的机会进行投资，如利用组织资源开发创新产品和服务。

(2) 干扰应对者角色

是指管理者必须善于处理冲突或解决问题，如平息客户的怒气，与不合作的供应商进行谈判，或者对员工之间的争端进行调解等。

(3) 资源分配者角色

管理者在组织内部分配的资源有：分配自己的时间、安排下属的工作、对重要决定的实施进行事先批准。在这个角色中，重要决策在被执行之前，首先要获得管理者的批准，才能确保决策的顺利进行。

(4) 谈判者角色

组织要不停地进行各种重大的、非正式化的谈判，管理者会把大量时间花费在谈判上。管理者的谈判对象包括员工、供应商、客户和其他工作小组。谈判是管理者不可推卸的工作职责，而且是工作的主要部分。

综上所述，不论何种类型的组织和在组织的哪个层次上，管理者都扮演着相似的角色。但是，管理者角色的侧重点是随组织的等级层次变化的。如传播者、代表者、谈判者、联络者和发言者角色，对于高层管理者要比低层管理者更重要；相反，领导者角色对于低层管理者，要比中、高层管理者更重要。

0.2.3 管理者的技能

知识链接 0-3

不论什么类型组织中的管理者，也不论他处于哪一个管理层次，所有的管理者都需要有一定的管理技能。管理是否有效，在很大程度上取决于管理者是否真正具备了以下三类管理技能。

1. 技术技能

技术技能是指管理者从事自身管理范围内的工作所需的基本技术和具体方法。例如，高校教师必须熟练掌握本专业的教学内容与教学方法；企业的部门主任，要熟悉各种设备的性能、使用方法、操作程序，各种材料的用途等。管理者必须具备足够的技术技能，才能有效地指导员工完成组织任务。

技术技能对基层管理者来说尤为重要，因为他们的大部分时间都是指导、训练、帮助下属或回答下属的有关问题，因而必须熟悉下属所做的各种工作。只有具备技术技能，才能成为受下属尊重的有效管理者。

2. 人际技能

人际技能是指管理人员在工作群体中能够与人共事、理解他人和激励他人的能力，包括与员工交流，激励、领导、训练、授权和帮助员工及与其他人打交道的技能。

人际技能要求管理者从理性和感性上认识员工，与员工建立一种个人对个人的关系；还要有感觉每个人的需要、感情、价值观和个性特点的能力。作为管理者，必须努力把员工看作独特的个体，加强对自己和别人的认识，找出引起问题的个人品质与言行，并找到解决这些问题的方法。人际关系技能的最终目的是要创造一种能使员工感到安全、自在，能对管理者开诚布公，愿意为管理者努力工作的工作氛围。人际技能是一种重要技能，对各层次的管理者具有同等的重要性。

3. 概念技能

概念技能是指管理者分析、判断和处理解决问题的能力。具有概念技能的管理者，会把自己的组织看成是一个统一的整体，并且能够熟悉各个小组之间的关系；能够正确地运用自己的各种技能来处理组织中出现的问题，将自己的组织问题细分并各个击破，进而实现企业的目标。概念技能可以让管理者认识到组织中存在的问题，并且能正确地分析组织出现的问题，拟定正确的解决方案加以实施。概念技能对于高级管理者最重要，中级管理者次之。

综上所述，处于基层的管理者，主要需要的是技术技能与人际技能；处于中层的管理者，更多地需要人际技能和概念技能；处于高层的管理者，尤其需要较强的概念技能，具体如图 0-4 所示。

9

```
基层管理者    中层管理者    高层管理者
┌─────────┬─────────┬─────────┐
│   概    │   念  技 │   能    │
├─────────┼─────────┼─────────┤
│   人    │   际  技 │   能    │
├─────────┼─────────┼─────────┤
│   技    │   术  技 │   能    │
└─────────┴─────────┴─────────┘
```

图 0-4 各层次的管理者所需要的技能

【课堂案例讨论】

管理者的技能

甲学校教研室主任组织教师顺利完成教学任务；乙单位管理者用人所长，调动下属的积极性；丙单位总经理从各部门利益出发，做出决策；丁单位管理者做出了照顾一个部门利益的决策。

讨论：

哪个单位的管理者用了概念技能？

0.3 管 理 学

0.3.1 什么是管理学

管理学是系统研究管理活动的基本规律和一般方法的科学，是在近代社会化大生产条件下和自然科学与社会科学日益发展的基础上形成的。管理学的目的是：研究在现有的条件下，如何通过合理的组织和配置人、财、物等因素，提高生产力的水平。管理过程的动态性、复杂性和管理对象的多样性决定了管理所要借助的知识、方法和手段要多样化。

管理学是一门综合性的交叉学科，涉及数学、社会科学、技术科学、新兴科学、领导学和决策科学等。

早在 1911 年，"科学管理之父"泰勒，在他出版的《科学管理原理》一书的引言中指出：科学管理的根本原理适用于人的行为。他还深信："同样的原则能以等量的威力适用于所有的社会行为。"科学管理理论是管理学的先驱，对后来的管理思想有很大影响。

1916 年法国管理学家亨利·法约尔在其代表作《工业管理与一般管理》中，从工业企业管理实践的经验总结与理论概括及企业经营职能中分离出独立的管理活动，提出了经过经验检验的普遍适用的一般管理理论，定义了管理是实行计划、组织、指挥、协调和控制，由此确定了管理活动的 5 种职能和 14 条管理原则。法约尔把管理与经营区别开来，意味着管理学是不包含企业经营活动内容的狭义管理学，同时又提出了普遍适用的一般管理学。法约尔奠定了一般管理学的理论基石。

1954 年现代管理大师德鲁克在其出版的《管理的实践》一书中，将管理学开创为一门学科。他在 1973 年出版的巨著《管理——任务、责任、实践》中强调，管理学是一门实践性很强的学科:"管理是一种实践,其本质不在于'知'而在于'行';其验证不在于逻辑,而在于成果;其唯一权威就是成就。"

20世纪中期,美国管理学家孔茨等合著的《管理学》,从管理的计划、组织、人事、领导和控制5种职能,构建了管理学的分析框架,成为一般管理学的基础理论。1961年孔茨总结和划分了管理理论的6个主要学派,统一了管理学的一般原理。孔茨倡导了一种广义的管理学,它既包括一般管理学,又涵盖工商管理和公共管理,还包括作为管理学工具的其他相关学科的知识与方法。

从上述管理学概念的发展情况来看,管理学的含义有所不同:泰勒、孔茨提出的对象涵盖广泛的管理学,属于广义管理学,它包含了各门管理学科,指的是管理学体系;法约尔、德鲁克提出的具有特定领域的管理学,属于狭义管理学。它们的共同之处是:都从不同的角度提出了对人类社会各个领域具有普适性的关于管理活动的基本原理,实际上在倡导建立一门研究管理活动基本原理的一般管理学,这种一般管理学就是管理学体系中的基础学科。

0.3.2 管理学的特点

一般来说,管理学具有以下几个特点。

(1) 一般性

管理学是研究所有管理活动中共性原理的基础理论学科,无论是"宏观管理"还是"微观管理",都需要管理学的原理作为基础来加以学习和研究。管理学是各门具体管理学科的共同基础。

(2) 综合性

管理学在内容上,需要从不同类型组织的管理活动中概括和抽象出对各门具体管理学科都具有普遍指导意义的原理和方法;管理学在方法上,需要综合运用现代社会科学、自然科学和技术科学的成果,来研究管理活动过程中普遍存在的基本规律和一般方法。管理本身是一项很复杂的活动,影响这一活动的因素是多种多样的。

(3) 历史性

任何一种理论都是实践和历史的产物,管理学就是对前人管理实践、经验和管理思想、理论的总结。不了解管理发展的历史,不进行历史考察,就很难理解建立管理学的依据。

(4) 实践性

管理学是一门能为管理者提供从事管理有效方法的实用性学科。只有把管理理论同管理实践相结合,才能真正发挥这门学科的作用。

0.3.3 管理学的研究方法

1. 观察总结的方法

知识链接0-4

管理学必须掌握观察管理实践、总结管理经验并进行提炼概括,使其上升为理论的方法,这样才符合理论联系实际的要求。许多优秀管理者的管理经验,蕴藏着深刻的管理哲理,因此有必要运用综合、抽象等逻辑方法,总结管理者的实践经验,从而形成系统的管理理论来进一步指导管理实践。

2. 比较研究的方法

有比较才有鉴别。当代世界各国都十分重视管理和管理学的研究，各自形成了有特色的管理科学。研究管理学时，要吸收发达国家管理中科学性的东西，但要避免盲目照搬；要从我国国情出发加以取舍和改造，有分析、有选择地学习和吸收西方管理的理论和实践经验。

3. 历史研究的方法

管理学不仅要研究管理发展演变的历史，更要考察管理的起源、历史演变、管理思想和管理理论的发展历程，从中揭示管理规律和管理学的发展趋势，寻求具有普遍意义的管理原理、管理原则、管理方式和管理方法。无论是中国的历史，还是外国的历史，都有大量的关于管理方面的文化典籍，有许多值得研究的管理实例。只要我们坚持正确的指导思想，细致地研究前人留下的管理思想精华，就会有所收获、有所创新、有所发展。

4. 案例研究的方法

管理学要对有代表性的案例进行剖析，从中发现可借鉴的经验和方法，从而加深对管理理论的理解与方法的运用，这是管理学研究和学习的重要方法。例如哈佛商学院因其成功的案例教学，培养出了大批的优秀企业家。研究管理学只有掌握了案例研究法，才能将自己置身于模拟的管理情景中，运用所学的管理原理和方法去指导管理实践。

5. 试验研究的方法

试验研究的方法是指有目的地在设定的环境下认真观察研究对象的行为特征，并有计划地变动试验条件，反复考察管理对象的行为特征，从而揭示管理规律的方法。试验研究和案例分析不同：案例分析是将自己置于已发生的管理情景中，一切都是模拟的；而试验研究则是在真实的管理环境中对管理的规律进行探讨。只要设计合理，组织得好，通过试验方法是能够得到很好的效果的。例如管理学发展史上，泰勒的科学管理原理，就以"时间—动作"的试验性研究为基础。因此，试验研究的方法是管理学研究的一种重要方法。

综上所述，研究和学习管理学，要以马克思主义的唯物辩证法为总的指导方法，同时综合运用各种方法，吸收和采用多学科的知识，从系统的观点出发，理论联系实际，这样才能真正掌握和发展管理科学，为提高我国的管理水平做出贡献。

0.4 管理学原理

0.4.1 什么是管理学原理

管理学原理是对管理理论的高度抽象和概括。管理科学包括管理学、管理学原理和管理哲学三个层次。管理学作为一门科学，是人们长期从事管理实践活动的理论总结，它是在管理实践经验的基础上，吸取和运用有关学科的研究成果，经过归纳提高而形成的管理的系统知识。管理哲学则是对管理学原理的抽象概括，是管理学的指导思想。所以，管理学原理既是管理学的基本组成部分，又是对管理理论的抽象与概括，如图0-5所示。

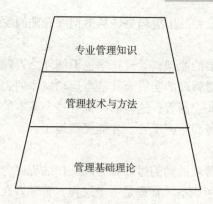

图 0-5　管理学学科体系图

0.4.2　管理学原理的研究对象

管理学原理同管理学一样，研究对象包括生产力、生产关系、上层建筑三个方面。管理学研究的对象是揭示管理的客观规律，即如何按照客观自然规律和经济规律的要求，合理组织生产力，不断完善生产关系，适时调整上层建筑以适应生产力的发展。管理学原理是从管理中总结、归纳、抽象和概括出来的科学原理，它着重研究管理的客观规律和具有共性的基本理论。具体要研究以下三个方面。

（1）合理组织生产力

管理学原理主要研究如何配置组织中的人、财、物，使各要素充分发挥作用，以实现组织目标和社会目标的相互统一。因此，根据组织目标的要求和社会需要，怎样计划安排、合理组织及协调、控制这些资源的使用以促进生产力的发展，就是管理学研究的主要课题。

（2）完善生产关系

管理学原理主要研究如何正确处理组织中人与人之间的相互关系，如领导和群众的关系、管理者与被管理者的关系、群众之间的关系等；研究如何建立和完善组织机构设立、人员安排及各种管理体制问题；研究如何激励组织内部成员，最大限度地调动他们的积极性和创造性，为实现组织目标而服务。

（3）适时调整上层建筑

上层建筑是指建立在经济基础之上的政治、法律、道德、哲学、艺术、宗教等观点，以及与这些观点相适应的政治、法律制度。管理学原理主要研究如何使组织内部环境与其外部环境相适应的问题；研究如何使组织的规章制度与社会的政治、经济、法律、道德等上层建筑保持一致的问题。

0.4.3　管理学原理的研究内容

根据管理的性质和管理学原理的研究对象，管理学原理研究的主要内容如下。

（1）管理的基础理论

管理学原理要研究管理理论的产生和发展。管理理论和管理思想的形成与发展，反映了管理科学从实践到理论的发展过程，管理思想是管理实践的产物，而管理实践是与人类历史的发展同步进行的。对管理理论的研究需要追寻人类的管理实践，扫描不同时期的管理环境，研究管理思想的演变和发展的历史趋势，从中把握管理的发展规律。

（2）管理的原理与原则

任何一门科学都有其基本的原理，管理科学也不例外。管理的基本原理是指带有普遍性的、最基本的管理规律，是对管理的实质及其基本运动规律的表述。诸如决策的制定、计划的编制、组织的设计、过程的控制等，这些活动都有一个基本的原理和原则，是人们进行管理活动必须遵循的。只有学习和掌握了它，才能灵活运用。

（3）管理的过程与职能

管理学原理不仅要研究管理活动的过程和管理工作的程序等问题，还要研究管理活动的效益与管理的职能之间的密切联系。管理是一个过程，管理者在这个过程中重复履行着各种职能。对管理的过程和职能的研究，主要是研究管理的计划与决策、实施与执行、组织与人事、领导与指挥、控制与监督、评价与调整等，以便从中找到管理的循环规律。

（4）管理者与行为

管理者是管理活动的主体。管理活动成功与否与管理者有着密切关系。作为一个管理者，必须具有不同于一般工作人员的特殊素质与能力，要有其特定的心理特征和行为特征。管理者的素质高低、领导方式、领导行为、领导艺术和领导能力，对管理活动的成功起着决定性的作用。

知识链接 0-5

（5）管理方法

管理方法是一个方法体系，是在管理过程中所运用的所有方法的总称，是实现管理目标必不可少的，因而它是管理学研究的重要内容。管理的方法很多，如行政方法、经济方法、法律方法和社会心理方法等。一般而言，凡是有助于管理目标实现的各种手段和技术都可以归于管理方法的范畴。管理功能的发挥，管理目标的达到，都要运用各种有效的管理方法去实现。

0.5　管理理论

0.5.1　古典管理理论

古典管理理论的产生是在 19 世纪末 20 世纪初由泰勒发起的科学管理革命导致的。古典管理理论代表人物泰勒、法约尔、韦伯从三个不同角度，即车间工人、办公室总经理和组织来解决企业和社会组织的管理问题，为当时社会解决企业组织中的劳资关系、管理原理和原则、生产效率等方面的问题提供了管理思想指导和科学理论方法。

1. 科学管理理论

<u>科学管理理论的创始人是泰勒，但科学管理并不等于"泰勒制"，为科学管理理论做出贡献的还有巴思、甘特、吉尔布雷斯夫妇、福特等。泰勒是最早突破传统经验型管理，将管理科学化的第一人，在管理学领域被誉为"科学管理之父"。</u>

泰勒的科学管理理论的主要内容包括以下几个方面。

（1）为了提高劳动生产率，必须选择"第一流的工人"

泰勒认为，为了提高劳动生产率，必须为工作选择"第一流的工人"。包括两个方面：一方面是该工人的能力最适合做这种工作；另一方面是该工人必须愿意做这种工作。泰勒认为"那些能够工作而又不想工作的人不能成为第一流的工人"。

知识链接 0-6

泰勒提出的"第一流的工人"是指一个适合完成其工作而又有进取心的人。而培训工人成为"第一流工人"是企业管理者的责任。

(2) 实施标准化管理

泰勒认为，要使工人掌握标准化的操作方法，使用标准化的工具、机器和材料，并使作业环境标准化，必须用科学方法对工人的作业方法、工作定额、使用工具、劳动和休息时间的搭配及设备的摆放和作业环境的布置进行分析，消除各种不合理的因素，把各种最好的因素结合起来，形成一种最好的作业方式。与此同时，用标准的作业方法对作业人员进行训练，并因人而异地给他们安排最适合的职务，以使每个作业人员都能最大限度地发挥其工作能力。

(3) 制定工作定额

科学管理的中心问题是提高劳动生产率。泰勒认为，提高劳动生产效率的意义非常大。为了发掘工人们劳动生产率的潜力，就要研究有科学依据的每个工人合理的日工作量。

泰勒的科学管理首先是从制定工作定额开始的。他在伯利恒钢铁公司进行了著名的"搬运铁块实验"和"铲铁实验"。他把工人的作业分解成多个基本动作，并把他们的每一项工作、每一道工序所使用的时间记录下来。在这个过程中，必须选定合格的、熟练的工人，选定适合于完成这种作业的工具、设备，并确定合理的作业程序，消除错误的动作、慢动作、无用的多余动作，从而找到一种完成这项作业的"最优的工作方法"，并使其标准化。然后，把测定的每一项工作、每一道工序所需要的时间加在一起，再加上必需的休息时间和不可避免的其他延误时间，就得出完成该项工作所需要的总时间，依此制定出一个工人的"合理日工作量"，从而确定工作定额。这就是所谓的工作定额原理。

(4) 实行差别计件工资制

泰勒认为，工人磨洋工的主要原因之一是报酬制度不合理，他提出实行刺激性的付酬制度，即"差别计件工资制"。按照工人的工作等级付酬，可以达到鼓励工人积极性的目的。

(5) 强调工人与雇主双方都来一次"精神革命"

工人和雇主都必须认识到提高劳动生产率对双方都有利，要相互协作，共同为提高劳动生产率而努力。过去许多企业中的劳资纠纷是由劳资双方的兴趣和注意力都集中在如何分配盈利问题上而引起的。为了解除双方的争吵、对立和矛盾，泰勒认为劳资双方必须在思想上进行合作，即来一次"伟大的思想革命"。

(6) 主张计划职能与执行职能分开，变原来的经验工作法为科学工作法

泰勒认为，过去劳动生产效率低的原因之一是计划职能与执行职能混合在一起。在过去的管理中，生产中的大部分工作往往都由工人负责完成，管理者只告诉工人做什么，而不告诉工人怎样做（只有全新的工作例外）。工人是凭个人的习惯、经验选择工具和决定操作方法。工作效率的高低取决于工人所采用的操作方法是否合理、所使用的工具是否合适及工人的技术熟练程度。

(7) 实行职能工长制

泰勒主张实行"职能管理"，即将管理的工作予以细分，使所有管理者只承担一种管理职能。事实证明：实行职能工长制，一个工人要同时接受几个职能工长的多头领导和指挥，容易引起混乱，这就破坏了统一指挥原则。因此，这种职能工长制后来没有得到推广。但是，这种职能管理的思想为以后职能部门的建立和管理专业化提供了基础。

（8）在管理控制上实行例外原则

泰勒认为，小规模的企业可以采用职能管理原理，但规模比较大的企业还必须运用例外管理原则。所谓例外管理，就是企业的高级管理人员为了减轻处理纷乱烦琐事物的负担，把一般的日常事务授权给下级管理人员去处理，而自己只保留对例外事项（即重要事项）的决策权和控制权，如有关企业的重大政策和重要人事任免等。

2. 管理过程理论

管理过程理论的主要代表人物是法国的管理学先驱法约尔。法约尔最早提出了经营与管理的区别，并明确划分了管理的职能和描述了管理的过程。因此，人们习惯将他的理论称为"管理过程理论"。由于他在管理理论发展史上独树一帜，因而被称为"现代经营管理之父"。

法约尔的古典组织理论与泰勒的科学管理不同。泰勒作为一个技术工程师，一直从事基层的管理工作，他只能自下而上地观察管理问题，这就决定了他只能把研究的重点放在直接生产过程中的作业管理上；而法约尔几乎一直担任公司的高层管理者，这使他有自上而下观察管理问题的基础，考虑任何管理问题也总是从高层管理者的角度出发，他最关心的是企业整体管理效率的提高。因此，他一直从大型企业的整体角度研究管理体制问题，并把组织理论作为他的重要研究方向。

法约尔对古典组织理论的主要贡献在于他首次提出了管理的职能，并确立了管理的基本原则。法约尔管理过程理论的主要内容可以归纳为下述几项。

（1）企业职能不同于管理职能

任何企业都有六种基本活动或职能，管理活动是其中之一。管理活动又有五种职能，即计划、组织、指挥、协调、控制。

（2）管理教育的必要性和可能性

法约尔认为，企业对管理知识的需要是普遍的，而单一的技术教育适应不了企业的一般需要。因此应尽快建立管理理论，并在学校中进行管理教育，使管理教育起到像技术教育那样的作用。

（3）十四条管理原则

法约尔在1925年出版的《工业管理与一般管理》一书中正式提出了十四条管理原则。

①劳动分工。他认为这不仅是经济学家研究有效使用劳动力的问题，而且也是各种机构、组织、团体进行管理活动所必不可少的工作。

②权力与责任。他认为职权是发号施令的权力和要求服从的欲望。职权与职责是相互联系的，委以责任而不授予相应的权力就是组织上的缺憾。

③纪律。他认为纪律是管理所必需的。组织内所有成员必须通过协议对自己在组织内的行为进行控制。

④统一指挥。组织内的每一个人只能服从一个上级并接受他的命令。

⑤统一领导。主要指的是一个集团，为了同样目的的行动，只能有一个领导、一个计划。

⑥个人利益服从整体利益。个人和小集体的利益不能超越组织的利益。

⑦人员的报酬。报酬与支付的方式要公平，并给雇员与雇主以最大可能的满足。

⑧集权。集权反映下属的参与程度，应视管理者的素质、下属的可靠性、组织规模等情况而定。

⑨等级制度。在管理机构中，从最高一级到最低一级应该建立关系明确的职权等级。

⑩秩序。每个组织中的人员应该规定各自的岗位。

⑪公平。管理人员对其下属仁慈和公平，就可能使下属对上级表现出忠诚和热心。

⑫人员的稳定。管理者要制订规范的人事计划，以保证组织所需的人员能够长期为组织服务。

⑬首创精神。这是提高组织内各级人员工作热情的主要源泉。

⑭集体精神。工作中注重人与人之间的关系，维护集体中团结、协作、融洽。

法约尔的管理过程理论是西方管理思想和理论发展史上的一个里程碑，特别是管理职能的划分及统一指挥、统一领导、等级制度等管理原则，对后来管理理论的发展具有非常深远的影响。他跳出了泰勒以实践为基础研究管理原理的局限，在理论上第一次将管理的要素和管理的原则系统地加以概括，勾勒出了管理理论的基本框架，为推广管理学教育奠定了基础。

3. 理想行政组织理论

马克斯·韦伯是德国著名的社会学家，他对经济、社会和管理思想的发展均有贡献。他对管理理论的研究主要集中在组织理论方面，提出了所谓"理想行政组织体系"。他的代表作《社会组织和经济组织理论》是这一理论的集中反映。因为他对古典组织理论的杰出贡献，故被称为"组织理论之父"。

韦伯组织理论的核心是：行政组织机构的活动是通过"公职"或职位而不是通过个人或"世袭"地位来管理，这样的行政组织机构对于任何组织形式来说都是"理想的"。在分析组织形式的过程中，韦伯分析了作为组织管理基础的权力。权力可分为合法合理的权力、传统的权力、个人魅力型的权力。合法合理的权力是由依照一定法律建立的一套等级制度赋予的，传统的权力是由历史沿袭下来的惯例、习俗规定的；个人魅力型的权力是以对某人的特殊的、神圣的英雄主义或模范品质的忠诚、热爱与崇拜为依据而规定的。

理想的行政组织理论的实质是以科学确定的、法定的制度规范作为组织协作行为的基本约束机制，依靠个人的、合理合法的理性权威实施管理。韦伯的理想行政组织理论的特征可以归纳为以下6个方面。

①任务分工。组织内存在明确的分工，每个职位的权力和责任都应有明确的规定。

②等级系统。组织内的各个职位，按照等级原则进行法定安排，形成自上而下的等级系统。

③人员任用。根据职务的要求，人员的任用通过正式的考评和教育训练来实行。

④职业管理人员。管理人员有固定的薪金和明文规定的升迁制度，是一种职业管理人员。

⑤组织关系。组织中成员之间的关系。

⑥组织制度。管理人员必须严格遵守组织中规定的规则和纪律。

韦伯认为，这种高度结构的、正式的、非人格化的理想行政体系是对人们进行强制控制的最合理的手段，是达到目标、提高劳动生产率的最有效形式。

0.5.2 行为科学理论

行为科学作为一种管理理论，起源于20世纪20年代末30年代初的霍桑实验，而真正发展却是在 20 世纪 50 年代。它将人类学、社会学、心理学和经济学等知识综合起来，主要研究人们在工作中的行为及这些行为产生的原因，以协调组织内部人际关系，达到提高工作效率的目的。它推翻了古典管理理论的"经济人"假说的研究前提，将管理的重点转向管理中最积极、最活跃的因素——人。

1. 霍桑实验

1924 年至 1932 年间，由美国国家研究委员会和西方电气公司合作，在西方电气公司的霍桑工厂进行了一项有关工作条件、社会因素与生产效率之间关系的研究实验。由于该项研究是在西方电气公司的霍桑工厂进行的，因此后人称之为"霍桑实验"。历时 8 年，研究人员先后进行了 5 个阶段的实验，获得了大量的第一手资料，为人际关系理论的形成及后来的行为科学打下了基础。

（1）车间照明实验

时间是从 1924 年 11 月至 1927 年 4 月。当时关于生产效率的理论，占统治地位的是劳动医学的观点，认为影响工人生产效率的是疲劳和单调感等，于是当时的实验假设便是"提高照明度有助于减少疲劳，使生产效率提高"。可是经过两年多的实验发现，照明度的改变对生产效率并无影响。研究人员面对此结果感到茫然，失去了信心。从 1927 年起，以梅奥教授为首的一批哈佛大学心理学工作者将实验工作接管下来，继续进行。

（2）福利实验

时间是从 1927 年 4 月至 1929 年 6 月。总的来说，实验目的是查明福利待遇的变换与生产效率的关系。但经过两年多的实验发现，不管福利待遇如何改变（包括工资支付办法的改变、优惠措施的增减、休息时间的增减等），都不影响产量的持续上升，甚至工人自己对生产效率提高的原因也说不清楚。后经进一步分析，发现导致生产效率上升的主要原因包括：参加实验的光荣感和成员间良好的相互关系。

（3）访谈计划实验

访谈计划实验事先不规定内容，每次访谈的平均时间从 0.5 h 延长到 1~1.5 h，多听少说，详细记录工人的不满和意见。访谈计划持续了两年多，工人的产量大幅提高。工人们长期以来对工厂的各项管理制度和方法存在许多不满，无处发泄，访谈计划的实行恰恰为他们提供了发泄机会。发泄过后心情舒畅，士气提高，使产量得到提高。

（4）群体实验

在群体实验中，研究者们选取了 14 名男工人在单独的房间里从事绕线、焊接和检验工作。实验结果表明，为了维护班组内部的团结，工人们可以放弃物质利益的引诱。由此提出了"非正式群体"的概念，认为在正式的组织中存在自发形成的非正式群体，这种群体有自己的特殊的行为规范，它对人的行为起着调节和控制作用，同时加强内部的协作关系。

（5）态度实验

态度实验对两万多人次进行态度调查，并规定实验者必须耐心倾听工人的意见、牢骚，并做详细记录，不反驳和训斥，而且对工人的情况要深表同情，结果产量大幅度提高。因为谈话内容缓解了工人与管理者之间的矛盾冲突，形成了良好的人际关系，从而得出了人际关系比人为的措施更有力的结论。

2. 人际关系理论

霍桑实验的研究结果否定了传统管理理论对于人的假设，表明了工人不是被动的、孤立的个体，他们的行为不是只受工资的刺激，影响生产效率的最重要因素不是待遇和工作条件，而是工作中的人际关系。据此，梅奥于1933年出版了《工业文明中人的问题》一书，提出了以下新见解。

(1) 职工是"社会人"

梅奥认为，工人是"社会人"，而不是科学管理理论所描述的"经济人"。霍桑实验证明了金钱刺激并不是激发人们工作热情的唯一动力，工人并不是只追求金钱收入，他们还追求人与人之间的友情、安全感、归属感和受人尊重等。工人是具有复杂需要的"社会人"，在影响工人工作效率的各种因素中，除了经济方面的因素，还有社会心理方面的因素。这一结论与古典管理理论的"经济人"假说形成对立，它开始把人们的注意力转向研究管理中的社会因素，这应该是霍桑实验最有意义的结论。

(2) 企业中存在"非正式组织"

由于人是社会高级动物，在共同工作过程中人们必然发生相互之间的联系，共同的社会感情形成了非正式群体。在这种无形组织中，有它的特殊感情、规范和倾向，并且左右着群体中每一位成员的行为。古典管理理论仅注重正式组织的作用，忽视了"非正式组织"对职工行为的影响，显然是不够的。非正式组织与正式组织是相互依存的，对生产率的提高有很大影响。

(3) 满足工人的社会欲望，提高工人的士气，是提高生产效率的关键

传统的科学管理理论认为，生产效率与作业方法、工作条件之间存在单纯的因果关系。可是，霍桑实验表明，这两者之间并没有必然的、直接的联系。生产效率的提高，关键在于工人的工作态度，即工作士气的提高。而士气的高低则主要取决于职工的满足度，这种满足度首先体现为人际关系，如职工在企业中的地位是否被上司、同事和社会所承认等；其次才是金钱的刺激。职工的满足度越高，士气也越高，生产效率也就越高。

梅奥的人际关系理论为管理思想的发展开辟了新的领域，也为管理方法的变革指明了方向，引发了管理上的一系列改革，其中许多措施至今仍是管理者们所遵循的信条。

3. 行为科学理论

梅奥等人创建人际关系学说（早期的行为科学）以后，经过三十年的大量研究，1947年在美国芝加哥召开的一次跨学科的会议上，首先提出了行为科学这一名称，由此进一步形成和完善了行为科学理论。20世纪60年代，为了避免同广义的行为科学相混淆，出现了组织行为学这一名称，专指管理学中的行为科学。组织行为学实质上就是包括早期行为科学在内的狭义的行为科学。目前组织行为学从它研究的对象和所涉及的范围来看，可分成3个层次，即个体行为、团体行为、组织行为。

(1) 个体行为理论

主要包括两个方面：一方面是指有关人的需要、动机和激励理论，可分成三大类，一是激励内容理论，如需要层次理论、双因素理论、成就需要理论；二是激励过程理论，如期望理论、波特-劳勒模式；三是激励强化理论。另一方面是指有关企业中的人性理论，如X-Y理论、不成熟-成熟理论、人性的四种假设等。

(2) 团体行为理论

团体行为介于个体行为与组织行为之间，主要包括团体动力、信息、交流、团体及成员的相互关系几个方面。

(3) 组织行为理论

主要包括领导理论、组织变革和发展理论。

【课堂案例讨论】

转变领导管理方式

老刘是一家大型房地产开发企业的设计部总经理，公司总裁刚刚组织召开了一个新项目论证会议。会议一结束，老刘就拿着一大沓文件匆匆忙忙地跑回自己的办公室，一边仔细地阅读文件，一边拿着笔在笔记本上写着。过了一会儿，老刘又拿着文件和笔记本冲出办公室。

老刘快速地走进小李的办公室，小李正在忙着另一个项目的设计，这个项目非常急迫，以至于小李有好几个周末都没有休息了，可到现在整个设计任务才完成一半。老刘走近小李，把文件往小李的桌子上一放，打开笔记本，就讲开了，一讲完，小李刚想说点什么，老刘挥挥手，就收起资料往外走，而且一边走还一边叮嘱小李要放下手上所有的事情，抓紧时间做刚才安排的工作。然后，老刘旋风般地走下楼，进了小林的办公室，同样对小林讲了一遍，留下一脸茫然而无奈的小林。在回办公室的途中，差点撞上小金——设计部不久前招进来的硕士研究生，老刘并没有注意到这位下属，走进办公室后，看看手表，该参加另一个项目预算会了。

老刘布置好工作以后，很高兴地参加会议去了。设计室的团队成员可议论开了，他们抱怨手上的工作还没有完成、该如何安排事情的优先顺序、其他团队成员为什么不参与进来、新的工作任务如何协调等。

讨论：

（1）谈谈老刘为什么有上述的管理方式。

（2）老刘的管理方式存在什么问题？

0.5.3 现代管理理论

现代管理理论是指从20世纪70年代开始至今的管理理论，它是科学管理、行为科学和管理科学三阶段演进之后的必然产物。现代管理理论的学派很多，但综合各学派的主要观点，国内外大多数学者同意划分为6个大学派，它们分别是：社会系统学派、决策理论学派、经验主义学派、权变理论学派、管理科学学派、系统管理学派。六大学派的划分，主要是便于在理论上对它们进行归纳和研究，但这并不意味着这6个学派是彼此独立、截然分开的。它们在历史的渊源和论述的内容上都是彼此交叉、融合的，各个学派之间相互影响、相互渗透，又各自有自己的研究特色，这就构成了西方现代管理理论的丛林。

1. 社会系统学派

社会系统学派的代表人物是美国管理学家切斯特·巴纳德。巴纳德使用社会的、系统的观点分析管理问题，在管理理论丛林中独树一帜。巴纳德将社会学的概念用在管理学上，在组织的性质和理论方面做出了杰出的贡献。巴纳德的代表作有《经理人员的职能》（1938年）、《组织与管理》（1948年）等。

巴纳德组织理论涉及的理论问题极其广泛，它对后来决策理论学派、系统管理学派等的形成产生了重要影响，是现代管理学最有影响、最具代表性的学派之一。

2. 决策理论学派

决策理论学派的主要代表人物是美国的赫伯特·西蒙。西蒙倡导的决策理论，是以社会系统理论为基础，吸收古典管理理论、行为科学和计算机科学等的内容而发展起来的一门边缘学科。由于在决策理论方面做出了杰出贡献，西蒙被授予诺贝尔经济学奖（1978年）。决策理论学派的主要内容包括：管理就是决策；决策阶段的划分；决策原则的重新确立；程序化决策与非程序化决策的划分；决策制约着组织机构的设置；决策的技术和方法。

决策理论的提出大大丰富了西方现代管理理论的内容，它适应了社会生产力发展的需要，特别是适应了大型垄断企业的经营管理和跨国公司急剧扩张的需要。比起其他管理理论学派，决策理论学派的视角更为广阔，研究更加全面深入。但它过分地强调了决策在管理活动中的地位，这成为一些西方学者批评这一学派的焦点。

3. 经验主义学派

经验主义学派的代表人物有彼得·德鲁克、艾尔雷笛·斯隆、欧内斯特·戴尔等。德鲁克的代表著作有《管理的实践》（1954年）、《有效的管理者》（1966年）、《管理——任务、责任、实践》（1973年），戴尔的主要著作有《伟大的组织者》（1960年）、《组织中的参谋工作》（1960年）。

经验主义学派认为，管理学就是研究管理经验。通过研究管理实践中成功的经验和失败的教训，经过反复学习和实践自然就能领会和应用最有效的管理方法。因此，这一学派的主要特色是注意理论研究与实践的结合。它重点分析成功管理者实际管理的经验，并加以概括，总结出他们成功经验中的共性东西，然后使之系统化、合理化，并据此向管理人员提供实际建议。它分析了管理的性质和任务，认为管理的基本任务有两个：一个是合理配置资源；另一个是协调组织的当前利益和长远利益。

4. 权变理论学派

权变理论的主要代表人物是美国的弗雷德·卢桑斯和加拿大的亨利·明茨伯格。卢桑斯的主要著作有《权变管理理论：走出丛林的道路》（1973年）、《管理导论：一种权变学说》（1976年）。

权变理论的主要思想是：权宜应变。因此，该理论又被称为"情景管理理论""形势管理理论""情况决定论"。权变管理理论的核心是在现实中不存在一成不变、普遍适用的理想化的管理理论和方法，管理应随机应变，即采用什么样的管理理论、方法及技术应取决于组织的环境。

卢桑斯将现存的管理理论划分为4种学派，即管理过程学派（法约尔）、计量学派（或称管理科学学派）、行为科学学派和系统管理学派。他将自己的理论视为对上述理论的发展。他的管理理论重点突出了将管理与环境妥善结合起来，并使管理理论更贴近管理实践的观点。他认为管理过程学派的管理因变量包括计划、组织、指挥、沟通和控制；管理科学学派的管理因变量包括决策模式、计量模型和计算方法等；行为科学学派的管理因变量包括学习、行为的改变，激励方式与手段，领导风格，团体动力，组织环境与发展等；系统管理学派的管理因变量包括一般系统论、系统设计与分析、管理信息系统等。

5. 管理科学学派

学术界对管理科学的形成时代有比较一致的看法，认为它产生于20世纪20年代或30年代，但却难以确认第一个把数学应用于管理理论的学者是谁。因此，一般认为管理科学的代表人物是一支庞大的学者群。

管理科学学派又被称为管理数量学派或管理计量学派，这些别称体现了管理科学学派的主要特色。这一学派认为，管理是制定和运用数学模型与程序的系统，即用数学符号和数学关系式表示计划、组织和控制等活动，通过定量分析，为选择最优方案提供数量上的依据，以达到组织的目标。因此，他们认为，管理学就是制定用于管理决策的数学和统计模式，并将这些模式通过电子计算机应用于管理实践中。

管理科学学派的出现，标志着管理从定性阶段转到定量阶段，它将数学、统计学、系统学、技术科学等自然科学和社会科学结合起来应用于管理的研究，在解决实际管理问题方面取得了明显的成效。

6. 系统管理学派

社会系统学派的代表人物巴纳德最早提出了协作系统的概念，并指出管理的职能在于保持组织同外部环境的平衡。20世纪30年代，福莱特也明确提出了管理的整体性思想，她把企业组织视为一个不断运动着的统一整体，指出管理必须着眼于整体内部的协调。此后，管理科学学派也把系统分析作为一种基本方法用于解决某些工程项目的规划和复杂管理问题的决策。但是，应用一般系统理论建立一种管理理论并形成一个学派，则是20世纪60年代的事情。

0.6 思考和实训

一、单项选择题

1. 管理的本质是（　　）。
   A. 计划　　　　B. 组织　　　　C. 协调　　　　D. 决策
2. 管理是一门（　　）。
   A. 活动　　　　B. 因素　　　　C. 资源　　　　D. 艺术
3. 保证组织中进行的一切活动符合所制订的计划和所下达的命令，这是管理的（　　）。
   A. 计划　　　　B. 组织　　　　C. 领导　　　　D. 控制
4. 处于管理层的中间部分，在整个管理活动中起着承上启下作用的是（　　）。
   A. 高层管理者　B. 中层管理者　C. 基层管理者　D. 一线管理者
5. 管理者行使一些具有礼仪性质的职责是（　　）。
   A. 领导者角色　B. 联络者角色　C. 代表者角色　D. 传播者角色
6. 管理人员在工作群体中能够与人共事、理解他人和激励他人的能力是（　　）。
   A. 技术技能　　B. 概念技能　　C. 活动技能　　D. 人际技能
7. （　　）是系统研究管理活动的基本规律和一般方法的科学。
   A. 企业管理　　B. 管理科学　　C. 管理学　　　D. 社会管理
8. 管理不仅要研究管理发展演变的历史，更要考察管理的起源、历史演变、管理思想和管理理论的发展历程的是（　　）。
   A. 观察总结的方法　　　　　　B. 比较研究的方法
   C. 历史研究的方法　　　　　　D. 案例研究的方法
9. （　　）是对管理理论的高度抽象和概括。
   A. 管理学原理　B. 管理学　　　C. 管理科学　　D. 管理技术
10. 科学管理之父是（　　）。
    A. 韦伯　　　　B. 法约尔　　　C. 霍桑　　　　D. 泰勒
11. 科学管理的中心问题是（　　）。

A. 选择一流工人 B. 掌握操作方法
C. 提高劳动生产率 D. 实施计件工资

12. 现代经营管理之父是（　　）。
 A. 泰勒 B. 法约尔 C. 韦伯 D. 巴纳德

13. 法约尔在1925年出版的《工业管理与一般管理》一书中正式提出了（　　）。
 A. 十四条管理原则 B. 差别计件工资
 C. 组织关系 D. 非正式组织

14. 组织理论之父是（　　）。
 A. 泰勒 B. 法约尔 C. 韦伯 D. 霍桑

15. 行为科学作为一种管理理论，起源于（　　）。
 A. 态度实验 B. 福利实验 C. 群体实验 D. 霍桑实验

16. （　　）的人际管理理论为管理思想的发展开辟了新的领域。
 A. 泰勒 B. 梅奥 C. 西蒙 D. 德鲁克

17. 现代管理理论的学派划分为（　　）。
 A. 3个大学派 B. 4个大学派 C. 5个大学派 D. 6个大学派

18. 管理学就是研究管理经验，是（　　）的观点。
 A. 经验主义学派 B. 权变理论学派
 C. 系统管理学派 D. 决策理论学派

二、多项选择题

1. 管理的组织资源包括（　　）。
 A. 人 B. 财 C. 物 D. 时间

2. 管理二重性理论认为，管理具有（　　）和（　　）。
 A. 综合属性 B. 自然属性 C. 科学属性 D. 社会属性

3. 管理既有科学性，又有艺术性。这里的艺术性是指（　　）。
 A. 管理因环境而变的随机性 B. 管理的实践性
 C. 管理的灵活性 D. 管理者的艺术修养

4. 根据所处岗位不同，管理者可以分为（　　）。
 A. 高层管理人员 B. 中层管理人员
 C. 基层作业人员 D. 基层管理人员

5. 下面属于基层管理人员所具备的能力有（　　）。
 A. 战略规划能力 B. 操作实施能力
 C. 理解把握能力 D. 学习能力

6. 明茨伯格将管理者划分为10种角色，进一步组合成3个方面：（　　）。
 A. 人际关系角色 B. 信息传递角色
 C. 代表者角色 D. 决策制定角色

7. 管理者通过决策分配资源，以保证计划的实施。下面属于决策制定角色的有（　　）。
 A. 谈判者 B. 企业家角色
 C. 干扰应对者角色 D. 资源分配者角色

8. 基层管理者主要需要的有（　　）。

A. 技术技能　　　　B. 人际技能　　　　C. 概念技能　　　　D. 激励技能
9. 管理学是一门综合性的交叉学科，涉及（　　）。
　　A. 数学　　　　　B. 社会科学　　　　C. 技术科学　　　　D. 领导学
10. 管理学的研究方法包括（　　）。
　　A. 案例研究的方法　　　　　　　　B. 比较研究的方法
　　C. 历史研究的方法　　　　　　　　D. 唯物辩证法
11. 古典管理理论代表人物有（　　）。
　　A. 德鲁克　　　　B. 法约尔　　　　　C. 韦伯　　　　　　D. 泰勒
12. 以下属于科学管理理论主要内容的有（　　）。
　　A. 实施标准化管理　　　　　　　　B. 制定工作定额
　　C. 实行职能工长制　　　　　　　　D. 实行差额计件工资制
13. 下列包含在十四条管理原则中的有（　　）。
　　A. 劳动分工　　　B. 纪律　　　　　　C. 等级制度　　　　D. 首创精神
14. 从研究的对象和所涉及的范围来看，组织行为学可分为3个层次，即（　　）。
　　A. 个体行为　　　B. 组织行为　　　　C. 成员行为　　　　D. 团体行为

三、判断题

1. 管理活动是从组织工作开始的。（　　）
2. 管理是指管理者为有效地达到组织目标，对组织资源和组织活动有意识、与组织不断地进行的协调活动。（　　）
3. 管理的艺术性就是人格魅力。（　　）
4. 领导是对人们的活动进行合理分工和协作，合理配备和使用资源，正确处理人际关系的管理活动。（　　）
5. 行使一些具有礼仪性质职责的是传播者角色。（　　）
6. 干扰应对者角色是指管理者必须善于处理冲突或解决问题。（　　）
7. 概念技能对基层管理者来说尤为重要。（　　）
8. 管理学是一门综合性的交叉学科。（　　）
9. 行政组织机构的活动是通过职位而管理的，而不是通过世袭地位来管理。（　　）
10. 行为科学作为一种管理理论，起源于霍桑实验。（　　）
11. 满足工人的社会欲望、提高工人的士气，是提高生产效率的关键。（　　）
12. 西蒙把社会学的概念用在管理上。（　　）
13. 决策理论学派的主要代表人物是美国的西蒙。（　　）
14. 经验主义学派认为，管理学就是研究管理经验。（　　）
15. 权变理论的主要思想是权宜应变。（　　）

四、思考题

1. 一个有效的管理者需要扮演哪些角色？需要具备哪些技能？
2. 管理的实质是什么？你认为一个企业的优秀管理者在一所学校也同样能是好的管理者吗？

五、案例分析题

培训部负责人辞职

北京某公司王总，工龄有三十多年，在行业内也算是前辈，工作严谨仔细。王总对公司组织的培训工作非常重视，从培训课程内容设置、培训讲师选聘、培训场地签订到培训证书印制、培训现场条幅悬挂、培训期间餐饮订单等，事无巨细，从头抓到尾。尽管有专门的培训部，但他还是经常亲自蹲点于培训教室现场，中间还不时打断讲师，指正讲授内容。

　　一次，王总突然指示培训部下周举办经销商销售顾问培训班和市场经理培训班，完全脱离培训工作实施规划。培训部不得不马上开始确定培训讲师、拟定培训日程表、商谈培训教室等事项。由于种种原因，报到实际人数没有达到预计人数，于是在培训报到现场，王总果断指示将两个班合并为一个班，以节省开销。培训讲师林教授强调培训对象不同，培训内容侧重点不一样，不应该合并，最关键的是报到的时间不同。王总置之不理，经销商参训学员得知突然变更，怨声载道。王总竟然也在众人面前大声斥责培训部负责人，为什么培训工作做得一塌糊涂？然后命令公司其他所有部门负责人全部到场蹲点。培训工作不仅由王总亲自指导，各部门负责人也不时指东道西，甚至连总经理秘书也插手指挥。一个简单的培训活动最终被搞得乱七八糟。培训结束第二天，培训部负责人就打了辞职报告。

思考题：

培训部负责人为什么会打辞职报告？公司管理者的角色定位是什么？

六、实训项目

民主管理

　　某公司由于员工积极性存在一些问题，虽然没有影响生产进度，但是对软环境建设产生了一定的影响。公司迫切需要召开一个民主管理会议，收集意见与建议。假设你是人力资源部经理，请你设计会议议程与内容并主持该会议，写出会议纪要。

　　10人为一组模拟练习，分组讨论，选出主持人，形成综合意见。

模块 1

计划职能
JIHUA ZHINENG

计划职能是指管理者制订计划、执行计划和检查计划执行情况的全过程。

计划职能的主要内容：
- 分析环境，预测未来；
- 制定目标；
- 设计与抉择方案；
- 编制计划；
- 反馈计划执行情况。

项目 1

计　　划

> **知识目标：**
> - 掌握计划的含义；
> - 了解计划工作的特征；
> - 学习和掌握计划的编制过程；
> - 了解计划工作的类型；
> - 学习和掌握计划的编制方法；
> - 了解计划书的基本框架。
>
> **能力目标：**
> - 能按照计划的编制过程有步骤地完成计划工作；
> - 能用所学的编制方法制订一个工作计划。
>
> **素质目标：**
> - 培养学生的职业规划能力。

1.1 案例导读

北京松下的事业计划

北京松下彩色显像管有限公司（以下简称北京松下）是中外合资企业，自建成投产以后，以良好的经营业绩确立了在我国工业界的地位，曾多次被评为全国"三资"企业中高营业利润、高出口额的"双优"企业。

北京松下高度重视计划工作，他们常说"制订一份好的计划，等于完成了工作的一半"，"什么是管理，执行计划就是管理"。公司对职员考核的5条标准中，一个重要的标准就是制订计划的能力。

每年年初，公司总经理都要召开一年一次的经营方针发表会以制订计划，设定公司该年度的努力目标。根据公司的经营方针，各部门都要制订该年度的活动计划，设定目标。制订计划的目的在于推动以目标管理为中心的事前管理，克服无计划的随机管理。公司总经理曾经形象地说："等着了火再去泼水谁都会，管理的责任在于防止火灾的发生。"

北京松下最具代表性的就是推行"事业计划"。它的编制往往开始于财政年度的前几个月，其内容包括：生产、销售、设备投资、材料采购、材料消耗、人员聘用、工资基数等一系列计划,以及资金计划、利润计划、资产负债计划。"事业计划"的一个特点就是以资金的形态来表现机会的严肃性,计划的详细程度大于决算的详细程度。"事业计划"来自全体职工的集体智慧,其中的"标准成本""部门预算费用"等,使职工看到了各自岗位的经济责任。总之,"事业计划"的实施大大加强了企业从投入到产出的经营活动的可控性,指明了全体职工为实现经营目标而协调努力的方向。

北京松下不仅注重计划的制订,而且注重计划的实施情况并予以检查确认,提出改善措施。公司经常强调要有问题意识,就是说在制订计划的时候能否事先预计到种种问题的发生,问题发生时能否及时正确进行处理。北京松下的口号是:问题要预防在先,一旦发生了,要努力使同样的问题不再发生第二次。工作今天要比昨天好,明天更比今天好。

思考题:
(1)你对"制订一份好的计划,等于完成了工作的一半""执行计划就是管理"这两句话有何评价?
(2)说明北京松下"事业计划"的类型和内容。

计划工作具有承上启下的作用,其重要意义就是在利用机会的同时,把风险降至最低程度,以利于组织的协调与控制。在管理的计划、组织、领导和控制4个职能中,计划属于首要职能。

1.2　理论与实务知识

1.2.1　计划的含义

计划是指管理者对组织要实现的目标,以及实现目标的方法、步骤、资源配置、时间安排等进行的预先筹划。计划是计划工作的成果,没有计划工作也就没有计划产生。管理的计划职能就是指计划工作。管理学中的计划与计划工作是同义词。

计划工作有广义和狭义之分。广义的计划工作,是指制订计划、执行计划和检查计划3个阶段的工作过程。狭义的计划工作,是指制订计划,即根据组织内外部的实际情况,权衡客观的需要和主观的可能,通过科学的预测,提出在未来一定时期内组织所需达到的具体目标及实现目标的方法。因此,计划的前提是预测,核心环节是决策。

计划工作包括调查研究、设置目标、预测未来、制订计划、贯彻落实、监督检查和修正等内容;而计划则是计划工作中计划制订的成果,是贯彻实施和监督检查的对象。

计划工作的内容常用"5W1H"来表示:

- What——做什么?目标与内容;
- Why——为什么做?原因;
- Who——谁去做?人员;
- Where——何地做?地点;
- When——何时做?时间;
- How——怎样做?方式、手段。

计划可以分为正式计划和非正式计划。正式计划是管理者遵循严格的框架来制订的,它提出正式的目标,用文字形式体现出来,可以共享,具有连续性。非正式计划往往是粗略

某高职院校专业课教学计划内容要求

的,仅仅存在于管理者的头脑中,缺乏共享性和联系性。

1.2.2 计划的重要性

管理者为什么要制订计划呢?这是因为计划可以给出组织未来的努力方向,减少不确定性的冲击,使浪费减至最小。一个科学、准确的计划,会减少各种变化所带来的影响,为管理者实现既定的管理目标起到事半功倍的作用。

首先,计划是管理者协调工作的依据。计划本身是一个协调的过程,当组织内部的成员目标都明确时,就能协调工作、互相配合。

其次,计划是降低风险、掌握主动的手段。通过计划可以促使管理者展望未来,预见变化,考虑变化的冲击,并制定适当的对策。

最后,计划是控制的标准。在计划中设立目标,在控制过程中将实际的结果与计划目标进行比较,分析是否有偏差及偏差产生的原因,并采取有针对性的纠偏措施,以保证目标的实现。

案例分析

战争的谋划

公元前494年,越国进攻吴国而战败,越王勾践在危急关头决定委屈求和保存国土,以谋东山再起,并根据本国国情和吴国情况制定了一系列国家复兴、转败为胜的战略,即"破吴七计"。勾践卑言慎行、忍辱负重,一方面收买吴国重臣,麻痹夫差;另一方面实行内政改革,发展生产,恢复国家元气,赢得了百姓的拥戴。同时利用外交活动,实行离间计,挑拨夫差与伍子胥之间的关系。最后,知人善用,抓住时机,终于完成了长达十三年之久的灭吴计划。

一个领导者在战前对战争的谋划与管理学原理中的计划职能是一致的。孙子以《计篇》作为十三篇之首,且计划是管理中具有首位性的基本职能之一,可见计划的重要性。

计划是有预见性的,计划周密、条件充分,胜利的可能性就越大。

1.2.3 计划的特征

计划的特征可以概括为以下5个方面。

1. 目标性

在组织中每一个计划的制订,其最终目标都是促使组织总体目标和各个阶段目标的实现。具体地说,计划工作首先就是确立目标;然后,使今后的行动集中于目标,并预测和确定哪些行动有利于达到目标,从而指导以后的行动朝着目标的方向迈进。没有计划和目标的行动是盲目的行动。

2. 首位性

在管理的各项职能中,计划是其他职能执行的基础,具有首位性。计划、组织、领导和控制等活动,都是为了支持实现组织的目标。管理过程中的其他职能都只有在计划工作确定了目标后才能进行。因此,计划职能在管理职能中居首要地位。此外,管理人员必须制订计划,以了解需要什么样的组织结构和什么样的人员,按照什么样的方法去领导下属和采取什么样的控制方法等。因此,要使所有的其他管理职能发挥效用,首先必须安排计划。

3. 普遍性

计划工作涉及组织管理区域内的每一个层级,每一个管理人员都需从事计划工作。由于各级管理人员的职责和权限不同,他们在工作中就有不同的计划。高层管理人员负责制订战略计划,中层管理人员负责制订战术计划或生产作业计划。因此,授予下级某些制订计划的权力,有助于调动积极性,为顺利完成计划、实现目标奠定坚实的基础。

4. 效率性

计划工作要以较小的投入获得较为满意的计划成果。计划的效率是指从组织目标所做的贡献中扣除制订和执行计划所需的费用及其他因素后的总额。如果一个计划在实现的过程中付出了较高的代价,即使计划达到了目标,这个计划的效率也是很低的。如果一个计划按合理的代价实现了目标,那么这个计划就是有效率的。在衡量代价时,不仅要考虑时间、资金的投入,还要考虑个人和集体的满意程度。一项很好的计划,在实施过程中,由于方法不当,引起了人们的不满情绪,这样的计划效率也是很低的。

5. 创造性

计划工作需要管理者针对组织所面临的新环境来发现和解决新问题。面对出现的新机会,管理人员要敢于打破旧观念的束缚,及时提出适应本组织特点的一些新思路、新观点和新方法,使计划更加符合客观实际。所以说计划工作是一项创造性的管理工作。

1.2.4 计划的类型

由于组织活动的复杂性与多元性,组织计划的种类也变得复杂和多样化。为了便于研究和指导实际工作,有必要把计划按不同的标准进行分类。

1. 按计划的影响程度分类

按计划的影响程度分类,计划可分为战略计划和战术计划。

战略计划是关于企业活动总体目标和战略方案的计划,其特点是:时间跨度长、涉及范围广;内容抽象、概括,不要求直接的可操作性;不以既定的目标框架作为计划的着眼点和依据;计划的前提条件大多是不确定的,制订者必须有较高的风险意识,能在不确定中选定企业未来的行动目标和经营方向等。战略计划以组织全局为对象,由组织高层管理人员根据总体发展的需要来制订。

战术计划是关于实现组织目标的具体实施方案和细节,其特点是:时间跨度短,覆盖的范围窄;内容具体、明确,并通常要求具有可操作性;计划的任务主要是规定如何在已知条件下实现根据企业总体目标分解而提出的具体行动目标,计划制订的依据比较明确等。战术计划的风险程度较战略计划低。战术计划以某项职能或活动为对象,由中低层管理人员根据战略计划的要求来制订。

战略计划与战术计划的比较见表1-1。

表1-1 战略计划与战术计划的比较

比较类别	战略计划	战术计划
时间跨度	长	短
涉及范围	宽广	较窄
内容操作	抽象、概括,不要求直接的可操作性	具体、明确,通常具有可操作性
具体任务	设立组织总体目标	在既定目标框架下提出具体行动方案
风险程度	高	低
实现目标	确保"做正确的事"	追求"正确地做事"
回答问题	做什么,为什么做	何人在何时、何地用何种办法做

2. 按计划的时间长短分类

按时间长短分类，计划分为长期计划、中期计划和短期计划。

长期计划是指五年以上的计划。它规定了在这段较长时间内组织总体和各部分从事活动应该达到的状态和目标。

中期计划是指一年以上到五年以内的计划。它是考虑了组织内部与外部的环境变化后制订的可执行计划。

短期计划是指一年以内的计划。它具体规定了组织总体和各部分在时间间隔相对较短的时段（如一年、半年或更短的时间），所应该从事的各种活动及从事该种活动所应达到的水平。

在3种计划中，长期计划是组织在较长时期的发展方向、总目标及实现总目标的纲领性计划，长期计划往往是战略计划。中期计划是根据长期计划制订的，它比长期计划详细，是短期计划的依据。短期计划比中期计划更加详细具体，它是指导组织具体活动的行动计划，是中期计划的分解与落实。可见，中期计划是保持计划连续性的关键，是联系长、短期计划的桥梁或纽带。3种计划相互衔接，反映了事物发展在时间上的连续性。

3. 按计划的覆盖范围分类

按覆盖范围分类，计划分为综合性计划和专业性计划。

综合性计划是对业务经营过程各方面所做的全面的规划和安排。

专业性计划是对某一专业领域职能工作所做的计划，它通常是对综合性计划某一方面内容的分解和落实。

综合性计划与专业性计划构成了一种整体与局部的关系，专业性计划应以综合性计划为指导，避免同综合性计划脱节。

4. 按计划的详尽程度分类

按详尽程度分类，计划分为导向性计划和具体计划。

导向性计划只规定基本原则与方向，指出行动重点但并不限定具体目标，也不规定明确的行动方案。

具体计划有明确规定的目标，不存在模棱两可和容易引起误解之处。

管理既是科学又是艺术。管理的艺术性在于平衡。管理者需要在计划的明确性和计划的灵活性之间求得一种平衡。在外部环境相对稳定、任务结构相对明确的情况下，具有明确性的具体计划更适宜。在相反的情况下，仅给行动施以宽松的指导的导向性计划可能会比具体计划更有效。

5. 按组织层次不同分类

按组织层次不同分类，计划分为高层管理计划、中层管理计划和基层管理计划。

高层管理计划一般属于战略计划，着眼组织的长远安排，注重组织在环境中的定位。

中层管理计划是战术计划，协调组织内部各部门之间的关系及各部门的分目标。

基层管理计划着眼于每个岗位、每个员工、每个工作时间的工作安排和协调，基本是作业性内容。

1.2.5 计划的编制

1. 计划的编制过程

计划职能是管理的最基本职能。计划工作的职能就是人们必须知道在计划

知识链接1-1

执行中，在一定时期内自己该做什么、怎么做等。由于管理的环境是动态的，管理活动是一个发展变化的过程，计划作为行动之前的安排，必须是一种连续不断的循环。计划工作就是一个由若干互相衔接的步骤所组成的连续过程。这一过程可以大致分为8个步骤，如图1-1所示。

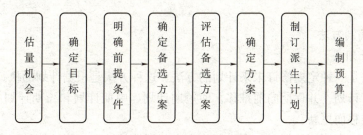

图1-1　计划工作的过程

（1）估量机会

估量机会是在实际的计划工作之前就着手进行的，是对未来可能出现的机会的估计，是在组织内外环境分析的基础上，判断组织的优、劣势，寻求组织可以发展的机会。估量机会是计划工作的一个真正起点。

（2）确定目标

计划工作的目标是指组织在一定时期内所要达到的效果，包括长期目标和短期目标。它是要建立组织的目标体系，即把高层目标（战略目标）分解为中间目标（战术目标），再分解为小组、个人的具体目标，而且要保持具体目标与总目标一致。确定目标是计划工作的基础。

（3）明确前提条件

明确计划工作的前提，就是确定计划实施时的预期环境，对企业来说就是要做好市场预测。确定的计划前提条件实际上是指那些对计划来说是关键性的、有策略意义的因素，也就是对计划的落实具有最大影响的那些因素。例如制订新产品开发计划，必须要确定新产品的市场前景、所需投资、设备技术要求和人员要求等。这就是计划的前提条件，它是整个计划工作的关键和核心。

（4）确定备选方案

一个计划往往有几个可供选择的方案。选择方案时，不只是找可供选择的方案，还要减少可供选择方案的数量，以便可以对最有希望的方案进行分析。

（5）评估备选方案

找出了各种可供选择的方案并明确了它们的优缺点后，下一步就是根据前提条件和目标，权衡它们的轻重，对方案进行评估。备选方案可能有几种情况：有的方案最有利可图，但需要投入的资金多且回收慢；有的方案看起来可能获利较少，但风险也小；有的方案对长远规划有益等。在若干方案并存的情况下，就要根据组织的目标选择一个最合适的方案。

（6）确定方案

在备选方案中，需要确定一个既符合目前组织资源能力，又能获取最大效益的方案。确定方案的过程是运用科学决策的过程。确定方案是做决策的关键。

（7）制订派生计划

派生计划是总计划下的分计划。做出决策之后，就要制订派生计划。总计划要靠派生计划来扶持。

（8）编制预算

在完成上述各个步骤之后，最后一项是把计划转化为预算，使之数量化。预算实质上是资源的分配计划，它既可以成为汇总各种计划的工具，又是衡量计划工作完成进度的重要标准。

2. 计划的编制方法

（1）滚动计划法

滚动计划法是一种定期修订未来计划的方法。这种方法是根据计划的执行情况和环境变化情况定期修订计划，并逐期向前推移，使短期计划、中期计划和长期计划有机结合起来，不断地随时间推移而更新。

具体做法是：在制订计划时，同时制订未来若干期的计划，但计划的内容用近细远粗的办法制定，即近期计划尽可能详细，远期计划则较粗；在计划期的第一阶段结束时，根据该阶段计划的执行情况和内外环境的变化情况，对原计划进行修订，并将计划向前滚动一个阶段；以后根据同样的原则逐期滚动，如图1-2所示。

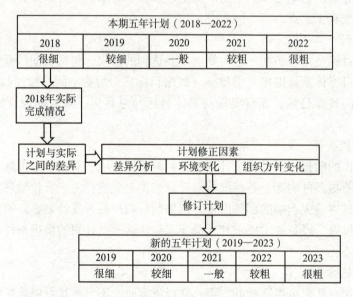

图1-2 滚动计划法示意图

滚动计划法虽然使得计划编制和实施工作的任务量加大，但同时也使得计划切合实际，特别是战略计划的实施更加切合实际。短期计划、中期计划和长期计划相互衔接，可根据环境的变化及时进行调节，使各期计划基本一致，大大增加了计划的弹性，提高了组织在变化环境中的应变能力。

（2）网络计划技术法

网络计划技术法又叫关键路线图，在我国也称统筹法，是20世纪50年代在美国产生和发展起来的，它是利用网络理论，通过网络图的绘制和网络时间的计算来制订计划，并对计划进行评价、审定的技术方法。

网络计划技术法的基本原理是：首先应用网络图的形式来表达一项计划中各项工作（任务、活动、工序等）的先后顺序和相互关系；其次，通过计算找出计划中关键工序和关键路线,然后通过不断改善网络图选择最优方案,并在计划执行过程中进行有效的控制和监督,保证取得最佳的经济效益。

网络图是网络计划技术的基础。任何一项任务都可以分解成许多步骤的工作,根据这些工作在时间上的衔接关系,用箭线表示它们的先后顺序,画出一个由各项工作相互联系并注明所需时间的箭线图,这个箭线图就称为网络图。图1-3便是一个简单的网络图。

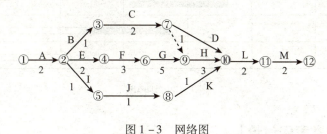

图1-3 网络图

利用网络计划技术法编制计划的步骤如下。

①分解任务。该步骤是把整个计划活动分成若干个具体工序,并确定各工序的时间,在此基础上分析并明确各工序的相互关系。

②绘制网络图。根据各工序之间的相互关系和一定规则,绘制出所有工序的网络图。

③找出关键线路。根据各工序所需作业时间,计算网络图中各路线的路长,找出关键线路。

课堂小训练

小芳在早上7:30要出门参加会议,起床后要做完以下事情。请问小芳最迟必须几点钟起床,请画出网络图,并确定关键路线。

打扫房间	7分钟	刷牙	3分钟	烧水	15分钟
洗脸	5分钟	穿衣	5分钟	下面条	10分钟
整理床	5分钟	吃饭	20分钟		

(3)计划—规划—预算法

这是一种从目标出发编制预算的方法。计划开始时,首先由最高主管部门提出组织总目标和战略,并确定实现目标的项目;其次,分别对每个项目实施阶段所需要的资源数量进行测算和规划,并排出优先次序;然后,在编制预算时从目标出发按优先次序和项目的实际需要分配资源,当资源有限时保证排在前面的项目的需要;最后,根据各部门在实施项目中的职责和承担的工作量将预算落实到部门。

(4)甘特图法

甘特图是20世纪初由亨利·甘特发明的。它是一种线条图,横轴表示时间,纵轴表示要安排的活动,线条(或矩形框)表示进度,如图1-4所示。甘特图直观地表明任务计划定在什么时候进行和完成,并可对实际进展与计划要求做对比检查。这种方法虽然简单,却是一种重要的作业计划与管理工具。它能使管理者很容易地搞清楚一项任务或项目还剩下哪些工作要做,并评估出某项工作是提前了还是拖后了或者是在按计划进行着。

活动	1月	2月	3月	4月	5月	6月
设计	██████████	█████				
选址		██████	██████			
建设			██████████	████		
设备安装				██████	░░░	
测试开工					░░░░	░░░

图1-4 甘特图

【课堂案例讨论】

一个父亲和他的三个孩子

有一位父亲带着他的三个孩子到沙漠里去猎杀骆驼。他们到达目的地后,父亲问老大:"你看到了什么?"老大回答:"我看到了猎枪、骆驼,还有一望无际的沙漠。"父亲摇摇头说:"不对。"父亲以同样的问题问老二,老二说:"我看到了爸爸、哥哥、弟弟、猎枪,还有沙漠。"父亲又摇摇头,说:"不对。"父亲又以同样的问题问老三,老三说:"我只看到了骆驼。"父亲高兴地说:"你答对了。"

讨论:
这则故事给了我们什么管理启示?

1.2.6 计划书的基本框架

1. 计划书内容的框架模式

不同类型的计划,计划书的格式会有所不同,不过一些基本的内容是相同的。按照用途与思路的不同,计划书大致可以划分为两种框架类型:基本框架模式和问题框架模式。

(1)计划书基本框架模式

一般的计划书均采用这种模式,主要用于社会组织及其下属部门的年度及以下时间段的工作计划。其主要内容为:①内外环境(背景)分析;②确定工作目标(任务);③制订行动(工作)方案,包括工作内容、要求、途径、措施等;④资源配置方案,包括执行人、资金预算、物资配备、完成时限等。重要的工作计划书,其开始部分通常还要提出工作的指导思想,如图1-5所示。

图1-5 计划书基本框架模式

(2)计划书问题框架模式

这是指为解决特定问题或开展某项工作而拟定专门计划所采用的模式。其主要内容为:

①对所要解决的问题或专项任务进行分析与界定;②分析主客观环境,把握有利与不利条件;③确定解决问题或完成任务的路线与行动目标;④制定解决问题或完成任务的方案与措施,如图1-6所示。

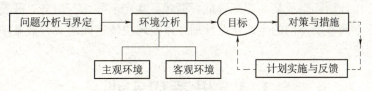

图1-6　计划书问题框架模式

2. 计划书的基本项目

不同计划书的内容结构与具体格式各不相同。一般来说,企业的计划书大致包括以下8个部分,由11项内容构成,如表1-2所示。

表1-2　计划书的构成

部分	内容	说明
1. 计划导入	(1) 封面	计划书的"脸面",应具有吸引力
	(2) 前言	表明计划者的动机及态度
	(3) 目录	列出计划书的分段标题
2. 计划概要	(4) 计划概要	概述计划书的整体思路与内容
3. 计划背景	(5) 现状分析	明确计划的出发点、说明计划的必要性及前提
4. 计划意图	(6) 目标	确定计划的目的、目标,说明计划的意义
5. 计划方针	(7) 概念的形成	明确计划的方向、原则,规定计划的内容
6. 计划构想	(8) 确定实施策略的结构	明确计划实施的结构、组织保证、计划效果
	(9) 具体实施计划	计划的具体内容及实现目标的方法具体化
7. 计划设计	(10) 确定实施计划	实施计划所需的时间、费用、人员及其他资源,预测计划可能获得的效果
8. 附录	(11) 参考资料	附加的与计划相关的资料,增加计划的可信度

3. 编制计划的要领

(1) 明确制订企业计划的目的与依据

一是要落实上级的总体战略,配合全局;二是要保证本部门工作任务的实现;三是要有利于本部门的长期发展。

(2) 抓住4个环节,按照科学程序运作

要遵循科学的计划程序制订计划,编制计划书,要注意抓住4个关键环节:首先一定要搞好内外环境的分析,这是做好计划的前提与基础;要运用创造性思维与创造技法,形成富有创意的构思,即"点子",这是制订计划的灵魂;要采用科学的决策方法,制订正确的决策,这是搞好计划的核心;要巧妙运筹、周密安排,编制科学的计划文本,这是做好计划工作的基础性保证。

（3）关注中、基层管理者所负责的计划类型

中、基层管理者主要负责制订年度及以下时间段的业务（工作）计划和解决某个问题、开展某项工作的专案计划，主要包括：企业年度生产经营计划或工作计划、企业某一职能管理（营销、生产、技术、财务、开发等）计划、企业下属基层部门的生产作业计划，以及解决特定问题或开展某项专门工作的计划等。

知识拓展：预测技术

1.3 思考和实训

一、单项选择题

1. 制订计划、执行计划和检查计划3个阶段的工作过程是指（　　）。
   A. 狭义的计划工作　　　　　　B. 广义的计划工作
   C. 计划工作的过程　　　　　　D. 计划的管理工作
2. 计划工作的内容常用（　　）来表示。
   A. 5W1H　　　B. 5W2H　　　C. 5W3H　　　D. 5W4H
3. 计划工作需要管理者针对组织面临的新环境来发现问题和解决问题，这是计划的（　　）。
   A. 首位性　　　B. 普遍性　　　C. 效率性　　　D. 创造性
4. （　　）是关于企业活动总体目标和战略方案的计划。
   A. 战略计划　　B. 战术计划　　C. 导向计划　　D. 具体计划
5. 在计划的编制过程中，整个计划工作的关键和核心是（　　）。
   A. 估量机会　　　　　　　　　B. 确定目标
   C. 明确计划的前提条件　　　　D. 编制预算
6. （　　）只规定基本原则与方向，指出行动重点但不限定具体目标，也不规定明确的行动方案。
   A. 综合性计划　B. 专业性计划　C. 导向性计划　D. 具体计划
7. （　　）是一种定期修订未来计划的方法。
   A. 滚动计划法　　　　　　　　B. 网络计划技术法
   C. 计划—规划—预算法　　　　D. 甘特图法

二、多项选择题

1. 计划的工作内容包括（　　）。
   A. what　　　　B. where　　　C. why　　　　D. how
2. 以下属于计划特征的有（　　）。
   A. 目标性　　　B. 效率性　　　C. 创造性　　　D. 时间性
3. 计划按时间长短分类，可分为（　　）。
   A. 长期计划　　B. 中期计划　　C. 短期计划　　D. 季度计划
4. 计划按覆盖范围分类，可分为（　　）。
   A. 导向性计划　　　　　　　　B. 具体计划
   C. 综合性计划　　　　　　　　D. 专业性计划

5. 以下属于计划编制过程的有（　　）。
　　A. 估量机会　　　　　　　　　　B. 确定目标
　　C. 确定备选方案　　　　　　　　D. 制订派生计划
6. 滚动计划法使（　　）有机结合起来。
　　A. 短期计划　　　　　　　　　　B. 中期计划
　　C. 长期计划　　　　　　　　　　D. 月度计划

三、判断题

1. 计划属于首要职能。（　　）
2. 计划的效率性是指以较大的投入获得较为满意的计划成果。（　　）
3. 高层管理人员主要负责制订战术计划，中、低层管理人员主要负责制订战略计划。（　　）
4. 中期计划是指一年以上五年以内的计划。（　　）
5. 具体计划没有明确的目标。（　　）
6. 派生计划是总计划下的分计划。（　　）
7. 计划—规划—预算法是从计划出发编制预算的方法。（　　）
8. 甘特图能直观地表明任务计划定在什么时候进行和完成。（　　）

四、思考题

1. 管理者为什么要制订计划？
2. 战略计划与战术计划有哪些不同？战略计划应由谁来制订？
3. 给自己制订一个中期学习计划，并将其具体实施。

五、案例分析题

10 分钟提高效率

　　美国某钢铁公司总裁舒瓦普向一位效率专家哈利请教："如何更好地执行计划？"哈利声称可以给舒瓦普一样东西，在 10 分钟内能把他公司业绩提高 50%。接着，哈利递给舒瓦普一张白纸，说："请在这张纸上写下你明天要做的 6 件最重要的事。"舒瓦普用了约 5 分钟写完。哈利接着说："现在用数字标明每件事情对于你和公司的重要性次序。"舒瓦普又花了约 5 分钟做完。哈利说："好了，现在这张纸就是我要给你的。明天早上第一件事是把纸条拿出来，做第一项最重要的。不看其他的，只做第一项，直到完成为止。然后用同样办法对待第 2 项、第 3 项……直到下班为止。即使只做完一件事，那也不要紧，因为你总在做最重要的事。你可以试着每天这样做，直到你相信这个方法有价值时，请按你认为的价值给我寄支票。"

　　一个月后，舒瓦普给哈利寄去一张 2.5 万美元的支票，并在他的员工中普及这种方法。5 年后，当年这个不为人知的小钢铁公司成为世界上最大的钢铁公司之一。

思考题：

（1）为什么舒瓦普有计划却难以执行？效率专家哈利的方法的关键在哪里？

（2）效率专家哈利认为"即使只做完一件事，那也不要紧，因为你总在做最重要的事"。你认为制订计划仅做最重要的事够吗？

（3）效率专家哈利的方法使这个不为人知的小钢铁公司成为世界上最大的钢铁公司之

一。为什么计划能有这么大的作用?

六、实训项目

制订班级晚会策划方案

总体要求:

①每人出资20元,采购后要节余100元;

②晚会上要有吃的、喝的、玩的;

③出节目的要评出奖项,给予鼓励;

④分组讨论研究制订方案;

⑤采购的价格要与超市的商品价格相符;

⑥方案制订后,各组派代表讲解方案;

⑦写清晚会的目的与意义;

⑧十人一组进行模拟策划练习。

项目 2

目标管理

> **知识目标：**
> - 掌握目标的含义；
> - 了解目标的特征；
> - 掌握目标管理的含义；
> - 学习和掌握目标管理的步骤。
>
> **能力目标：**
> - 能为自己制定一个科学可行的目标；
> - 能将目标管理的方法应用于组织管理之中。
>
> **素质目标：**
> - 培养学生自我控制能力。

2.1 案例导读

弘阳有限公司的目标管理

弘阳有限公司自2018年1月开始实行目标管理，但执行的过程并不顺利，每个月目标管理卡的制作和填写成了各个部门经理的负担，占了他们大部分的时间，每个月都是由办公室督促大家写目标管理卡。除此之外一些部门的工作量特别大，例如，财务部门每个月的常规项目占据所有工作的90%，目标管理卡的内容重复性特别大。另外一些行政部门临时性的工作特别多，很难确定他们的目标管理卡。弘阳有限公司目标管理实施的步骤如下：

1. 目标的制定

（1）总目标的确定

每年年末公司总经理在职工大会上做总结报告，并向全体职工讲明下一年大致的工作目标，然后在年初的部门经理会议上总经理和副总经理及各部门经理讨论协商确定该年的目标。

（2）部门目标的制定

每个部门在前一个月的25日之前确定下一个月的工作目标，并以目标管理卡的形式报告给总经理，总经理办公室留存一份，本部门留存一份。目标分别为各个工作的权重以及完成的质量与效率，由权重、质量和效率共同决定。最后由总经理审批，经审批后方可作为部门的工作最后得分。

(3) 目标的分解

各个部门的目标确定以后，由部门经理根据部门内部的具体岗位职责及内部分工协作情况进行分配。

2. 目标的实施

目标的实施主要采用监督、督促并协调的方式，每个月月中由总经理办公室主任与人力资源部绩效主管共同或是分别到各个部门了解目标进行的情况，直接与各部门的负责人沟通，在这个过程中了解到各项目的进展情况，哪些项目没有按规定的时间和质量完成及没有完成的原因，并督促其完成。

3. 目标结果的评定与运用

目标管理卡首先由各部门的负责人自评，自评过程受人力资源部与办公室的监督，最后报总经理审批，总经理根据每个月各部门的工作情况，对目标管理卡进行相应的调整。目前人力资源部的人数有限，而且各司其职。

思考题：

(1) 弘阳有限公司的目标管理存在哪些问题？

(2) 财务、行政等部门工作内容大不相同，该如何针对不同部门的职能特点设计目标管理卡？

(3) 如何让各部门的管理者意识到目标管理的重要性和必要性？

目标是组织开展经营活动的出发点，是制订计划的基础。了解和掌握组织目标的相关内容，围绕目标进行管理是发挥管理职能的重要基础。

2.2 理论与实务知识

2.2.1 目标的含义

目标就是组织和个人活动所指向的终点或一定时期内所寻求的最终成果。目标为组织成员指明了方向，提供了衡量成就、评估绩效的标准。因此，目标是一种管理基础，特别是计划工作的基础。目标的作用如下。

1. 导向作用

目标的首要作用是为组织指明前进的方向。一个组织如果没有了明确的目标，就没有了前进的方向，就无法有效地协调资源。只有明确了组织的目标，才能确定为了实现目标必须开展什么工作，各项工作需要配置何种资源、各配置多少等。在决策过程中，管理者只有对组织目标有清晰的了解，才能判断遇到的问题是否需要解决、应该解决到何种程度、应该选择怎样的方案，应该怎么做才是组织行动的正确方向。目标不清，就无法做出决策。

2. 激励作用

目标可以激发组织成员工作的积极性。特别是当组织的目标充分体现了组织成员的共同利益，并与每个成员的个人利益很好地结合在一起时，就会极大地激发组织成员的工作热情。为了调动组织成员的工作积极性，管理者常采用物质激励的方式。而事实上，能够真正调动员工内在工作热情的是具有吸引力的目标。如果管理者能够提出一个使全体员工为之振奋的目标，并树立其信心，不仅能够减少眼前物质刺激的压力，而且可以使员工在工作中努力克服可能遇到的各种困难，致力于最终目标的实现。

3. 凝聚作用

当组织目标与个人目标一致时，目标对组织成员就会产生一种凝聚力，使员工发挥出奉献精神和创造力。在组织目标的指引下，组织之间、个人之间容易产生相互之间的了解、沟通与认同感，这些都是组织凝聚力产生的重要基础。

4. 标准作用

目标是考核主管人员和员工绩效的客观标准。工作绩效是以目标达到的程度为标准加以衡量的，没有目标就无法衡量工作是否取得了绩效及绩效的大小。对组织成员的绩效考核一般是根据其行为是否符合组织目标及其对目标的贡献估价来进行的。因此，组织目标也是进行绩效考核的基本依据。

5. 基础作用

管理工作的开展，如果没有目标作为基础，就会陷入混乱，无所适从或者低效率。效率和效益相比，效益是第一位的。要改进和提高组织的效率，就必须搞清组织的目标是什么，并沿着这个方向努力，使有限的资源发挥最大限度的作用。

2.2.2 目标的特征

目标表示最后结果，而总目标需要由子目标来支持。任何一个组织的目标都是其经营思想的集中体现。目标的特征可以概括为以下 6 个方面。

学校发展总目标

1. 层次性

目标是一个分层次的体系。这个体系的顶端是组织的宗旨和使命，由使命派生出组织的总目标和战略，接下来还要把总目标和战略加以细化，从而形成某些重要领域的成果目标、分公司目标、部门和单位的目标，直至个人目标，由此构成了目标的层次体系。在目标体系中，除了纵向目标的指导与保障关系，各相同层次目标之间也必须具有协作的关系，只有这样，才能保证各个环节紧密衔接。

课堂小训练

某班为一名同学举行一个生日宴会，请对以下的工作进行目标分解。

准备	做凉菜	采购物品	饮料
邀请来宾	做熟菜	礼物	室内布置
晚宴	娱乐	灯光布置	蔬菜类
清洗	音响	海鲜类	生日蛋糕
食品	做菜	其他类	餐具

2. 多样性

所有组织的目标都是多重的，组织目标可分为主要目标、并行目标、次要目标。要完成这些目标，必须依据目标的重要程度，在完成最重要的目标的同时，兼顾其他目标。但目标的多样性，并非越多越好。因此，在考虑追求多个目标的同时，必须对各目标的相对重要程度进行区分。

3. 时间性

目标都是有时间跨度的。根据跨度的大小，目标可分为短期目标、中期目标、长期目标。短期目标是中期目标和长期目标的基础，任何中、长期目标的实现必然是由近及远，中、长期目标和短期目标之间形成了一个整体关系。确定短期目标的过程实质上是确定中、长期目标的过程。为了使短期目标有助于中、长期目标的实现，必须拟定实现每个目标的计划，并把这些计划合成一个总计划，以此来检验它们的可行性。

4. 网络性

一个组织的目标通常是通过各种活动的相互联系、相互促进来实现的，所以目标和具体的计划通常构成为一个网络，即目标与目标之间左右关联、上下贯通，融汇成一个整体。要使一个网络具有效果，就必须使各个目标彼此协调且互相连接。管理者的任务之一就是确保目标网络中的目标之间要相互协调。

5. 可考核性

目标的可考核性是指到了规定的时限，目标完成的程度可以明确地做出衡量和评价。目标要做到可考核，就要使所定的目标有明确具体的表述，不能模棱两可，并且目标要有完成的时限，最好有量化的考核指标。

6. 信息反馈性

信息反馈是指把目标管理过程中目标的设置、实施情况不断地反馈给目标设置和实施的参与者，让他们知道组织对自己的要求。

综上所述，设置目标的数量不宜太多，并尽可能地说明必须完成什么和何时完成，并适时地向员工反馈目标完成情况。

案例分析

谁最不重要

张总和刘主管都是《西游记》迷，这天两人闲着无事，讨论起《西游记》中的人物来。张总问刘主管："你认为师徒四人中，谁最没本事、最不重要呢？""当然是唐僧了，"刘主管毫不犹豫地说，"在保护唐僧去西天取经的路上，孙悟空能72般变化、降妖除魔、冲锋陷阵；猪八戒虽然贪吃贪睡，但打起仗来也能上天入海，助猴哥一臂之力；沙僧憨厚老实、任劳任怨，把大家的行李挑到西天；唐僧最舒服，不仅一路上有马骑、有饭吃，而且妖魔挡道也不用其动一根手指头，自有徒儿们奋勇上阵。他做事不明真伪，总是慈悲为怀，动不动还要给孙猴子念上几句紧箍咒玩玩。"张总摇摇头："此言差矣。"刘主管问："那依你之见呢？"

张总说："四个人中，最重要的是唐僧。只有他明白去西天的目的是取回真经、普度众生。就是他，在孙悟空赌气回了花果山、猪八戒开小差跑回高老庄、沙僧也犹豫的情况下，毅然一个人奋勇向前，不达目的誓不罢休。因为他知道为什么要去西天，他知道他为什么做，他知道他做什么；而他的3个徒弟并不知道为什么要去西天，他们只是知道保护好唐僧就行，至于为什么要保护好唐僧，他们不用去考虑。所以，无论路程多么艰险、无论多少妖魔挡道、无论多少鬼怪想吃其肉，唐僧都毫不畏惧、奋勇前进。最后，唐僧不仅取回了真经，而且还使曾经被称为妖精的3个徒弟最终成佛。"

目的，永远都在技巧和方法前面。一个人如果一开始就不知道他要去的目的地在哪里，他就永远到不了他想去的地方。企业如果没有明确的目标，就永远不能强大。

2.2.3 目标管理

目标管理是一个全面的管理系统，是一个通过科学地制定目标、实施目标、依据目标进行考核评价来实施组织管理任务的过程。它是用系统的方法，将许多关键管理活动结合起来，高效率地实现个人目标和总体目标。目标管理的中心思想是让具体化展开的组织目标成为组织每个成员、每个层次、每个部门等的方向和激励，同时又使其成为评价组织每个成员、每个层次、每个部门等工作绩效的标准，从而使组织有效运作。

目标管理具有如下特点。

（1）强调自我参与

目标管理是让所有员工参与管理的一种方式，这主要体现在目标的制定上。这种管理方式是上下级一起协商制定组织目标，并共同研究实现目标的行动方案，让全体员工积极参与。

（2）强调自我控制

由于目标是上下级共同参与制定的，因此在目标实施过程中，每个员工会积极地实现自己参与设定的目标，变监督型管理为自我控制型管理。

（3）注重成果第一

在目标管理中，由于有了一套完善的目标考核体系，所以能够按员工的实际贡献大小客观地进行评价，从而做到赏罚分明，让下级心服口服，并且考核时只看目标完成的程度，而不管你的实际工作态度和工作表现。

（4）促使权力下放

促使权力下放，强调责、权、利的三者统一。要完成明确的任务，必须拥有完成目标所需要的资源、权力并承担相应的责任，这样就促使上级下放权力。

2.2.4 目标管理的基本程序

知识链接 2-1

目标管理的基本程序一般可分为 3 个阶段：第一个阶段是计划；第二个阶段是执行；第三个阶段是评定，如图 2-1 所示。

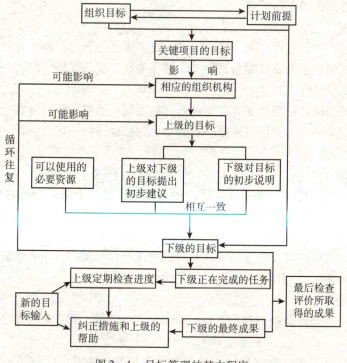

图 2-1 目标管理的基本程序

1. 计划阶段

计划阶段是目标管理实施的第一个阶段。由于组织目标体系是目标管理的依据，因而此阶段是目标管理有效实施的前提和保证。计划阶段可细分为 4 个步骤。

（1）制定高层管理目标

目标管理的第一步是制定组织的整体目标。此目标可以由上级提出，再与下级讨论；也可以由下级提出，再由上级批准。无论哪种方式，都必须是在充分讨论的基础上最后决定。高层管理者必须根据组织的使命和长远战略，估计客观环境带来的机遇和挑战，对组织能够完成的目标了如指掌。

（2）重新审议组织结构和职责分工

目标管理要求每一个分目标都有确定的责任主体。因此总目标制定后，要重新审查现有的组织结构，做出若干改变，以明确目标责任者和协调关系。

（3）确定下级和个人的分目标

在制定分目标时应注意：由责任人参与协商、分解组织目标，以明确个人的职责；目标应具体、可测量、有时间规定、便于考核；目标还应方向正确，目标值恰当，既符合实际又有挑战性。

（4）协议授权

上、下级就实现目标所需的条件及目标实现后的奖惩达成协议，并授予下级相应的资源配置权力，实现权、责、利的统一。双方协商后，由下级写成书面协议，编制目标记录卡片，整个组织汇总所有资料后，绘制出目标图。

2. 执行阶段

（1）咨询指导

根据各级目标需要，加强目标实施过程中各环节的指导，帮助解决目标实施过程中存在的问题，并提供各方面的支持。

（2）调节平衡

在目标实施过程中，对人、财、物、信息、技术等进行横向协调，合理使用，为目标管理活动的正常开展创造条件。目标与目标之间相互关联，彼此呼应，融为一体。

（3）反馈控制

建立信息反馈制度，组织管理者必须进行目标控制，随时了解目标实施情况，及时发现问题并协助解决。必要时，也可以根据环境的变化对目标进行一定的修正。

3. 评定阶段

（1）考评成果

预定期限到达后，对照目标项目及目标检查评价，包括下级进行的自我评估和上级全面、公正的评定。

（2）奖惩兑现

按照协商好的目标成果及奖惩条件，对目标责任单位、部门及个人实施奖励和处罚，以达到激励先进、鞭策后进的目的，为组织发展服务。

（3）总结经验

对目标管理中的经验及教训进行总结，提出存在的问题，再次制定下一轮目标，开始新的循环。

目标管理通过员工参与制定目标、上下级加强沟通、注重员工自我控制、明确预期成果，有效调动了员工的积极性和潜力，是一种有效的系统管理方法。

【课堂案例讨论】

如何实施目标管理

最近，新华公司的黄经理通过学习企业管理理论，对目标管理的方法印象非常深刻。因此，他决定在公司内部实施这种管理方法。他认为：由于各部门的目标决定了整个公司的业绩，应该由他本人为他们确定目标。因此，他首先为公司的各部门制定了工作目标。确定了部门目标之后，就把目标下发给各部门的负责人，要求他们如期完成，并口头说明在计划完成后要按照目标的要求进行考核和奖惩。但是各部门负责人在收到这些目标任务之后，表示目标存在这样或那样的问题，无法接受这些目标，致使黄经理的目标管理方案无法顺利实施。

讨论：

黄经理的做法存在哪些问题？如何改正？

2.2.5 目标管理的评价

目标管理作为一种管理方法，与其他管理方法一样也有其优点与不足。

1. 目标管理的优点

（1）管理水平提高

以最终结果为导向的目标管理，它迫使各级管理人员认真思考实现目标的方法和途径，从而可以避免工作的盲目性、随意性，避免形式主义和无效工作，保证管理的科学性与有效性。

（2）促使管理人员根据目标确定组织的任务和结构

目标作为一个体系，规定了各层次的分目标和任务，在允许的范围内组织机构要按照实现目标的要求来设置和调整，各个职位也应当围绕所期望的成果来建立，这就会使组织结构更趋合理化。为了取得成果，各级管理人员必须根据他们期望的成果授予下属人员相应的权力，使其与组织的任务和岗位的责任相对应，从而增强了组织成员的团结合作精神和组织的凝聚力。

（3）各级管理人员责任明确

各级管理人员成了专心致志于自己目标的人，参与自己目标的拟定、将自己的思想纳入计划之中、了解自己在计划中所拥有的权限和责任，最大限度地调动每个员工的进取心、责任心和积极性。

（4）控制活动更加有效

控制就是采取措施，纠正计划在实施过程中出现的与目标的偏离，确保任务完成。有了一套可考核的目标评价体系，监督就有了依据，控制就有了准绳。

2. 目标管理的不足

（1）目标制定较为困难

目标管理的有效实施要以目标的准确设定为前提。由于组织活动受外部环境影响很大，所以要把组织的目标具体化很困难。要保持目标的科学性和准确性，就要求制定目标的管理者具有较高的素质：能够将一定时期的任务具体化为目标；有分解目标的能力；有及时调整目标的能力。目标设定中虽然有员工参与，但管理者一定要做到心里有数，和员工一起制定科学有效的目标。

知识链接2-2

知识拓展：
战略管理

(2) 目标制定与分解中的员工参与费时、费力

在目标的设定过程中要与员工进行双向沟通，对下属部门提出的目标要进行分析、修正，去除不利于完成组织目标的部门目标。目标管理比命令式的管理费时、费力，如果协调不好，会影响员工的积极性。

(3) 目标成果的考核与奖惩难以完全一致

由于对目标的完成程度很难做出精确的判断，所以在考核中，高层管理者就要根据实际情况调节方案，或者有时为了回避矛盾将目标成果与奖惩相分离。

(4) 员工素质的差异影响目标管理的实施

目标管理的应用要求组织内的员工具有一定的思想基础与业务水平，要形成自觉、愉悦的工作环境，员工乐于发挥潜力、勇于承担责任，能够实现自我管理。因为在实践中员工的素质会有很大的差异，所以就影响了目标管理的实施。

2.3 思考和实训

一、单项选择题

1. （　　）是组织和个人活动所指向的终点或一定时期内所寻求的最终成果。
   A. 控制　　　　B. 组织　　　　C. 目标　　　　D. 计划
2. 一个组织如果没有明确的目标，就没有前进的方向，就无法有效地协调资源，是指目标的（　　）。
   A. 导向作用　　B. 激励作用　　C. 凝聚作用　　D. 标准作用
3. 在组织目标的指引下，组织之间、个人之间容易产生相互之间的了解、沟通与认同感，这是目标的（　　）。
   A. 导向作用　　B. 凝聚作用　　C. 标准作用　　D. 基础作用
4. 组织目标可分为主要目标、并行目标、次要目标，是目标的（　　）。
   A. 层次性　　　B. 多样性　　　C. 时间性　　　D. 可考核性
5. 目标管理的第一步是（　　）。
   A. 制定组织整体目标　　　　　　B. 确定分目标
   C. 协议授权　　　　　　　　　　D. 职责分工
6. 调节平衡是目标管理基本程序中（　　）的工作内容。
   A. 第一阶段　　B. 第二阶段　　C. 第三阶段　　D. 第四阶段

二、多项选择题

1. 以下属于目标作用的有（　　）。
   A. 导向作用　　B. 激励作用　　C. 协调作用　　D. 基础作用
2. 目标都是有时间跨度的，根据其跨度的大小，目标可以分为（　　）。
   A. 短期目标　　B. 中期目标　　C. 长期目标　　D. 超长目标
3. 目标管理的特点有（　　）。
   A. 强调自我参与　　　　　　　　B. 强调领导控制
   C. 上级紧握权力　　　　　　　　D. 注重成果第一

4. 属于目标管理评定阶段的工作有（　　）。
   A. 咨询指导　　　B. 考评阶段　　　C. 奖罚兑现　　　D. 总结经验
5. 属于目标管理计划阶段的步骤有（　　）。
   A. 制定高层管理目标　　　　　　B. 协议授权
   C. 确定下级和个人的分目标　　　D. 总结经验
6. 促使权力下放，强调（　　）三者统一。
   A. 责　　　　B. 权　　　　C. 利　　　　D. 管

三、判断题

1. 目标是组织和个人活动所指向的终点或一定时期内所寻求的最初成果。（　　）
2. 目标是考核主管人员和员工绩效的客观标准。（　　）
3. 目标和具体的计划通常构成一个网络。（　　）
4. 目标管理是一个局部的管理系统。（　　）
5. 目标管理可以使员工变自我控制型管理为监督型管理。（　　）
6. 目标管理的基本程序分为4个阶段。（　　）
7. 计划阶段是目标管理实施的第一个阶段。（　　）
8. 目标管理要求每一个分目标不需要确定责任主体。（　　）
9. 目标管理中目标的制定较为困难。（　　）
10. 设置目标，一般要求目标的数量越多越好。（　　）

四、思考题

1. 目标管理具有哪些特点？根据目前的状况，我国大多数企业是否具备实行目标管理的条件？
2. 目标管理作为一种管理方法具有哪些优点与不足？

五、案例分析题

阿迪达斯与耐克

在20世纪六七十年代，长跑爱好者似乎只有一种合适的鞋可供选择——阿迪达斯。阿迪达斯是德国的一家公司，是为竞技运动员生产轻型跑鞋的先驱。在1976年的蒙特利尔奥运会上，田径赛中有82%的获奖者穿的是阿迪达斯牌运动鞋。阿迪达斯的优势在于试验。它试用新的材料和技术来生产更结实和更轻便的鞋。它采用袋鼠皮绷紧鞋边。四钉跑鞋和竞赛鞋采用的是尼龙鞋底和可更换鞋钉。高质量、创新性和产品多样化，使阿迪达斯在20世纪70年代支配了这一领域的国际竞争。

20世纪70年代，蓬勃兴起的健康运动使阿迪达斯公司感到吃惊，瞬间不喜运动的人们对体育锻炼产生了兴趣。成长最快的健康运动细分市场是慢跑。据估计，到1980年有2 500万～3 000万美国人加入了慢跑运动，还有1 000万人是为了休闲而穿跑鞋。尽管如此，为了保护其在竞技市场中的统治地位，阿迪达斯并没有大规模地进入慢跑市场。

20世纪70年代出现了一大批竞争者，如美洲狮、布鲁克斯、新布兰斯和虎牌。但有一家公司比其他公司更富有进取性和创新性，那就是耐克。由俄勒冈大学的一位长跑运动员创办的耐克公司，在1972年俄勒冈的尤金举行的奥林匹克选拔赛中首次亮相。穿着新耐克鞋的马拉松运动员获得了第4至第7

名,而穿阿迪达斯鞋的参赛者在那次比赛中占据了前三名。耐克的大突破出自1975年的"夹心饼干鞋底"方案。它的鞋底上的橡胶钉使之比市场上出售的其他鞋更富有弹性,"夹心饼干鞋底"的流行及旅游鞋市场的快速膨胀,使耐克公司1976年的销售额达到1 400万美元。而在1972年仅为200万美元,自此耐克公司的销售额飞速上升。今天,耐克公司的年销售额超过了35亿美元,并成为行业的领导者,占有运动鞋市场26%的份额。

耐克公司的成功缘于它强调的两点:一是研究和技术改进;二是风格式样的多样化。公司有将近100名雇员从事研究和开发工作。它的一些研究和开发活动包括人体运动高速摄影分析、对300个运动员进行的试穿测验,以及对新的和改进的鞋和材料的不断实验和研究。在营销中,耐克公司为消费者提供了最大范围的选择。它吸引了各种各样的运动员,并向消费者传递出最完美的旅游鞋制造商形象。

到20世纪80年代初慢跑运动达到高峰时,阿迪达斯已成了市场中的"落伍者"。竞争对手推出了更多的创新品、更多的品种,并且成功地扩展到了其他运动市场。例如,耐克公司的产品已经统治了篮球和年轻人市场,运动鞋已进入了时装时代。到20世纪90年代,阿迪达斯的市场份额降到了可怜的4%。

20世纪90年代运动鞋的时装化是第二次市场发出的机遇信号,阿迪达斯管理当局在原优势基础上,首先对企业的战略进行大的调整,顺应消费偏好的变化,开发多元化产品市场;其次,加强员工队伍建设,进行人力资源培训,招募有经验的人员从事市场信息收集和分析工作;最后,重新树立富有创新意识的企业文化,放弃最初在运动鞋市场上的居高临下的领先者的自傲态度,使整个组织紧随环境变动的脉络。

思考题:
(1) 20世纪80年代阿迪达斯由于固守自身所具有的竞争优势而蔑视组织环境的发展变化,自动放弃了顺应市场发展方向的消费需求,导致了什么后果?
(2) 20世纪90年代阿迪达斯管理当局采用什么方法进行了战略管理?

六、实训项目

组织环境分析

(1) 实训目标:培养学生分析内外部环境的能力。
(2) 实训内容:
①实地调查一家企事业单位,或收集一家企业的系统资料。
②以小组为单位模拟一家公司并组织实施。
③分析该组织的内部环境和外部环境。
(3) 实训要求:每个学生都要提供一份组织内部环境和外部环境分析的简要报告并进行课堂交流。

项目 3

决 策

> **知识目标：**
> - 掌握决策的含义、基本内容；
> - 了解决策的类型；
> - 掌握决策过程的 6 个阶段；
> - 掌握专家意见法、智力激励法等主观决策方法的应用；
> - 掌握确定型决策方法、不确定型决策方法的应用。
>
> **能力目标：**
> - 能够对每一个可行方案进行分析评价；
> - 能够应用主观决策法和计量决策法选择满意的方案。
>
> **素质目标：**
> - 培养学生的科学决策能力。

3.1 案例导读

该如何决策

某厂从 1998 年以来一直经营生产甲产品，虽然产品品种单一，但是市场销路一直很好。后来由于经济政策的暂时调整及客观条件的变化，甲产品完全滞销，职工连续半年只能拿 60% 的工资，更谈不上奖金，职工怨声载道，积极性受到极大的影响。

新厂长上任后，决心用一年改变该企业的面貌。他发现该厂与其他部门合作的环保产品乙产品是成功的，于是决定下马甲产品，改产乙产品。一年过去，该厂总算没有亏损，但日子仍然不好过。

后来市场形势发生了巨大的变化。原来的甲产品市场脱销，用户纷纷来函来电希望该厂尽快恢复甲产品的生产。与此同时，乙产品销路不好。在这种情况下，厂长又回过头来抓甲产品，但一时又无法搞上去，无论数量和质量都不能恢复到原来的水平。为此，集团公司领导对该厂厂长很不满意，甚至认为改产是错误的决策，厂长感到很委屈。

思考题：

(1) 该厂厂长的决策是否有误？管理者在决策之前应考虑哪些因素？

（2）该厂厂长应该用何种决策方法对产品进行决策？

在工作和生活中，人们经常做决定，每一次决定都要认真的思考。做决定是一件很复杂的事情。对于组织也是一样的，决策体现了管理者的价值，对于管理者来说，其工作的实质就是决策。

3.2 理论与实务知识

3.2.1 决策的含义

决策是指组织或个人为了达到一定目标，从两个以上的可行方案中选择一个合理方案的分析判断过程。决策具体包含以下几个方面的内容。

1. 决策具有明确的目标

决策前必须明确所要解决的问题和目标。决策的目标有时是一个，有时是相互联系的若干个。如果决策前没有明确的目标，往往会导致决策无效甚至失误。

2. 决策有多个可行方案

决策必须是在两个或两个以上的可行方案中进行选择。如果只有一个方案，就不需要决策了。这些方案应该是平行的或互补的，能解决预期问题，实现预定目标，还可以进行定性和定量的分析。

3. 决策是对方案的分析和判断

决策所面临的若干个可行方案，每个都有不同的优缺点，有的方案还具有很大的风险。决策的过程就是对每一个可行方案进行分析、评价和判断，从中选出最优方案，并加以实施。因此，决策者必须具有超前意识，掌握充分信息，进行逻辑分析，最后在多个可行方案中选出一个合理的方案。

4. 决策是一个整体性过程

决定选中哪个方案的决策过程，是一个连续统一的整体性过程。从收集信息到分析、判断，再到实施、反馈，没有这个过程，就很难进行合理的决策。决策是一个循环过程，贯穿于整个管理活动的始终。

3.2.2 决策的类型

根据解决问题的性质和内容不同，决策可分为许多类型。不同类型的决策，需要采用不同的决策方法。为了正确进行决策，必须对决策进行科学分类。

1. 按决策的重要程度分类

按重要程度分类，决策可分为战略决策、战术决策和业务决策。

战略决策是对涉及组织目标、战略规划的重大事项进行的决策活动，是对有关组织全局性的、长期性的、关系到组织生存与发展的根本问题进行的决策。如企业的方针、目标与计划，技术改造和引进，组织结构改革等，都属于战略决策。战略决策具有全局性、长期性和战略性等特点。

战术决策又称管理决策，是指为了实现战略目标而做出的带有局部性的具体决策。如企业财务决策、销售计划的制定、产品开发方案的制定等，都属于战术决策。战术决策具有局部性、中期性等特点。

业务决策又称为日常管理决策，是指为了执行战略决策和战术决策，对日常生产经营活动中有关提高效率和效益、合理组织业务活动等方面进行的决策。如一般设备的维护和保养、日常物资的采购和保养等都属于业务决策。业务决策是组织所有决策中范围最小、影响最小的决策，是组织中所有决策的基础，也是组织运行的基础。

2. 按决策的可靠程度分类

按可靠程度分类，决策可分为确定型决策、风险型决策和不确定型决策。

确定型决策是指各种可行方案的条件都是已知的，并能较准确地预测它们各自的后果，易于分析、比较和选择的决策。

风险型决策是指各种可行方案的条件大部分是已知的，但每个方案的执行都可能出现几种结果，各种结果的出现有一定的概率，决策的结果只有按概率来确定，决策存在着风险。

不确定型决策是指每个方案的执行都可能出现不同的结果，但各种结果出现的概率是未知的，完全凭决策者的经验、感觉和估计作出的决策。

3. 按决策的重复程度分类

按重复程度分类，决策可分为程序化决策和非程序化决策。

程序化决策又称为常规决策或重复决策，指的是经常重复发生，能按已规定的程序、处理方法和标准进行的决策，其决策步骤和方法可以程序化、标准化，重复使用。此种决策方法使管理工作趋于简化和便利，可以降低管理成本，简化管理过程，缩短决策时间，使方案的执行较容易。

非程序化决策又称为非常规决策、例外决策，指的是具有极大偶然性、随机性，又无先例可循且有大量不确定性的决策。这类决策往往是独一无二的，因此在很大程度上依赖于决策者的知识、经验、洞察力及胆识来进行。例如，一个新产品的营销组合方案决策就是非程序化决策。因为产品是新的，竞争者是不同的，市场环境也时过境迁，因此以前的决策方案不能再用，必须制定新的方案。

4. 按决策的主体分类

按主体分类，决策可分为个体决策和群体决策。

个体决策是指个人依据自己的经验、判断力，分析而作出的决策。

群体决策是指由若干个决策者通过一定的程序与方法进行的决策。它和个体决策相比能更大范围地汇总信息、能拟定更多的备选方案、能更好地沟通、能更好地作出决策等。但同时也存在耗费时间、责任不明确等缺点。

5. 按决策的起点分类

按起点分类，决策可分为初始决策和追踪决策。

初始决策又称零起点决策，它是指在有关活动尚未进行，从而环境未受到影响的情况下而进行的决策。

追踪决策又称非零起点决策，它是指在随着初始决策的实施，组织环境发生变化的情况下而进行的决策。

3.2.3 决策的程序

知识链接 3-1

决策是一项非常复杂、非常重要的管理工作。决策者要做出正确的决策，必须遵循正确的决策程序，按照科学化、合理化的要求进行有效的决策。一般来说，决策程序应包括以下内容，如图3-1所示。

图3-1　决策的程序

1. 确定决策目标

决策的目标是决策分析的出发点和终结点，只有明确了决策目标，才能有针对性地做好各个阶段的决策分析工作。

2. 搜集资料

决策分析所需的资料是进行决策分析的重要依据。决策目标确定之后，就要有针对性地搜集有关数据资料和信息资料，并进行必要的检查、整理和加工。资料占有得越多，分析的结论也就更为精确。可见，搜集资料是做好决策分析的一项重要工作。

3. 确定决策标准

决策标准就是运用一套合适的标准来分析和评价每一个方案。按照确定的目标，把目标分解为若干层次的确定的价值指标，同时指明这些指标的约束条件，这些指标实现的程度就是衡量达到决策目标的程度。在决策时，可按照确定的评判方法和标准，给每一个可行方案进行打分评价，并按每一个方案的得分高低进行排列。

4. 拟订备选方案

拟订多个备选方案的过程非常重要，如果此过程存在缺陷，那么决策就很难优化。备选方案的产生，可大致分为以下步骤：首先，在研究环境变化和发现问题的基础上，根据组织的宗旨、使命和任务的目标，提出初步设想；然后对提出的各种设想加以集中、整理和归类，形成内容比较具体的若干个初步方案；最后对这些初步方案进行筛选、修改和补充，对留下的可行方案做进一步完善处理，并预计其执行的各种结果，形成一定数量的可替代的决策备选方案。

5. 分析方案

决策者对每一个备选方案都要加以分析和评价。可以进行重要性程度的评分加权，确定各种方案的优缺点和执行结果，并把它们与目标进行比较，还可以对一些各有利弊的备选方案进行优势互补，使最终的结果更加优化。

6. 选择和实施方案

选择方案就是对各种备选方案进行总体权衡后，由决策者选择一个最好的方案。决策制定的目的在于付诸实施。决策实施过程也是信息反馈过程。在决策实施过程中，要使主观意志与客观条件相统一，就必须在不断的信息反馈中主动寻找问题，补充、修正决策，以争取满意的决策效果。

案例分析

"沙格型"汽车的昙花一现

1985年，由马来西亚国营重工业公司和日本三菱汽车公司合资2.8亿美元生产的新款汽车"沙格型"隆重推出市场。马来西亚政府视之为马来西亚工业的"光荣产品"，产品推出后，销售量很快跌至低潮。经济学家们经过研究，认为"沙格型"汽车的一切配件都从日本运来，由于日元升值，使它的生产成本急涨，再加上马来西亚本身的经济不景气，所以汽车的销售量很少。此外，最重要的因素是政府在决定引进这种车型时，主要考虑到满足国内的需要，因此技术上未达到先进国家的标准，无法出口。由于在目标市场决策中出现失误，"沙格型"汽车为马来西亚工业带来的好梦，只是昙花一现而已。

科学经营决策的前提是确定决策目标。决策目标作为评价和监测整个决策行为的准则，不断地影响、调整和控制着决策活动的过程，一旦决策目标错了，就会导致决策失败。

3.2.4 决策的方法

在决策中为了保证管理决策的正确性，必须利用科学的决策方法。决策有很多方法，概括起来分为两大类：一类是主观决策法，另一类是计量决策法。

1. 主观决策法

主观决策法是运用社会学、心理学、组织行为学、政治学和经济学等有关专业知识、经验和能力，在决策的各个阶段，根据已知情况和资料，提出决策意见，并做出相应的评价和选择，从而使决策更加完善。主观决策法常用的方法有以下几种。

（1）专家意见法

这种方法是用会议或信函的形式，征求某些专家就某个问题的看法和意见，会议形式属于面对面的方式，较容易实现沟通和形成一致意见，但有可能受集体思维的影响而使决策失去理想的理性状态；信函形式则是背对背的，被征询的专家彼此不相知，收到专家回答的意见后经过归纳、整理，再分寄给各专家继续征求意见，如此反复数次，直至意见比较集中为止。专家人数一般以10～15人为宜，对重大问题的决策，专家人数可相应增加。

（2）头脑风暴法

又称畅谈会法。这种方法的特点是邀集专家，针对一定范围的问题，畅所欲言，同时有四条规矩：第一，鼓励每一个人独立思考、开阔思路，不要重复别人的意见；第二，意见和建议越多越好，不受限制，也不怕冲突；第三，对别人的意见不要反驳、不要批评，也不要作结论；第四，可以补充和发表相同的意见。这种方法旨在鼓励创新并集思广益。

（3）创造工程法

这种方法追求的目的是针对一定问题提出创新性的方法或方案。创造工程法把创新过程看作是一种有秩序、有步骤的工程。它把创新过程分为3个阶段和10多个步骤。第一个阶段确定问题，包括主动搜索、发现问题、认识环境、取得资料、确定问题等步骤；第二个阶段是创新思想阶段，通过主动多发性想象、自发聚合等步骤形成创造性设想；第三个阶段提出设想和付诸实施，把设想形成方案，并接受实践验证。

2. 计量决策法

计量决策法是建立在数学公式计算基础上的一种决策方法，是运用统计学、运筹学、计算机等科学技术，把决策的变量（影响因素）与目标用数学关系表示出来，求出方案的损益值，然后选择满意的方案。

（1）确定型决策方法

确定型决策方法是用来评价人们对未来的认识比较充分，能够比较准确地估计方案所涉及各个因素的未来情况，从而可以比较有把握地计算各方案在未来的经济效果，并据此做出选择的方法。属于确定型方法的模型很多，本书主要介绍一种常见的方法，即盈亏平衡点法。

盈亏平衡点法也称本量利法，它是通过分析成本、销售收入和销售量三者的关系，掌握盈亏变化的规律，指导企业选择能够以最小的投入获得最大产出的经营方案。

企业的利润是销售收入扣除生产成本后的余额，销售收入是产品销售量与销售价格的乘积，生产成本包括固定成本和变动成本。图3-2描述了企业利润、生产成本和销售收入之间的关系。

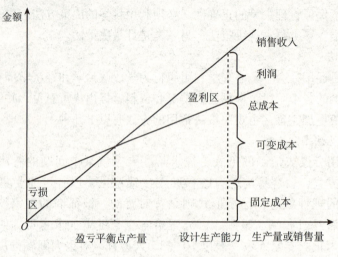

图3-2 盈亏平衡分析图

企业获得利润的前提是生产过程中的各种消耗能够得到补偿，即销售收入至少要等于生产成本。因此，企业必须确定保本点销售量和保本点销售额，相关计算公式如下（假设产品的产量等于产品的销售量）。

$$销售收入 = 产量 \times 单价$$
$$生产成本 = 固定成本 + 可变成本$$
$$保本点销售量 = 固定成本 / （单价 - 单位可变成本）$$
$$保本点销售额 = 单价 \times 保本点销售量$$

（2）不确定型决策方法

不确定型决策方法是一种不稳定条件下的决策方法。决策者无法预先估计环境条件可能有哪些状态及其发生的概率，从而很难估计各个备选方案的执行结果。所以这类决策缺乏选择最佳策略的标准，往往取决于决策者的主观判断、性格、经验，甚至直觉。因此，最终的决策结果与所采取的决策准则有直接关系。决策准则有：乐观准则、悲观准则、折中准则、后悔准则。下面举例说明各种决策准则在实际中的具体应用。

某企业生产一种新产品，现在面临4种不同的投资方案（见表3-1）。对这一产品的需求未知，但估计有4种情况，不知道各种情况出现的概率，那么应该选择哪个方案呢？

表 3-1 某企业 4 种投资方案的收益   单位：万元

方案	高需求	中需求	低需求	最低需求
A	90	75	20	-15
B	80	65	25	-10
C	70	55	35	1
D	60	45	40	2

①乐观准则。如果决策者比较乐观，认为未来会出现最好的自然状态，所以不论采用何种方案均可能取得该方案的最佳效果，那么决策时就可以首先找出各方案在各种自然状态下的最大收益值，即在最好自然状态下的收益值，然后进行比较，找出在最好自然状态下能够带来最大收益的方案作为决策实施方案。本例中是方案 A。

②悲观准则。首先找出各个方案的最小收益值，然后选择最小收益值中最大的那个方案为最优方案。本例中是方案 D。

③折中准则。这种方法是在决策中既不乐观也不悲观，而是认为自然状态出现最好和最差的可能性都存在。因此，可以根据决策者的判断，给最好自然状态一个乐观系数，给最差自然状态一个悲观系数，两者之和为 1。用各方案在最好自然状态下的收益值与乐观系数相乘的积，加上各方案在最差自然状态下的收益值与悲观系数的乘积，得出各方案的期望收益值，比较各方案的期望收益值，做出选择。本例假设乐观系数为 0.7，则期望值如下。

A：$90 \times 0.7 + (-15) \times 0.3 = 58.5$（万元）
B：$80 \times 0.7 + (-10) \times 0.3 = 53.0$（万元）
C：$70 \times 0.7 + 1 \times 0.3 = 48.7$（万元）
D：$60 \times 0.7 + 2 \times 0.3 = 41.4$（万元）

故选择方案 A。

④后悔准则。当某一种自然状态发生时，即可明确哪个方案是最优的，其收益值是最大的。如果决策者当初并未采用这一方案而采取其他方案，这时就会感到后悔，最大收益值与所采用的方案收益值之差叫后悔值。表 3-2 括号中的数值就是后悔值。我们首先按横向找出每个方案的最大后悔值，分别为 20 万元、15 万元、20 万元、30 万元，再在这些后悔值中选择最小的后悔值为 15 万元，也就是选择 B 方案。

表 3-2 后悔值计算表   单位：万元

方案	高需求	中需求	低需求	最低需求
A	90 (0)	75 (0)	20 (20)	-15 (17)
B	80 (10)	65 (10)	25 (15)	-10 (12)
C	70 (20)	55 (20)	35 (5)	1 (1)
D	60 (30)	45 (30)	40 (0)	2 (0)

(3) 风险型决策法

此种方法有明确的目标,如获得最大利润;有可以选择的两个以上的可行方案;有两种以上的自然状态;不同方案在不同自然状态下的收益值可以计算出来;决策者能估算出不同自然状态出现的概率。因此决策者在决策时,无论采用哪一个方案,都要承担一定风险。

风险型决策法常用的方法是决策树。决策树是以图解方式分别计算各个方案在不同自然状态下的收益值,通过收益值比较,做出决策。决策树是将可行方案、影响因素用一个树形图表示,即以决策点为出发点,引出若干方案枝,每个方案枝都代表一个可行方案,在各方案枝末端有一个自然状态结点,从状态结点引出若干概率枝,每个概率枝表示一种自然状态。在各概率枝末梢,标有收益值。

假设有 A_1、A_2 两个方案,投资额分别是 450 万元和 240 万元,经营年限均为 5 年。销路好的概率为 0.7,A_2 销路差的概率为 0.3,A_1 方案的收益值分别为 300 万元和 -60 万元,A_2 方案的收益值分别为 120 万元和 30 万元。绘制决策树如图 3-3 所示。

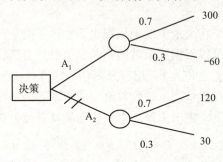

图 3-3 决策树图

因为

A_1 方案的净收益值 = $[300 \times 0.7 + (-60) \times 0.3] \times 5 - 450 = 510$(万元)
A_2 方案的净收益值 = $(120 \times 0.7 + 30 \times 0.3) \times 5 - 240 = 225$(万元)

所以选择 A_1 方案。

【课堂案例讨论】

决策树在决策工作中的应用

某企业为了生产一种新产品,有 3 个方案可供决策者选择:一是改造原有生产线;二是从国外引进生产线;三是与国内其他企业协作生产。该种产品的市场需求状况大致有高、中、低三种可能,据估计,其发生的概率分别是 0.3、0.5、0.2。表 3-3 给出了各种市场需求状况下每一个方案的效益值。

知识拓展:
德尔菲法

表 3-3 某企业在采用不同方案生产某种新产品的效益值

需求状态		高需求	中需求	低需求
状态概率		0.3	0.5	0.2
各方案的效益值/万元	改造生产线	200	100	20
	引进生产线	220	120	60
	协作生产线	180	100	80

讨论：
用决策树决策该企业究竟应该选择哪一种方案。

3.3　思考和实训

一、单项选择题

1. 决策是指组织或个人为了达到一定目标，从（　　）以上可行方案中选择一个合理方案的分析判断过程。
   A. 1个　　　　　　B. 2个　　　　　　C. 3个　　　　　　D. 4个
2. 关于决策的概念，（　　）不正确。
   A. 决策贯穿了管理全过程
   B. 决策是管理的核心所在
   C. 最优决策是要追求理想条件下的最优目标
   D. 合理的决策就是最优决策
3. 决策所面临的若干个（　　），每个都有不同的优缺点，有的方案还具有很大的风险。
   A. 可行方案　　　B. 可行计划　　　C. 方案　　　　　D. 信息
4. （　　）是一个循环过程，贯穿于整个管理活动的始终。
   A. 计划　　　　　B. 组织　　　　　C. 协调　　　　　D. 决策
5. 日常物资的采购和保养属于（　　）。
   A. 战略决策　　　B. 业务决策　　　C. 战术决策　　　D. 个体决策
6. 各种可行方案的条件都是已知的，并能较准确地预测它们各自的后果，易于分析、比较和选择的决策是（　　）。
   A. 确定型决策　　　　　　　　　　B. 风险型决策
   C. 不确定型决策　　　　　　　　　D. 程序化决策
7. （　　）使管理工作趋于简化和便利，可以降低管理成本，简化管理过程，缩短决策时间。
   A. 个体决策　　　　　　　　　　　B. 群体决策
   C. 程序化决策　　　　　　　　　　D. 非程序化决策
8. （　　）存在耗费时间、责任不明确等缺点。
   A. 战略决策　　　B. 战术决策　　　C. 个人决策　　　D. 群体决策
9. （　　）是决策分析的出发点和终结点。
   A. 决策的目标　　　　　　　　　　B. 搜集资料
   C. 分析方案　　　　　　　　　　　D. 选择和实施方案
10. 针对一定问题提出创新性方案的是（　　）。
    A. 专家意见法　　　　　　　　　　B. 头脑风暴法
    C. 创造工程法　　　　　　　　　　D. 主观决策法
11. 计量决策法是建立在（　　）计算基础上的一种决策方法。
    A. 数学公式　　　B. 统计方法　　　C. 运筹方法　　　D. 计算机

12. (　　)可以指导企业选择能够以最小的投入获得最大产出的经营方案。
    A. 准则法　　　　　　　　　　　B. 决策树法
    C. 盈亏平衡点法　　　　　　　　D. 头脑风暴法
13. 在决策中,既不乐观也不悲观,而是认为自然状态出现最好和最差的可能性都存在,这是(　　)。
    A. 乐观准则　　B. 悲观准则　　C. 折中准则　　D. 后悔准则
14. 乐观系数与悲观系数之和为(　　)。
    A. 1　　　　　B. 2　　　　　C. 3　　　　　D. 4
15. 风险型决策法常用的方法是(　　)。
    A. 成本　　　　B. 销售收入　　C. 后悔值　　　D. 决策树

二、多项选择题

1. 下面属于决策内容的有(　　)。
    A. 制订计划　　　　　　　　　　B. 有明确的目标
    C. 有多个可行方案　　　　　　　D. 是一个整体性过程
2. 按决策的重要程度分类,决策分为(　　)。
    A. 战略决策　　B. 战术决策　　C. 个体决策　　D. 业务决策
3. 战术决策具有(　　)的特点。
    A. 局部性　　　B. 全局性　　　C. 长期性　　　D. 中期性
4. 按决策的起点分类,决策分为(　　)。
    A. 个体决策　　B. 群体决策　　C. 初始决策　　D. 追踪决策
5. 下列属于决策程序的有(　　)。
    A. 确定决策目标　　　　　　　　B. 搜集资料
    C. 确定决策标准　　　　　　　　D. 分析方案
6. 决策的方法有(　　)。
    A. 主观决策法　　　　　　　　　B. 计量决策法
    C. 程序化决策法　　　　　　　　D. 群里决策法
7. 下列属于头脑风暴法的有(　　)。
    A. 鼓励每一个人独立思考　　　　B. 建议越少越好
    C. 对别人的意见不要反驳　　　　D. 可以补充相同的意见
8. 计量决策法包括(　　)。
    A. 确定型决策法　　　　　　　　B. 不确定型决策法
    C. 专家意见法　　　　　　　　　D. 风险型决策法
9. 盈亏平衡点法是通过(　　)的关系,掌握盈亏变化的规律,以最小的投入获得最大产出的方案。
    A. 单价　　　　B. 成本　　　　C. 销售量　　　D. 销售收入
10. 决策准则有(　　)。
    A. 乐观准则　　B. 后悔准则　　C. 折中准则　　D. 悲观准则
11. 下列属于决策树的构成要素的有(　　)。
    A. 损益值　　　B. 决策点　　　C. 方案枝　　　D. 概率枝

三、判断题

1. 企业目标是组织进行决策的基本依据,所以企业目标一旦确立就不能变动。（   ）
2. 决策前必须明确所要解决的问题和目标。（   ）
3. 决策是一个循环过程,贯穿于整个管理活动的始终。（   ）
4. 战略决策具有局部性和长期性的特点。（   ）
5. 风险型决策完全凭决策者的经验、感觉和估计做出决策。（   ）
6. 程序化决策的步骤和方法可以程序化、标准化,并可重复使用。（   ）
7. 追踪决策是指在有关活动尚未进行,环境未受到影响的情况下进行的决策。（   ）
8. 决策者要做出正确的决策,必须遵循正确的决策程序,可以不按照科学化的要求进行有效的决策。（   ）
9. 资料占有得越少,分析的结论也就更为精确。（   ）
10. 选择方案就是对各种备选方案进行总体权衡后,由决策者选择一个最好的方案。（   ）
11. 专家意见法的会议形式属于背对背的方式,信函形式属于面对面的方式。（   ）
12. 创造工程法的创新过程分为4个阶段。（   ）
13. 企业获得利润的前提是生产过程中的各种消耗能够得到补偿。（   ）
14. 不确定型决策方法很难估计各个备选方案的执行结果。（   ）
15. 最大收益值与所采用的方案收益值之差叫后悔值。（   ）
16. 采用风险型决策法进行决策,无论采用哪一个方案,都不需要承担风险。（   ）

四、思考题

1. 决策的含义是什么?科学决策对组织管理有什么作用?
2. 试区分战略决策与战术决策。
3. 怎样理解管理就是决策?

五、案例分析题

决策失误了

某城市繁华地段有一个食品厂,因经营不善长期亏损,该市政府领导拟将其改造成一个副食品批发市场,这样既可以解决企业破产后下岗职工的安置问题,又方便了附近居民。为此进行了一系列前期准备,包括项目审批、征地拆迁、建筑规划设计等。不曾想,外地一开发商已在离此地不远的地方率先投资兴建了一个综合市场,而综合市场中就有一个相当规模的副食品批发区,足以满足附近居民和零售商的需求。面对这种情况,市政府领导陷入了两难境地:如果继续进行副食品批发市场建设,必然亏损;如果就此停建,则前期投入将全部泡汤。在这种情况下,该市政府做出决定,将该食品厂厂房所在地建成一居民小区,由开发商进行开发,但对原食品厂职工没能做出有效的赔偿,从而使该厂职工陷入困境。

思考题:

(1) 由于领导没有很好地坚持决策的信息优先原则,给该厂职工带来了什么后果?
(2) 领导者做出决策,首先要解决的问题归根到底是人的问题,而处理好人的问题是领导决策得以实现的关键。对此应给予怎样的理解?

六、实训项目

如何提高高职学生学习积极性

(1) 实训目标

①增强对头脑风暴法的感性认识。

②亲身感受头脑风暴法的威力。

(2) 实训内容与方法

①采用头脑风暴法讨论如何提高高职学生学习的积极性。

②每组由10名学生组成，每名学生就讨论主题畅所欲言地发表自己的观点。

③授课教师参与学生讨论。

④每组用群体决策法选出提高高职学生学习积极性的5个关键因素。

(3) 实训要求

①鼓励每名学生独立思考、不重复别人的意见。

②发表的观点越多越好，不受限制。

③对别人的意见不要反驳。

④可以补充和扩展相同的意见。

⑤每组提交一份讨论方案。

(4) 实训检测

①教师根据讨论方案结果的可行性给每组确定成绩。

②以每组成绩为前提，根据每名学生在头脑风暴法中的表现，由本组为组内的每位学生确定成绩。

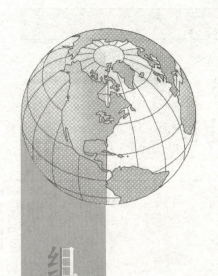

模块 2

组织职能

ZUZHI ZHINENG

组织职能是指为有效实现组织目标，建立组织结构，配备人员，使组织协调运行的一系列活动。

组织职能的主要内容是：
- 设计并建立组织结构；
- 设计并建立职权关系体系，完善并保证组织有效运行；
- 组织变革；
- 人员配备。

项目 4

组织结构设计

> **知识目标：**
> - 了解组织的含义；
> - 掌握组织设计的程序；
> - 理解并掌握几种主要的组织结构形式。
>
> **能力目标：**
> - 能够对组织进行全面分析；
> - 能够根据组织具体情况设计组织结构形式。
>
> **素质目标：**
> - 培养学生分析判断能力。

4.1 案例导读

由两位年轻人辞职引起的薪资制度改革

　　一家在同行业居领先地位、注重高素质人才培养的高技术产品制造公司，不久前有两位精明能干的年轻财务管理人员提出辞职，到提供更高薪资的竞争对手公司里任职。其实，这家大公司的财务主管早在数月前就曾要求公司给这两位年轻人增加薪资，因为他们的工作表现十分出色。但人事部门的主管认为，按同行业平均水平来说，这两位年轻财务管理人员的薪资水平已经是相当高了，而且这种加薪要求与公司现行建立在职位、年龄和资历基础上的薪资制度不符，因此拒绝给予加薪。

　　对这一辞职事件，公司里的人议论纷纷。有的人说，尽管这两位年轻人所得报酬的绝对量高于行业平均水平，但他们的表现那么出色，这样的报酬水准是很难令人满意的。也有的人质疑，公司人事部门的主管明显地反对该项提薪要求，但是否应当由了解其下属表现好坏的财务部门主管对本部门员工的酬劳行使最后决定权呢？公司制定了明确的薪资制度，但是否与公司雇用和保留优秀人才的需要相适应呢？公司是否应当制定特殊的条例来吸引优秀的人才，或者是让那些破坏现行制度的人离开？……这些议论引起了公司总经理的注意，他责成人事部门牵头，与生产、销售、财务等部门人员组成一个专案小组，就公司酬劳计付方式广泛征求各部门职工的意见，并提出几套方案，供下月初举行的公司常务会讨论和决策时用。

（资料来源：华北电力大学网，有删改）

思考题：
(1) 这家高新技术产品制造公司的组织结构是何种结构模式？
(2) 人事部门主管拒绝给财务管理人员增加薪资，这是行使了什么权力？

任何组织都有自己的组织管理制度，组织内任何部门或个人都要按照组织制度的规章制度办事，这是毫无疑义的。但是，组织在制定管理制度时，要符合实际情况，要遵循客观规律，要对组织的发展有保证作用。

4.2 理论与实务知识

4.2.1 组织的含义

组织是为了达到某些特定目标，在分工合作基础上构成的人的集合。组织作为人的集合，不是简单的毫无关联的个人的加总，它是人们为了实现一定目标，有意识地协同劳动而产生的群体。

理解组织的含义，包括以下几点。

1. 组织是一个人为的系统

人为的系统是指以人为主体组成的具有特定功能的整体。由于是人为的系统，系统的功能差异较大，相同要素组成的系统可能因结构不同而直接影响系统的功能。

2. 组织必须有特定目标

目标是组织存在的前提。任何组织都是为特定目标而存在的。组织目标反映了组织的性质和其存在的价值。

3. 组织必须有分工与协作

组织的本质在于协作。正是人们聚集在一起，协同完成某项活动才产生了组织。组织功能的产生是人类协作劳动的结果。

4. 组织必须有不同层次的权力与责任制度

权责关系的统一，能使组织内部形成反映自身内部有机联系的不同管理层次。这种联系是在分工协作的基础上形成的，是实现合理分工协作的保障，也是实现企业目标的保障。组织规模越大，权责关系的处理越重要。

在管理学中，组织被看作是反映一些职位和一些个人之间的关系的网络式结构。

从以上定义可以看出，在管理学中，组织的含义可以从静态与动态两个方面来理解。静态方面，是指组织结构，即反映人、职位、任务及它们之间特定关系的网络。这一网络可以把分工的范围、程度、相互之间协调配合关系、各自的任务和职责等用部门和层次的方式确定下来，成为组织的框架体系。动态方面，是指维持与变革组织结构，以完成组织目标的过程。通过组织机构的建立与变革，将生产经营活动的各个要素、各个环节，从时间上、空间上科学地组织起来，使每个成员都能接受领导、协调行动，从而产生新的、大于个人和小于集体功能简单加总的整体功能。

4.2.2 正式组织与非正式组织

组织的类型很多,正式组织与非正式组织是其中的一种划分方法。

正式组织是由管理者通过正式的筹划建立起来的,有明确的目标、任务、结构、职能及由此形成的成员间的权责关系,并借助组织结构图和职务说明书等文件予以明确规定的。

正式组织具有3个基本特征。

1. 目的性

正式组织是为了实现组织目标而有意识建立的,因此正式组织要采取什么样的结构形态,从本质上说应该服从于实现组织目标、落实战略计划的需要。这种目的性决定了组织工作通常是在计划工作之后进行的。

2. 正规性

正式组织中所有成员的职责范围和相互关系,通常都是在书面文件中加以明文、正式规定的,以确保行为的合法性和可靠性。

3. 稳定性

正式组织一经建立,通常会维持一段时间相对不变,只有在内外环境条件发生了较大变化而使原有组织形式显露出不适应时,才提出进行组织重组和变革的要求。

非正式组织是指建立在某种共同利益基础上的一种没有明文规定的群体。

非正式组织形成的原因很多,如工作关系、兴趣爱好、血缘关系等。非正式组织常出于某种情感的要求而采取共同的行动。非正式组织不一定具有明确的共同目标,但有着共同的利益、观点、习惯或准则,具有自发性、内聚性和不稳定性等基本特征。

非正式组织对正式组织的积极的、正面的作用表现在:它可以满足成员心理上的需求和鼓舞成员的士气,创造一种特殊的人际关系氛围,促进正式组织的稳定;弥补成员之间在能力和成就方面的差异,促进工作任务的顺利完成;此外,还可以用来作为改善正式组织信息沟通的工具。

非正式组织的消极作用主要表现在:它可能在有些时候会和正式组织构成冲突,影响组织成员间的团结和协作,妨碍组织目标的实现。因此,正式组织的领导者应善于因势利导,最大限度地发挥非正式组织的积极作用,克服其消极作用。

> **案例分析**
>
> ### 无处不在的非正式组织
>
> 比尔·史密斯在工程学校毕业后,到一家大型机械厂的实验室工作。在实验室里,比尔的任务是管理4名负责检验生产样品的技术员。比尔一方面是他们的监督者和管理者,另一方面又受到机械厂的制约。比尔很快就发现自己管理的那几个人都在设法保护别人,所以实验室的脏活也就很难确定由谁负责。技术员每天都只完成同样的实验工作量,根本不考虑比尔催促他们加快检验速度的要求。尽管比尔是上级指定的实验室主管,但是经过多次观察发现,实验室的技术员有问题的时候并不找他,而是经过走廊去找另外一个部门的老技术人员。比尔还注意到,其中3名技术员经常一起到咖啡间吃午饭,第四位技术员经常同自己的朋友到邻近实验室用餐,比尔自己也通常与其他实验室的管理人员一同进餐。午餐时,比尔逐渐明白了其中的蹊跷,很快认识到实验室发生的情况说明非正式组织活动在起作用。
>
> 非正式组织与正式组织相互交错地同时并存于一个单位、机构或组织之中,这是一种不

可避免的现象。在有些场合下，利用非正式组织能够取得意想不到的益处，而在有些情况下非正式组织则有可能会对正式组织的活动产生不利影响。

4.2.3 组织结构的影响因素

组织结构是指组织内部各构成部分及各部分之间确立的相互关系形式。从实现组织目标的过程来看，组织结构是组织将它的工作划分为具体的任务，并且在这些任务中实现合作的方式。组织结构不仅静态地描述了组织的框架体系，而且动态地描述了这个框架体系是如何在分工与合作的过程中把个体和群体结合起来去完成任务的。

组织结构是组织的"框架"，而"框架"的合理完善，很大程度上决定了组织目标能否顺利实现。在对组织结构进行精心设计的同时还要考虑组织结构的影响因素。组织结构的影响因素有以下几个方面：

1. 管理层次与管理幅度

管理层次又称组织层次，是指组织内部从最高一级管理等级到最低一级管理等级的组织层次。组织有多少个管理等级，就有多少级管理层次。

组织结构设计的内容之一是划分组织层次，解决组织的纵向结构问题。这样组织层次就必然成为影响组织结构的因素之一。随着生产的发展、科技的进步和经济的增长，组织的规模越来越大，管理者与被管理者的关系越来越复杂化。为了处理这些错综复杂的关系，管理者需要花费大量的时间与精力。而每个管理者的能力、精力与时间都是有限的，主管人员为了有效地领导下属，必须考虑能有效地管理直接下属的人数问题。当直接管理的下属人数超过某个限度时，就必须增加一个管理层次，通过委派工作给下一级主管人员而减轻上层主管人员的负担。如此下去，就形成了有层次的组织结构。

管理幅度又称管理宽度，是指主管人员有效地监督、管理其直接下属的人数。我们常说的部门划分主要解决的是组织的横向结构问题，其目的在于确定组织中各项任务的分配与责任的归属，以求分工合理、职责分明，有效地达到组织的目标。

管理层次与管理幅度成反比。这样按照管理层次与管理幅度就形成了两种层次：扁平结构和直式结构。扁平结构有利于密切上下级之间的关系，信息纵向流动快，管理费用低，被管理者有较大的自由性和创造性，因而有满足感，同时也有利于选择和培训下属人员；但不能严密地监督下级，上下级协调较差，同级间相互沟通联络困难。直式结构具有管理严密、分工细致明确、上下级易于协调的特点，但层次增多带来的问题也越多：管理人员之间的协调工作急剧增加；管理费用增加；上下级的意见沟通和交流受阻；上级对下级的控制变得困难；影响了下级人员的积极性与创造性。一般地，为了达到有效管理的目标，应尽可能地减少管理层次。

2. 人员配备

人员配备是组织有效活动的保证。人是组织中最重要的资源，但在组织的所有人员中，最重要的是主管人员。主管人员在整个管理过程中起着举足轻重的作用，是实现目标的关键人物。主管人员既是组织中的"建筑师"，又是指挥者、集合者，同时还是一个执行者。有效地为组织机构配备各级主管人员是组织活动取得成效的保证之一。主管人员配备得恰当与否，与组织的兴衰存亡密切相关。

3. 组织战略

战略是实现组织目标的各种行动方案、方针和方向选择的总称。在组织结构与战略的关

知识链接4-1

系上：一方面，战略的制定必须考虑企业组织结构的现实状况；另一方面，一旦战略形成，组织结构应做出相应的调整，以适应战略实施的要求。战略选择将在两个层次上影响组织结构：不同的战略要求开展不同的业务活动，这会影响管理职务的设计；战略重点的改变，会引起组织的工作重点及各部门与职务在组织中重要程度的改变，因此要求对各管理职务及部门之间的关系做相应的调整。

4. 职权划分

职权划分是组织结构设计的内容之一，主要解决组织结构的职权问题。职权是经由一定的正式程序赋予某一职位的一种权力。同职权共存的是职责，职责是某个职位应该完成的某项任务的责任。在组织结构内要遵循责权一致的原则。责权一致是指在组织结构设计中，职位的职权和职责越是对等一致，组织结构就越有效。

作为主管人员，在组织中占据一定的职位，从而拥有一定职务、一定职权，必然要负一定责任，即职务、职责和职权三者是相等的。随着组织层次的增高，由于活动日趋广泛和复杂，事情因果距离就越远，权与责更难明确。为坚持权责对等，法约尔认为，避免滥用职权和克服领导人弱点的最佳方法在于提高个人素质，尤其是必须具备高度的道德素质。

另外，还要做到集权与分权相结合。集权与分权相结合是指对组织结构中的职权的集权与分权的关系，处理得越是适中，就越有利于组织的有效运行。集权管理是社会化大生产保持统一性与协调性的内在需要。但集权又有其致命的弱点：弹性差，适应性弱，特别是在社会化大生产的复杂性和多样性面前，无弹性的集权甚至可以造成组织的窒息。因此，必须实行局部管理权力的分散。所以，在一个组织内部，如果权责混乱，高度集权或任意放权都会导致组织涣散和组织结构的松散。

案例分析

王洪和几个人创办了一家公司。这家公司在10年内把营业额从5 000万元提高到7亿元，一跃成为零售业史上发展最快的公司之一。这家公司平均每7个星期增设一家大的商店，很快就扩充到了25家。一开始，这家公司的管理就是集权式的，总部操纵着所有的经营活动和各项政策，商店经理和其他管理人员只被赋予少得可怜的权力。创办人经常四处巡视，直接管理相当大数量的商店，直到这一数量超出了他力所能及的范围。当公司的商店数量没有超过12家时，王洪及其总部的高级管理人员还能够亲临现场给予指导。但是，随着公司的扩大，面对面的监督、控制等变得越来越难。后来，公司在经营上的问题日趋严重，最后不得不减少新店的增设，把注意力转向现有的商店。最后王洪仍然无法拯救公司，最终这家公司被其他公司收购。

集权式组织的特点在于责任明确。从案例中可以看出：组织管理幅度宽、层次少，有利于信息传递。创业之初王洪通过个人的勤劳可以保障小型组织的发展，但这样的组织方式和管理方式不适用于大型组织。当组织具有一定规模时，必须要适当分权，增加管理人员。

4.2.4　组织结构设计的程序

组织结构设计是一项复杂的系统工程，因而必须遵从科学的程序。这个程序一般包括以下几个步骤。

1. 确定组织目标

组织目标是进行组织设计的基本出发点。任何组织都是实现其一定目标的工具,没有明确的目标,组织就失去了存在的意义。因此,组织设计的第一步,就是要在综合分析组织外部环境和内部条件的基础上,合理确定组织的总目标及各种具体的派生目标。

2. 确定业务内容

根据组织目标的要求,确定为实现组织目标所必须进行的业务管理工作项目,并按其性质适当分类,如市场研究、经营决策、产品开发、质量管理、营销管理、人员配备等,明确各类活动的范围和大概工作量,进行业务流程的总体设计,使总体业务流程优化。

3. 确定组织结构

根据组织规模、生产技术特点、地域分布、市场环境、职工素质及各类管理业务工作量的大小,参考同类其他组织设计的经验和教训,确定应采取什么样的管理组织形式,需要设计哪些单位和部门,并把性质相同或相近的管理业务工作分归适当的单位和部门管理,形成层次化、部门化的结构。

4. 配备职务人员

根据各单位和部门所分管的业务工作的性质和对职务人员素质的要求,挑选和配备称职的职务人员及其行政负责人,并明确其职务和职称。

5. 规定职责权限

根据组织目标的要求,明确规定各单位和部门及其负责人对管理业务工作应负的责任及评价工作成绩的标准。同时,还要根据搞好业务工作的实际需要,授予各单位和部门及其负责人相应的职权。

6. 联成一体

这是组织设计的最后一步,即通过明确规定各单位、各部门之间的相互关系,以及它们之间在信息沟通和相互协调方面的原则和方法,把各组织实体上下左右联结起来,形成一个能够协调运行、有效实现组织目标的管理组织系统。

4.2.5 组织结构的形式

企业组织结构形式,从传统管理到现代管理,有多种。传统的组织结构形式主要有直线制组织结构、职能制组织结构、直线职能制组织结构。现代组织结构形式主要有事业部制组织结构、矩阵制组织结构、网络制组织结构等。虽然组织结构形式多种多样,但最主要的是直线职能制组织结构和事业部制组织结构两种,其他的结构形式都与此两种密切相关。因此,了解各种组织结构的形式,选择适宜的组织结构形式是非常重要的。

1. 直线制组织结构

直线制是组织发展初期的一种简单的组织结构形式。它的特点是:组织中的各级管理者都按垂直关系对下级进行管理,没有专门的职能管理部门。命令的传送只有一条直线渠道,是一种集权式的组织结构形式,如图4-1所示。

这种组织结构形式结构简单,权责分明,指挥统一,工作效率高。但这种形式没有专业管理分工,这就要求管理者是全能型的,即具有多方面的管理知识和技能。这种组织结构一般适合于产品单一、工艺技术比较简单、业务规模比较小的企业。

2. 职能制组织结构

职能制是按照专业分工设置管理职能部门,各部门在其业务范围内有权向下级发布命令

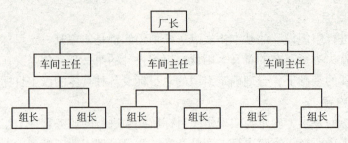

图 4-1　直线制组织结构

和下达指示,下级既服从上级领导者的指挥,也听从几个职能部门的指挥,如图 4-2 所示。

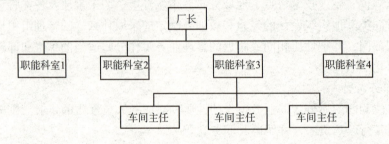

图 4-2　职能制组织结构

这种组织结构形式的优点是:适应企业生产技术发展和经营管理复杂化的要求,能够发挥职能部门的专业管理作用和利用专业管理人员的专长。

不足之处是:妨碍了企业生产经营活动的集中统一指挥,形成多头领导,命令不统一,下属无所适从,不利于责任制的建立,有碍于工作效率的提高。

3. 直线职能制组织结构

直线职能制又称 U 型结构,它是以直线制为基础,在领导者之下设置相应的职能部门,分别从事专业管理。职能部门拟订的计划、方案及有关指令,由领导者批准下达。职能部门对下级领导者和下属职能部门无权直接下达命令或进行指挥,只起业务指导作用,如图 4-3 所示。

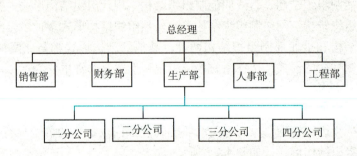

图 4-3　直线职能制组织结构

这种组织结构形式的优点是:既保证了命令的统一,又发挥了职能部门的作用,有利于企业集中有限的资源,有利于优化管理者的决策。

不足之处是:企业生产经营活动中的许多问题需要许多部门协同解决,但是各部门由于分管不同的专业管理工作,观察和处理问题的角度不同,往往会产生矛盾,所以横向协调比较困难。又由于直线职能制各职能部门的意见只有通过直线行政领导才能得到处理，贻误了工作时间。为了克服这些弊端，直线行政领导可以在职能部门的业务范围之内授予它们一定程度的决策权、控制权和协调权，以利于职能部门作用的发挥。

4. 事业部制组织结构

事业部制又称 M 型结构，它是在总公司的领导下，设立多个事业部，各事业部都有各自独立的产品和市场，实行独立核算；事业部内部在经营管理上拥有自主权和独立性。该组织结构形式具有集中决策、分散经营的特点，即总公司集中决策，事业部独立经营，是一种分权式的组织结构。事业部下设自己的职能部门，如生产、销售、开发、财务等。事业部在大多数情况下，可以按地区、产品来划分。目前事业部制组织结构已成为大型企业、跨国公司普遍采用的一种组织结构形式，如图 4-4 所示。

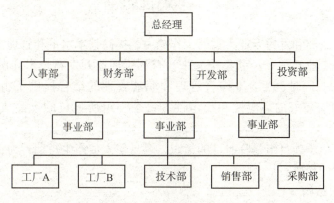

图 4-4 事业部制组织结构

这种组织结构形式的优点是：经营单一产品系列，对产品生产和销售实行统一领导，独立经营，便于灵活地根据市场动向做出相应的决策，有利于公司最高管理者摆脱日常生产经营业务工作，专心致力于公司的战略决策和长期规划；有助于调动部门和职工的主动性与创造性；有利于锻炼和培养管理人员，提高部门领导者的专业知识、领导能力和工作效率；有利于公司考核和评定部门的生产经营成果，从而促进各事业部的利益与整个公司利益之间的协调一致。

不足之处是：容易产生本位主义，由于允许事业部之间的竞争，易造成事业部之间人员互换的困难，以及影响先进技术和科学管理方法的交流，并为总公司推进事业部组成统一经营系统带来困难；各事业部设置职能部门，造成管理机构重叠，管理人员浪费，增加了管理费用。

5. 矩阵制组织结构

矩阵制组织结构是把按职能划分的部门和按产品（或项目）划分的小组结合起来组成一个矩阵，使同一名管理人员，既同原职能部门保持组织与业务上的联系，又参加项目小组的工作。为了保证完成一定的管理目标，每个项目小组的成员受双重领导，一方面受项目小组领导，另一方面受原属职能部门的领导。此种形式适用于一些需要集中多方面专业人员集体攻关的项目或企业，如图 4-5 所示。

这种组织结构形式的优点是：使企业管理中的纵向联系和横向联系很好地结合起来，加强了各职能部门之间的配合，及时互通情况，共同决策，使各项专业管理能够比较协调灵活地执行任务，提高了工作效率；把不同部门的专业人员组织在一起，有助于激发专业人员的

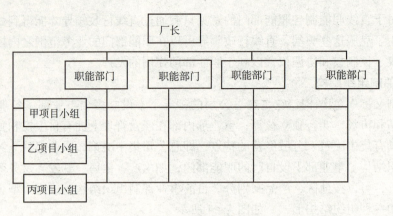

图 4-5 矩阵制组织结构

积极性和创造性，培养和发挥专业人员的工作能力，提高技术水平和管理水平；将完成某项任务所需要的各种专业知识和经验集中起来，有利于加速开发新技术和试制新产品，推广现代科学管理方法，同时也为企业综合管理和职能管理的结合提供了组织结构形式；这种组织结构形式具有较好的适应性和稳定性，每个小组所担负的产品或项目，可以根据情况变化。

不足之处是：由于项目组是临时性的组织，容易使人员产生短期行为；小组成员的双重领导会造成工作中的矛盾。

6. 网络制组织结构

网络制组织结构是一种小型的核心组织，其结构趋向扁平。与其他组织结构不同，它没有直线结构，只有从事协调和控制的职能管理部门，它是通过与其他组织签订合同，从外部买入各种业务和服务来完成其本身的业务的。它通过契约建立了一种关系组织，保持了组织的极大灵活性，使组织对动荡的环境有较强的适应能力。网络制组织结构适用于环境动荡、产品批量化、品种复杂化的现代社会，多见于商业组织，如图 4-6 所示。

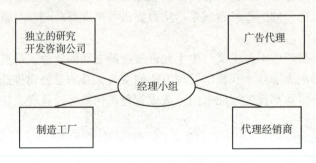

图 4-6 网络制组织结构

这种组织结构形式的优点是：运营成本低，适应能力和应变能力强；具有更大的灵活性和柔性，网络中各个价值链部分可以根据市场需求的变动情况增加、调整或撤并；此种组织结构简单、精练，由于组织中的大多数活动都实现了外包，而这些活动更多的是靠电子商务来协调处理的，组织结构可以进一步扁平化，效率也更高了。

不足之处是：外协单位的工作质量难以控制，创新产品的设计容易被他人窃取。

【课堂案例讨论】

齐国的组织结构

中国古代名相管仲治理齐国时提出：30 户为一邑，设户长；10 邑为一卒，设司观官；10 卒设一乡，设卒师；3 乡归一县，设县师；10 县为一属，设大夫，5 属归一国，设宰相。

知识拓展：团队

讨论：

齐国的管理层次为多少？是什么组织结构形式？

4.3　思考和实训

一、单项选择题

1. （　　）是为了达到某些特定目标，在分工合作基础上构成的人的集合。
   A. 计划　　　　　B. 组织　　　　　C. 领导　　　　　D. 控制
2. （　　）是由管理者通过正式的筹划建立起来的，有明确的目标、任务、结构、职能及由此形成的成员间的责权关系。
   A. 正式组织　　　B. 非正式组织　　C. 组织　　　　　D. 机构
3. （　　）是指建立在某种共同利益基础上的一种没有明文规定的群体。
   A. 正式组织　　　B. 非正式组织　　C. 团队　　　　　D. 组织
4. （　　）是指主管人员有效地监督、管理其直接下属的人数。
   A. 管理层次　　　B. 管理结构　　　C. 管理部门　　　D. 管理幅度
5. （　　）是经由一定的正式程序赋予某一职位的一种权力。
   A. 责任　　　　　B. 职权　　　　　C. 职责　　　　　D. 职位
6. （　　）是组织发展初期的一种简单的组织结构形式。
   A. 直线制组织结构　　　　　　　　B. 直线职能制组织结构
   C. 职能制组织结构　　　　　　　　D. 事业部制组织结构
7. （　　）以直线制为基础，在领导者之下设置相应的职能部门，分别从事专业管理，是企业管理机构的基本组织形式。
   A. 直线制组织结构　　　　　　　　B. 职能制组织结构
   C. 直线职能制组织结构　　　　　　D. 事业部制组织结构
8. 由于项目组是临时性的组织，容易使人员产生短期行为，是（　　）的不足之处。
   A. 直线制组织结构　　　　　　　　B. 矩阵制组织结构
   C. 事业部制组织结构　　　　　　　D. 直线职能制组织结构

二、多项选择题

1. 下列属于组织含义的有（　　）。
   A. 组织是一个人为的系统
   B. 组织不需要有特定目标
   C. 组织必须有分工与协作
   D. 组织必须有不同层次的权力与责任制度

2. 组织的含义可以从（　　）来理解。
   A. 静态　　　　　　B. 变化　　　　　　C. 动态　　　　　　D. 发展
3. 下列属于正式组织基本特征的有（　　）。
   A. 目的性　　　　　B. 正规性　　　　　C. 稳定性　　　　　D. 利益性
4. 下列属于组织结构影响因素的有（　　）。
   A. 组织层次与宽度　　　　　　　　　　B. 人员配备
   C. 组织战略　　　　　　　　　　　　　D. 职权划分
5. 下列属于组织结构设计程序的步骤的有（　　）。
   A. 确定组织结构　　　　　　　　　　　B. 配备职务人员
   C. 规定职责权限　　　　　　　　　　　D. 联成一体
6. 传统的组织结构形式主要有（　　）。
   A. 直线制组织结构　　　　　　　　　　B. 矩阵制组织结构
   C. 职能制组织结构　　　　　　　　　　D. 直线职能制组织结构
7. 现代组织结构形式主要有（　　）。
   A. 事业部制组织结构　　　　　　　　　B. 矩阵制组织结构
   C. 网络制组织结构　　　　　　　　　　D. 职能制组织结构
8. 事业部制内部在经营管理上拥有（　　）。
   A. 分散性　　　　　B. 自主性　　　　　C. 独立性　　　　　D. 设计性

三、判断题

1. 目标是组织存在的前提。（　　）
2. 组织功能的产生是人类协作劳动的结果。（　　）
3. 非正式组织必须具有明确的共同目标。（　　）
4. 组织结构是组织的框架。（　　）
5. 管理层次与管理宽度成正比。（　　）
6. 集权式组织的特点在于责任不明确。（　　）
7. 联成一体是组织设计的最后一步。（　　）
8. 虽然组织结构形式多种多样，但其中最主要的是直线职能制组织结构和事业部制组织结构两种。（　　）
9. 直线职能制组织结构容易形成多头领导，命令不统一。（　　）
10. 网络制组织结构是一种小型的核心组织，其结构趋向扁平。（　　）

四、思考题

1. 如何理解组织的含义？
2. 管理幅度是如何确定的？它与管理层次的关系是怎样的？
3. 如果你准备创业，你会选择哪种组织结构？为什么？

五、案例分析题

巴恩斯医院

10月的某一天，产科护士长黛安娜给巴恩斯医院的院长戴维斯博士打来电话，要求立即做出一项新的人事安排。从黛安娜的急切声音中，院长感觉到一定发生了什么事，因此要她立即到办公室。5分钟后，黛安娜递给了院长一封辞职信。

"戴维斯博士,我再也干不下去了",她开始申述:"我在产科当护士长已经4个月了,我简直干不下去了。我怎么能干得了这工作呢?我有两个上司,每个人都有不同的要求,都要求优先处理。要知道,我只是一个凡人。我已经尽最大的努力适应这个工作,但看来这是不可能的。让我来举个例子吧。请相信我,这是一件平常的事。像这样的事情,每天都在发生。"

"昨天早上7:45,我来到办公室就发现桌上留了一张纸条,是杰克逊(医院的主任护士)给我的。她告诉我,她上午10:00需要一份床位利用情况报告,供她下午在向董事会做汇报时用。我知道,这样一份报告至少要花一个半小时才能写出来。30分钟以后,乔伊斯(黛安娜的直接主管,基层护士监督员)走进来质问我为什么我的两位护士不在班上。我告诉她雷诺兹医生(外科主任)从我这里要走了她们两位,说是急诊外科手术正缺人手,需要借用一下。我告诉她,我也反对过,但雷诺兹坚持说只能这么办。你猜,乔伊斯说什么?她叫我立即让这两位护士回到产科部。她还说,一个小时以后,她会回来检查我是否把这事办好了!我跟你说,这样的事情每天都发生好几次。一家医院就只能这样运作吗?"

思考题:
(1) 这家医院的职权配置合理吗?
(2) 从组织结构设计理论的角度分析,这家医院的组织结构中存在什么问题?

六、实训项目

绘制组织结构图

(1) 实训目标

在教师的帮助下,了解你所在的系和学院,明确你所在的系、学院分别采取的是什么样的组织结构。

(2) 实训内容与方法

①每名学生分别绘制所在的系和学院的组织结构图。
②选取部分同学在全班进行交流。

(3) 实训要求

①比较所在系的组织结构图和学院的组织结构图有何区别。
②应用组织结构相关理论进行分析,所在的系和学院采用的组织结构有哪些不合理的地方,并提出改进意见。
③分析报告作为一次作业。

(4) 实训检测

教师针对学生所交的分析报告,确定每位学生的成绩,并提出建议。

项目 5

组织变革

> **知识目标：**
> - 了解组织变革的含义；
> - 掌握组织变革的内容；
> - 了解组织变革的阻力；
> - 掌握组织变革的对策。
>
> **能力目标：**
> - 能通过组织变革提高自身适应新要求的能力；
> - 能够应对组织变革的阻力。
>
> **素质目标：**
> 培养学生适应市场变化能力。

5.1 案例导读

新×公司的组织变革

新×公司是一家电子企业。近年来，由于外部环境变化较大，市场竞争日趋激烈，企业经营状况日趋恶化，经济效益逐年滑坡，2021年年底出现了亏损。为此，企业负责人在组织专家论证的基础上，对企业管理症结和企业组织结构、决策结构等方面进行全面分析后发现：尽管企业2021年年底出现账面亏损，但部分分厂与车间的盈利指标和其他综合经济指标却遥遥领先，其生产的产品也具有巨大的市场前景，然而由于受传统的工厂式组织结构和管理方式的局限，这部分适销对路的产品难以得到发展，经营业绩一直得不到充分的体现，影响了其经营积极性的发挥。

针对上述问题，公司决策层提出组织变革的方案，并加以实施。

①通过实行股份制改造，对原有的企业组织进行重新整合与裂变，将有发展前景、产品畅销的部分分厂和车间通过资产评估、折价入股的方式，组建成股份有限公司。新组建的股份有限公司以适销对路的产品为龙头，集团化经营，发展规模经济，扩展市场份额。

②重新设计组织结构，打破原有的以职能划分为主的机构设置，建立以市场部为主体的，以产品开发部、资金核算部为两翼的扁平组织结构。这种结构的最显著特点是扁平化，

只有决策层和实施层,公司各个单位是平等的,管理全部放到各单位。

③企业分为集团公司总部和下属工厂、子公司两个层次,分为一级法人和二级法人。生产经营活动由集团公司统一管理,并掌握决策权和资本经营实施权,各工厂和子公司实行厂长负责制。这种结构吸收了事业部制组织结构和直线制组织结构的优点,通过总部对下属单位直线管理,使下属单位基本发挥事业部功能。

④在内部机构监管方式上,通过股东会、监事会、董事会三者制衡机制和法人治理结构及上述企业组织的重新整合,形成了具有较强竞争力的企业集团。

至 2022 年底,新组建的股份有限公司利税比上年同期提高了 1 倍多,原有企业亏损额有所减少,两者相抵后企业仍略有盈余。产品的市场覆盖率也由原来的 3% 提高到 6.5%,大大提高了该企业产品的市场竞争力。

思考题:
(1) 新×公司进行了哪几个方面的变革?变革的依据是什么?
(2) 新×公司的组织变革为何能使该公司得到进一步发展?

组织发展与组织变革有着十分密切的关系,可以将组织发展看成实现有效组织变革的手段。组织发展不仅要关注管理层,还要关注普通员工;不仅要依靠组织自上而下的行政命令,还要依靠组织之间的交互活动。

5.2 理论与实务知识

5.2.1 组织变革的含义

组织变革是指组织为了适应内外环境与条件的变化,对组织的目标、结构及组成要素等适时而有效地进行各种调整和修正。组织建立起来是为实现管理目标服务的,当管理目标发生变化时,组织也需要通过变革来适应这种新的变化要求。即使管理目标没有发生变化,但如果影响组织的外部环境和内部环境发生了变化,那么组织也必须对自身进行变革,这样才能保证管理目标的实现。因此,组织不是僵硬的、一成不变的。管理目标的变化,会影响组织存在和管理目标实现的各种因素的变化,必然会带来组织模式、组织结构、组织关系等的相应变化,否则就无法使管理目标得到实现。

一般来说,组织模式应力求相对稳定,频繁而不必要的变动对于实现管理目标是不利的。但任何组织都处于动态的社会变动中,一成不变的组织是不存在的。因为不变革的组织是没有生命力的,是必然要走向衰亡的。所以,组织的变革是绝对的,而组织的稳定是相对的。

在组织变革实践中,首先应该解决的问题也就是组织变革冲突的焦点。组织变革大致涉及 4 个方面的内容:组织的人员、组织的技术、组织的结构和组织的环境等。不同的变革内容所采取的变革措施是不同的,如图 5-1 所示。

①以人员为中心的变革。通过对组织成员的知识、技能、行为规范、态度、动机和行为的变革,来达到组织变革的目的。

②以技术为中心的变革。通过对组织工作与流程的再设计,对完成组织目标所采用的方

法和设备的改变及组织目标体系的建立，来达到组织变革的目的。

③以组织结构为中心的变革。通过对组织的目标体系、权责体系的改变，角色关系的调整，沟通、协调体系的有效建立，来达到组织变革的目的。

④以适应组织环境为中心的变革。即以调节和控制外部环境为中心的组织变革。

组织变革的4个方面及在各自基础上制定的各种变革对策是相互依赖、相互影响、相互促进的。在制定组织变革对策的过程中，它们往往构成一个完整的变革规划体系。当然，由于不同组织所处的变革环境及组织内部状况不同，在选择变革内容时，其侧重点是不同的。

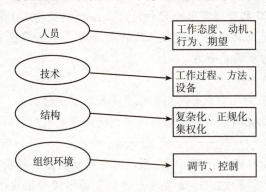

图 5-1 各种变革内容所采取的变革措施

5.2.2 组织变革的动因

组织变革是任何组织都不可回避的问题，是组织发展过程中一项经常性的活动。能否抓住时机、顺利推进组织变革，是衡量管理工作是否有效的重要标志之一。决定组织结构，并诱发组织变革的主要动因有以下几个方面。

1. 环境动因

任何组织都是开放的系统，都与外部环境之间存在各种各样的联系，所以环境变化也是引起组织结构变革的一个主要力量。通常，环境越动态、不确定，越要求灵活、有弹性的组织形式。

2. 技术动因

任何组织都需要利用一定的技术将投入转化为产出。随着科学技术日新月异的发展，特别是电子信息化、办公自动化，尤其是网络技术在政府组织的广泛普及与应用，促使组织就要做出相应的变革：组织结构从金字塔形向扁平形发展；组织权力结构走向分权化；组织信息结构走向网络化、交互化；组织管理方式趋于民主化等。变革促使管理组织结构变得更具柔性和有机性。

3. 职能动因

职能是组织存在的依据，组织是职能的载体或承担者，因此职能的变化必然引起组织结构的变化。随着经济体制改革的进行和市场机制的逐步形成，各种职能的转变使得重新调整组织管理机构的设置成为不可避免的事情了。

4. 人事动因

组织与人事密切相关，人事变动会影响到组织上的变动。这里所说的人事变动及影响包括两种情况：一是组织中高级管理者的变动对组织的影响，不同的管理者会采用不同的施政策略或领导对策，因此会对组织结构提出特殊的要求；二是人员素质的变化对组织的影响。

以高质量的管理者为基础，组织将是一个精干、高效的组织，以低素质的管理者为基础，组织必然是一个臃肿低效的组织。

5. 组织目标和价值观的动因

组织的目标反映了组织的价值观和对客观环境的判断，是组织战略的凝聚点。因此，组织目标的重新制定或修正，都将引起行政组织的变革。组织的价值观是组织的动力源泉和理性后盾，而目标的制定或修正本身是组织价值观念体系平衡的结果，价值观念方面的变化必然引起目标的变化，并通过组织目标的变化对组织变革产生强烈的推动作用。价值观念在许多条件下构成组织变革的原动力，它往往对组织变革提供长期和持久的推动力。

5.2.3 组织变革的阻力

组织变革的阻力是指人们反对变革、阻挠变革甚至对抗变革的制约力，它可能来源于个体、群体，也可能来自组织本身甚至外部环境。组织变革阻力的存在，给管理者提出了更严峻的变革管理任务。组织变革不可能一帆风顺，会遇到来自各方面的阻力，深刻认识这些阻力，并设法排除阻力是保证组织变革取得成功的基本条件。组织变革的阻力主要来源于以下几个方面。

知识链接5-1

1. 误解方面的阻力

人们对组织变革的认知，有时差别很大，其结果可能导致基于理解不清或理解混乱而抵制、干扰变革的行为。有时，由于组织变革前的信息沟通不够，也会引起一些有关人员的不满和误解，从而形成一些阻力。事先消除误解，有助于改革与发展的顺利进行。

2. 利益方面的阻力

组织的变革意味着组织内权力、利益和资源的调整或再分配，因此会触动人们的切身利益，进而形成不满和阻力。来自利益方面的阻力是最顽强的和最富有破坏力的，对此应当始终保持高度的警惕。通常，当组织变革所带来的预期收益低于预期成本时，人们就会对变革持反对态度。

3. 成本方面的阻力

组织的变革都要付出一定的成本，如改革所需的时间、改革中的各种损失、改革所需用的财政经费等。如果成本投资大于收效，改革与发展就难以继续进行。

4. 组织惰性方面的阻力

对社会而言，组织在功能上是不可取代的，它们几乎没有竞争者和对手，没有能够代替它们的私人对应物，几乎垄断了本领域的经验、知识和才能。组织的成员也是如此，他们在本质上趋于保守、墨守成规、动作缓慢。而组织变革的本身就是对既定模式和习惯的一种否定，因此容易受到组织惰性的抵制和阻挠。

5. 变革不确定性方面的阻力

组织的变革会给组织带来新观念、新技术、新结构等，新的东西是人们不了解和不熟悉的，通常会产生不安全感，从而会对变革持一定的观望和保留态度。再加之组织变革的复杂性，人们很难在变革付诸实践之前证明改革是有益的，更难对自己从变革中获得的预期收益进行精确计算，从而对变革产生疑虑，进而形成消极态度和抵触行为，妨碍和制约变革的顺利进行。

6. 习惯性方面的阻力

组织里的人员长期处在一个特定的组织环境中从事某种特定的工作，在不自觉之中形成了对这种环境和工作的认同，形成了关于环境和工作的一套较为固定的看法和做法，即习惯性。这种习惯性一旦形成，就会在一个较长的时期内影响甚至支配人们的心理活动和行为。而组织变革本身意味着是对某种习惯性的否定，会导致组织人员的不良反应，产生抵制态度。

【课堂案例讨论】

管理故事——习惯与自然

一根小小的柱子，一截细细的链子，拴得住一头千斤重的大象，这不荒谬吗？可这荒谬的场景在印度和泰国随处可见。那些驯象人，在大象还是小象的时候，就用一条铁链将它绑在水泥柱或钢柱上，无论小象怎么挣扎都无法挣脱。小象渐渐地习惯了不挣扎，直到长成了大象，可以轻而易举地挣脱链子时，也不会挣扎。驯虎人本来也像驯象人一样成功，他让小虎从小吃素，直到小虎长大。老虎不知肉味，自然不会伤人。驯虎人的致命错误在于他摔了跤之后让老虎舔净他流在地上的血，老虎一舔不可收，终于将驯虎人吃了。

讨论：

谈谈读了故事后的管理心得。

5.2.4 组织变革的对策

组织变革的过程，是增强动力与减少阻力的过程。管理者应积极创造条件、消除阻力，保证变革的顺利进行。组织变革的对策有以下几个方面。

1. 客观分析变革的动力和阻力

组织变革的动力和阻力并不是各自分开的，而是相互作用和影响着，并不断地保持着动态平衡。任何一项变革，都存在动力与阻力两种对抗力量，动力可以发动并维持变革，阻力则阻止变革发生或进行。当两种力量对等时，组织不进不退，保持原状；当动力大于阻力时，变革发生并向前发展，而当阻力大于动力时，变革受到阻碍，甚至有可能倒退。

2. 精心设计组织变革方案

制定合理而完善的方案，是保证组织变革成功的基本前提。一些组织变革未能取得成功的一个重要原因就是没有一个科学而行之有效的变革方案。改革前的宣传工作也十分重要，它可以让人们在改革前就进行充分的沟通与讨论，这既有助于宣传改革的意义，清除人们的误解，又有助于制定合理的改革方案。

3. 做好人事调整工作

通常，在进行重大的组织变革之前，都要对组织中某些关键性职位进行人事调整，以便从宏观的组织体系上保证未来的组织变革能够顺利进行。但这种人事调整范围不宜过宽，以避免因组织变革带来的震荡。

4. 提高组织人员在组织变革中的参与程度

组织人员参与变革活动包括：共同选择和拟定变革方案、共同分享情报资源、及时公布组织变革的进展情况等。对出现的问题尽量采取民主协商的方式，以增强组织人员的心理满足感和成就感，减少思想阻力，从而促进变革顺利进行。

5. 消除组织人员对变革的抵制心理

组织人员应形成对变革的共同认识，认清变革的必要性和重要性，在组织内形成要求变革的强大力量，促使人们自觉地去变革。可通过各种形式和途径力争组织变革的目标与组织的共同目标最大限度地重合或协调,从而有效影响组织成员的态度与行为。利用组织中良好的规范对抵制变革的个别人员施加压力,迫使他们遵从组织行为。尽量避免采取强硬措施,以免引来更强烈的抵制。

6. 强化革新行为

管理者应对在组织内表现出新态度、新行为的团体和个人给予积极的宣传和充分的肯定,因为扩散效用是十分重要的。组织的公开的变革态度和倾向性,尤其是组织高层管理者的公开的变革态度和倾向性,是克服或抑制变革阻力的一个重要因素。

7. 折中妥协

在变革阻力强大且持久的情况下,而组织又必须进行某种变革时,组织将不得不接受现实的压力,放弃较高的目标期望值,以降低目标的方式来换取有限目标的实现,即折中妥协。折中妥协是非常必要的,在实际中绝大多数组织的变革都存在这一现象,只是采取的折中妥协的程度和方式不同。

8. 提高领导者的自身素质

若组织内高层管理者作风正派、秉公办事,具有较高的群众威信,他们的行为就会对组织内的人员产生较大的影响力和积极的心理效应,提出的变革主张也易于得到肯定。反之,若高层管理者拉帮结派,甚至以权谋私,则会引起组织人员的反感,加大心理差距,由他们提出的变革措施就难以产生积极反应,甚至引起抵触。

9. 妥善安置因改革而受到冲击的人员

组织在变革以前和变革之中都要慎重而妥善地考虑如何安置那些因改革而涉及切身利益的人,要设法使能继续工作的人员安心工作,以减少来自利益方面的阻力,从而保证改革与发展的顺利进行。

案例分析

某民营企业是一个由几十名员工的小作坊式机电企业发展起来的,目前已拥有2 000多名员工,年销售额达几千万元,其组织结构属于比较典型的直线职能制形式。随着技术更新和竞争的加剧,高层领导者开始意识到,企业必须向产品多元化方向发展,其中一个重要的决策是转产与原生产工艺较为接近、市场前景较好的电信产品。他们又并购了一家电子设备厂,在对其进行技术和设备改造的基础上,组建了电信产品事业部。

然而,企业在转型过程中的各种人力资源管理问题日益显现出来。除了需要进行组织结构的调整之外,还需要加强企业人力资源管理的基础工作,调整不合理的人员结构,裁减了一批冗余的员工,从根本上改变了企业人力资源管理落后的局面。另外,安排在新组建的电信产品事业部工作的原厂18名管理人员,与公司新委派的12名管理人员之间的沟通与合作也出现了一些问题,如双方沟通交往较少,彼此的信任程度有待提高;沟通中存在障碍和干扰,导致了一些不必要的误会、矛盾,甚至是冲突的发生。

当影响组织的外部环境和内部环境发生变化时,组织也必须对自身进行变革,这样才能保证管理目标的实现。从以上分析来看,该企业组织结构不仅需要调整,而且还需要加强人力资源管理的基础工作。例如,在明确部门的业务分工、职责范围的基础上,确定工作岗位;在确定工作岗位的基础上,核定各个岗位的工作量;对企业现有的人员结构进行分析,提出中长期人力资源规划等。

5.2.5 组织变革的发展趋势

随着经济的全球化和知识经济时代的到来，组织的结构也在发生深刻的变化，因此对组织变革趋势的研究与预测就具有了非常重要的意义。目前组织变革的发展趋势有以下几个方面。

1. 组织的动态性和灵活性

这是组织未来发展变化的首要趋势，只有主动应变才能求得生存和发展。所以，加强对多个目标的协调，注重管理知识的积累及现代信息技术的应用尤为重要。

2. 组织扁平化

由于计算机技术在组织中的广泛应用，组织的信息收集和各种控制手段趋于现代化，传统的层级结构正向扁平化组织模式演进。在当今组织结构的变革中，减少中间层次，加快信息传递速度，直接控制是一种发展趋势。

3. 组织团队协作化

团队组织打破了传统的部门界限，形成了以任务为中心、直接面对服务对象，以群体和协作优势来赢得竞争，发挥整体优势的组织结构和理念。这是一种新的以"团队"为核心的扁平化的组织模式。

4. 组织运作柔性化

柔性的概念起源于柔性制造系统，指的是制造过程的可变性，可调整性、描述的是生产系统对环境变化的适应能力。后来，柔性就应用到企业的组织结构上，是指企业组织结构的可调整性及对环境变化、战略调整的适应能力。在知识经济时代，外部环境变化较快，企业的战略调整和组织结构的调整必须及时，因此柔性组织结构就应运而生。

5. 加强学习型组织

知识经济时代的组织必须不断学习和更新。面对充满希望和竞争的时代，未来组织不仅需要培养大批的管理专家，而且需要培养具有全球眼光的战略组织家，从而使组织更加开放、灵活，更加具有动态性和适应能力，这是未来组织的魅力和希望所在。

知识拓展：职权关系体系

5.3 思考和实训

一、单项选择题

1. （　　）是指组织为了适应内外环境与条件的变化，对组织的目标、结构及组成要素等适时而有效地进行各种调整和修正。

　　A. 人事变革　　　　B. 环境改变　　　　C. 组织变革　　　　D. 习惯改变

2. 通过对组织成员的知识、技能、行为规范、态度、动机和行为的变革，来达到组织变革目的的是（　　）。

　　A. 以人为中心的变革　　　　　　B. 以技术为中心的变革
　　C. 以组织结构为中心的变革　　　D. 以适应组织环境未中心的变革

3. 组织的目标反映了价值观和对客观环境的判断，是组织战略的（　　）。

　　A. 出发点　　　　B. 凝聚点　　　　C. 终点　　　　D. 分散点

4. 以适应组织环境为中心的变革是指以调节和控制（　　）为中心的组织变革。

  A. 宏观环境   B. 微观环境   C. 内部环境   D. 外部环境

5. 来自（　　）的阻力是最顽强和最有破坏力的。

  A. 误解方面   B. 习惯性方面   C. 利益方面   D. 成本方面

6. 制定合理而完善的设计方案，是保证组织变革成功的（　　）。

  A. 基本前提   B. 客观依据   C. 重要作用   D. 行动保障

7. （　　）是指放弃较高的目标期望值，以降低目标的方式来换取有限目标的实现。

  A. 强化革新   B. 降低成本   C. 消除抵制   D. 折中妥协

8. （　　）是组织未来发展变化的首要趋势。

  A. 组织扁平化   B. 组织团队协作化

  C. 组织的动态性和灵活性   D. 组织运作柔性化

9. （　　）是指企业组织结构的可调整性。

  A. 可缩性   B. 适应性   C. 柔性   D. 结构性

二、多项选择题

1. 以下属于组织变革范围的有（　　）。

  A. 以适应社会需要为中心的变革   B. 以人员为中心的变革

  C. 以技术为中心的变革   D. 以组织结构为中心的变革

2. 组织变革的动因包括（　　）。

  A. 技术动因   B. 人事动因

  C. 职能动因   D. 组织目标和价值观的动因

3. 组织变革的阻力可能来源于（　　）。

  A. 个体   B. 群体   C. 组织本身   D. 外部环境

4. 以下属于组织变革对策的有（　　）。

  A. 推进变革阻力   B. 折中妥协

  C. 强化革新行为   D. 减少人员参与度

5. 目前组织变革的发展趋势有（　　）。

  A. 组织扁平化   B. 组织团队协作化

  C. 组织运作柔性化   D. 组织的动态性和灵活性

三、判断题

1. 组织模式应该经常变换。（　　）
2. 组织变革的4个方面构成一个完整的变革规划体系。（　　）
3. 职能是组织存在的依据，组织是职能的载体。（　　）
4. 组织与人事关系密切相关。（　　）
5. 如果成本投资小于收效，改革与发展就难以继续进行。（　　）
6. 组织变革的动力和阻力是各自分开的。（　　）
7. 在当今组织结构的变革中，增加中间层次，加快信息传递速度，直接控制是一种发展趋势。（　　）
8. 团队组织打破了传统的部门界限。（　　）

四、思考题

1. 组织变革包括哪些具体内容？
2. 如何应对组织变革的阻力？

3. 组织变革的发展趋势有哪些？如何理解团队的协作化？

五、案例分析题

如何应对组织变革的阻力

　　王明任职于一家合资企业，由于其工作努力、责任心强，很快就被总经理赏识，并委以重任，对公司进行改革。王明雄心勃勃地和同事一起策划、实施，逐渐出现改革的成果。但是，改革动摇了某位副总亲信及亲戚的利益，为此该副总趁总经理等人出差之际，令亲信做员工满意度调查，结果王明的满意度极低。以此为据，副总要求总经理撤换掉王明，王明不愿因自己给领导造成困扰，也不愿意给和自己一起努力的同事造成麻烦，所以想辞职，离开这个是非之地。

思考题：

（1）从组织变革的角度出发，分析王明应该如何应对组织变革中出现的阻力。

（2）评价王明辞职的做法是否可取。

六、训练项目

　　到一家中小企业调研，对该企业的组织结构情况进行调查，运用所学的知识帮助分析诊断，判断组织结构是否需要变革。

需要搜集的资料有：

①企业的组织结构情况（组织结构图）；

②组织内的各主要职位、部门的职责权限及职权关系；

③由于组织结构、职权关系等问题引起的矛盾。

要求： 在班级内进行研讨与交流。

（1）能准确分析该企业组织结构的部门、层次、组织形式，提出自己的分析意见与建议。

（2）每个同学写一份所调研企业的组织结构情况的简要分析诊断报告。

项目 6

人员配备

> **知识目标：**
> - 理解人员配备的工作内容；
> - 掌握人员选聘的方法；
> - 掌握人员考评的方法；
> - 掌握人员培训的方法。
>
> **能力目标：**
> - 能提高学生应聘的能力与心理素质；
> - 培养分析与处理管理问题的能力。
>
> **素质目标：**
> - 培养学生解决实际问题的能力。

6.1 案例导读

东方希望集团人力资源管理

1. 用人原则

不招收先前在饲料行业工作的人是东方希望集团的一条用人原则。东方希望集团目前使用的人才没有一个是从本行业来的人。在招聘的人员中，东方希望集团强调没有跳槽经历，这样的人更忠诚。

2. 招聘原则

公司招聘面向全社会。目前大专以上的员工占五分之二，整个招聘的程序有初试、面试、复核、录用、培训、正式委派等。初试考核的是气质、文化修养、知识层次、能力等一些指标，录用后有3~6个月的培训期，培训考核合格后由人事部门按各地的工作需要进行分配。

3. 考核标准

管理部负责东方希望集团的员工考核工作。考核程序是：先由人事部考核处提出考核要求，经人事部负责人审核后将审批表送给各公司征求意见，再由总部对口管理部门和监察审计部门签署意见，交由人事部复审或再交总部领导小组决定，最后由董事长批准。至于对降、免职的报批，主要先进行提醒、警示处分，如不见效，累积到一定程度后就降职或免职，对处理有异议者，在三日内，中层干部可向人事部申诉，高级干部可向领导小组组长申诉。

4. 调配与工资待遇

因为东方希望集团的分公司遍布全国各地，因此人员调配是人事工作的一大内容：先由各分公司提出，然后由人事部门进行平衡；员工见习工资从 3 000 元起，有 1 000 元的浮动；见习期 3～6 个月，考核合格后，依据个人的业绩和表现调整工资或职务。

5. 员工的培训

东方希望集团每年都安排有几期培训班，有的是分片培训，有的是统一培训。培训的内容主要是岗位管理技能培训、心理素质训练、职工队伍建设、业务培训（具体操作培训）、对企业文化的了解等。参加培训的人员包括普通员工和总经理。新员工隔周参加一次培训，每期的新员工培训开始时董事长到会演讲，第一天去总厂参观，了解企业文化。参加培训的人还要求写心得体会。

思考题：

(1) 东方希望集团的用人原则是否可取？该集团为什么要那样做？

(2) 东方希望集团的人员配备有何特点？哪些做法值得推广？

组织结构设计为组织系统的运行提供了基本的框架，要使组织系统运作起来还要依靠人的力量，人是组织目标实现的直接推动力。人员配备的主要任务就是为组织结构中的所有职位配备合适的人员。

6.2 理论与实务知识

人员配备，是根据组织结构中所规定的职务的数量和要求，对所需人员进行恰当而有效的选择、考评和培训，其目的是配备合理的人员去充实组织中的各项职务，以保证组织活动的正常进行，进而实现组织的既定目标。

传统的观点一般把人员配备作为人事部门的工作，而现代的观点则认为，人员配备不但要包括选人、评人、育人，而且还包括如何使用人员及如何增强组织凝聚力来留住人员，这又同领导工作紧密联系起来。

6.2.1 人员配备的重要性

人员配备作为一项管理职能，主要涉及的是对人的管理，其重要性如下。

1. 人员配备是组织有效活动的保证

对于一个组织来说，组织目标的确定为组织活动明确了方向，组织结构的建立又为组织活动提供了实现目标的条件。但是，再好的组织结构，如果人员的安排不合理，那么这个组织结构不仅不能成为实现组织目标的保证，而且还会干扰组织的有效活动，阻碍和破坏目标的实现。因此，人员配备工作直接影响组织活动的成效。

2. 人员配备是做好指导与领导及控制工作的关键

人员配备职能不是孤立的，从管理是一个系统的观点来看，它以计划工作和组织工作为前提，是计划工作与组织工作的人员落实，同时又为指导与领导工作及控制工作奠定了一定的基础。一个组织中,如果人员配备不适当或人员配备工作不完善,就不能使主管人员发挥出色的领导才能,不可能创造一种良好的环境,使成员的积极性、主动性得到发挥。因此,就管理系统而言,人员配备是关系到其他职能能否高质量实施的重要条件。

3. 人员配备是组织发展的准备

组织发展是适应于组织内外环境的变化而做出的反应。一个组织只有不断发展,不断获得新的生命力,才能适应内外环境的变化而立于不败之地。组织发展的动因是人,其中主管人员又是起决策作用的,因此人员配备作为专门从事充实组织结构中各种职位的工作职能,同组织发展的关系极为密切。人员配备是一项动态的职能,不仅要进行目前所需的各种人员的配备,而且还要着眼于组织未来发展的需要,为将来在复杂多变的环境从事组织活动所需的各类人员做好准备。所以说,人员配备是组织发展的准备。

6.2.2 人员配备的工作内容

在人员配备的过程中,一般要进行以下三项工作。

1. 人力资源规划:确定人员需要的种类和数量

由于组织是发展着的,所需要设置的岗位和各岗位编制数也会随之发生变化。人力资源规划就是为了确保组织能够为所需要的岗位配备所需要的人员,并使其能够有效地完成相应的岗位职责而事先所做的工作。人力资源规划具体应该做三项工作:

①评价现有的人力资源配备情况;

②根据组织发展战略对未来所需要的人力资源进行预测;

③制定满足未来人力资源需要的行动方案。

通过人力资源规划,可以明确人员需要的种类和数量,为人员的选配和培养奠定基础。

2. 招聘与甄选:选配合适人员

为了保证岗位要求的知识和技能,就必须对组织内外的候选人进行筛选,做出最恰当的选择,因此就要进行招聘和甄选。

招聘是指组织按照一定的程序和方法,招募具备岗位素质要求的求职者担任相应岗位工作的系列活动。不管求职者是来自组织内部还是外部,为了招聘到合适的人员,都需要依据相应的岗位要求对求职者进行素质评价和选择。

甄选是指依据既定的用人标准和岗位要求,对应聘者进行评价和选择,以获得合格的上岗人员的活动。通过招聘与甄选,组织为相应的岗位配备了合适的人员。

3. 培训与考核:使人员适应组织发展需要

培训是组织进行人力资源开发管理的一项职能。培训就是给新员工或现有员工传授其完成未来工作或目前工作所必需的知识、技能及态度。组织通过培训来提高员工的工作技能与工作热情,以达成组织的经营目标。组织处于不断的发展过程中,对于组织在发展中所产生的人力资源需求,除了以招聘方式从外部吸引合适人员加以补充外,更主要的是通过开发组织现有的人力资源来加以满足。

考核是按照一定的标准,采用科学的方法,检查和评定组织员工对职务所规定的职责的履行程度,以确定其工作业绩的一种有效的管理办法。为了了解现有的员工是否仍然适应岗位要求,需要通过考核对组织现有的人力资源质量做出评估,从而为员工改进工作提供指导,为培训、奖惩和人事晋升提供客观依据。

知识链接6-1

6.2.3 人员的选聘

组织的职位或岗位确定后，就可以通过招聘、选拔等来配备所需要的人员。人员的选聘要依据职位或岗位的知识和技能等要求和受聘者的素质与能力来进行。

1. 人员选聘的途径

人员选聘有两种途径：一种是从组织内部选聘，另一种是从组织外部选聘，如图6-1所示。

图6-1 人员选聘的途径

（1）内部选聘

内部选聘是指从组织内部挑选适合的人员加以聘用，具体包括内部提升、内部调动、内部招标3种方法。

①内部提升。是指根据工作需要，在组织内部成员中选拔优秀的人员承担更大责任的职务。

②内部调动。是指员工在组织中横向流动，在不改变薪酬和职位等级的情况下变换工作。内部调动可以由组织提出，也可以由员工提出。由组织提出的调动主要有3个方面的原因：一是可以满足调整组织结构的需要；二是为了使组织中更多的员工获得奖励；三是可以使组织员工的晋升渠道保持畅通。

③内部招标。是指组织通过在内部公开发布选聘信息，运用竞争机制，在组织内部招聘人员的一种方式。

内部选聘的优点如下。

①内部选聘费用较低、手续简便、人员熟悉，组织对准备选聘的人员可以做长期细致的考察，掌握其能力、素质、优点和缺点，从而决定其最合适的工作。

②选聘的人员对组织的基本情况有所了解，能够比较快地进入角色。

③内部提升可以为组织成员提供更具挑战性的发展机会。

④内部调动有助于增加成员的工作经验和新鲜感。

⑤内部招标能提供组织内公平竞争的机会，有利于调动成员的积极性。

内部选聘的缺点如下。

①容易造成自我封闭、近亲繁殖，抑制了组织的创新力。

②不易吸收组织外优秀人才，以至于使组织缺乏动力，影响组织成员的积极性。

（2）外部选聘

外部选聘是指根据一定的标准和程序，在组织外部选拔符合岗位工作要求的人员。主要包括组织内的职工介绍推荐、利用职业介绍机构、从大专院校选聘、通过广告公开选聘4种方法。

①组织内的职工介绍推荐。是指由本组织员工推荐组织外部人选来填补职位空缺的外部招聘方法。当组织内出现某一职位的空缺时,本组织员工或关系单位主管可根据该空缺职位的要求,推荐自己认为符合条件的熟人作为候选人。

②利用职业介绍机构。职业介绍机构是近几年来随着我国市场经济体制的建立和完善而产生和发展起来的。它作为职业供需双方的中介,承担着双重角色:既为组织择人,也为求职者择业。

③从大专院校选聘。从大专院校的毕业生中选聘符合岗位或职位的人员,既解决了大学生就业的压力,又为他们提供了广阔的发展空间。

④通过广告公开选聘。利用各种广告媒体和宣传媒介广泛向外界发布招聘信息,吸引社会上的人才前来应聘,并对应聘者进行一系列的资格审查、能力考核和测试后选拔出能够胜任的人。

外部选聘的优点如下。
①扩大了选择的范围,有利于获得组织所需人员。
②能为组织带来新的管理方法和经验,能为组织发展注入新的活力。
③有利于平息和缓和内部竞争者之间的紧张关系。

外部选聘的缺点如下。
①外聘人员不熟悉组织内部情况,很难迅速打开局面。
②组织对外聘人员的情况不能深入了解,有时可能出现聘用失误的问题。
③外部招聘会使内部人员感到没有升迁的机会,会打击内部员工的工作积极性。

一个组织在选聘人员时是采用内部选聘还是外部选聘,要根据具体情况而定。通常情况下,高层主管一般采用外部招聘的方式,基层和中层人员一般采用内部选聘的方式;在组织新建和成长期多用外部选聘的方式,成熟和稳定期多用内部选聘的方式。

【课堂案例讨论】

鲶鱼效应

沙丁鱼在运输过程中成活率很低。后来有人发现,若在沙丁鱼中放一条鲶鱼,情况有所改观,成活率大大提高,这是何故呢?

鲶鱼到一个陌生环境后,就会"性情急躁",四处乱游,对于大量好静的沙丁鱼来说,起到了搅拌作用;沙丁鱼发现多了一个"异己分子",自然就紧张,加速游动,沙丁鱼缺氧的问题就迎刃而解了。

讨论:
鲶鱼效应对管理工作有什么启示?

2. 人员选聘的程序

人员的选聘是人员配备的一个重要环节。合理的选聘程序对选聘到合适的人员至关重要。

(1) 制订选聘计划

制订选聘计划是人员选聘的首要环节。选聘计划包括:选聘人员的数量、选聘人员岗位或职位分布、选聘的程序安排、选聘的组织保证等。

（2）发布招聘信息

当组织中出现需要填补职位或岗位时，应建立相应的选聘机构。选聘工作机构要以相应的方式，通过适当的媒介公布待聘职务或岗位的数量、性质及对候选人的要求等信息，向组织内外公开"招标"，鼓励符合条件的候选人应聘。

职务说明书

（3）初选

可以通过两种形式完成初选工作：一种是对报名应聘者进行初步资格审查。对内部选拔人员，可根据日常对重点培养对象的工作业绩考核档案，由人力资源管理部门和领导初步决定候选人。对外部招聘人员，要根据收回的应聘者填写的表格资料进行资格审查，初步认定符合招聘条件的候选人。另一种是面谈。这是一种直观的初步评价候选人的形式。根据人力资源管理部门设定的谈话范围，目测候选人的仪表、举止、言谈，初步了解其语言表达能力、逻辑思维能力和思维敏捷的程度，以及知识的广度和对问题认识的深度。面谈可以比较直观地了解对方，形成初步印象，但需注意不要由第一印象产生偏见。

（4）测试和考核

对初选的合格者，还要进行必要的测试和考评。常用的测试方式有笔试、智力测验、竞聘演讲与答辩、实际能力考核等。选聘机构要对测试和考核的结果进行整理分析，然后根据职位和岗位的要求进行筛选，确定入选名单。

（5）聘任

如果是内部选聘，聘任的途径是升迁或调动。如果是外部选聘，应向入选者发出聘任通知。若被通知者前来应聘，则双方签订聘任合同，选聘工作结束。

（6）使用

选聘到合适的人员后，就进入了使用过程。为了保证管理的效率，新聘任的人员要经过上岗教育和试用期。对不能履行岗位职责的，应对其降职、解职或辞退等。

3. 人员选聘的方法

人员的选聘是人员配备的一个重要方面。恰当的选聘方法对选聘到合适的人员起着决定性的作用。

（1）笔试

笔试是一种相对初级的甄选方式，其主要目的是选出那些符合组织岗位或职位要求，具有所希望的思维方式和个性特征的人。笔试可以作为面试的一种辅助手段，侧重于考察那些在面试中考察不出来的素质，如书面表达能力等。对于一些技术性很强的职位，笔试则可能是主要的甄选方式。

笔试一般包括以下几个方面的内容。

①知识面测验。主要是一些通用性的基础知识和担任某一职务所要求具备的业务知识。

②智力测试。主要测试记忆力、分析观察能力、综合归纳能力、思维反应能力及对于新知识的学习能力。

③技能测验。主要是针对受聘者处理问题的速度与质量的测试，检验其对知识运用的程度和能力。

④性格测试。主要是通过一些精心设计的心理测验试题或一些开放式的问题来考察求职者的个性特征。

（2）面试

面试是一种经过组织者精心设计，以对考生的面对面交谈与观察为主要手段，由表及里测评应聘者的知识、能力、经验等有关素质的活动。面试是组织挑选员工的一种重要方法。面试给组织和应聘者提供了双向交流的机会，能使组织和应聘者之间增进了解，从而做出更准确的决定。

面试的具体形式如下。

①个别面试。是指一个应聘者与一个面试人员面对面地交谈。这种形式有利于双方建立较为亲密的关系，加深相互了解。但由于只有一个面试人员，所以决策时难免有偏颇。

②小组面试。是指由两三个人组成面试小组对各个应聘者分别进行面试。面试小组可由人事部门及其他专业部门的人员组成，从多种角度对应聘者进行考察，提高判断的准确性，克服个人偏见。

③成组面试。是指由面试小组（由两三个人组成）同时对几个应聘者（最好是五到六个）同时进行面试。在面试人员的引导下，完成一些测试和练习。在这个过程中，对应聘者的逻辑思维能力、解决实际问题的能力、人际交往能力、领导能力等进行测试，以便做出用人决策。

④电话面试。是一种通过手机、固定电话等通信工具对面试者进行考核和筛选的面试形式。

表6-1是招聘面试记录表。

表6-1 招聘面试记录表

年 月 日

编号		姓名		性别	
应聘职位					
评分等级	优秀：4	良好：3	满意：2	不满意：1	
项目	面试				
	评分	评语			
外貌/仪表					
性格/个性					
礼貌/态度					
气质/谈吐					
灵活性/反应					
自信心					
智慧/判断力					
工作知识					
其他知识					
外语能力					
健康状况					
总分合计					
总评					

面试意见	● 推荐_____ 部门_____ 岗位 ● 存入人才库 ● 不接收
主考人员签名	

不同组织有着不同的用人哲学和判断标准，无论选择怎样的渠道、流程和甄选标准，关键是策略和标准必须切实符合企业的需要，以保证高质量的招聘工作有序展开，并为组织发展找到最适合的人才，做到人尽其才、才尽其用。

6.2.4 人员的考评

人员考评是指根据岗位或职位的需要，按照一定的标准，采用科学的方法，对人员的素质、行为及绩效进行考核和评价的管理方法。

1. 人员考评的内容

对人员的考评主要涉及3个方面的内容：业绩考评、能力考评和态度考评。

（1）业绩考评

业绩考评是指对组织中每个人员所承担的工作，应用各种科学的定性和定量的方法，对人员行为的实际效果及其对组织的贡献或价值进行考核和评价。它是组织中人事管理的重要内容，更是组织管理强有力的手段之一。业绩考评的目的是通过考核提高每个个体的效率，最终实现组织的目标。

绩效考核是现代组织不可或缺的管理工具，它是一种周期性评估员工工作表现的管理系统。有效的业绩考核，不仅能确定每位员工对组织的贡献或不足，更能在整体上对人力资源的管理提供决定性的评估资料，从而改善组织的反馈机能，提高员工的工作业绩。因此，对组织而言，业绩就是任务的数量、质量及效率的具体体现。

（2）能力考评

能力是指一个人从事某项工作所需要的基本技能与素质。对一个组织来说，不仅要追求现实的效率，还要追求未来可能的效率。所以，能力考评不仅仅是一种公平评价的手段，而且也是充分利用组织人力资源的一种手段。业绩考评只能回答员工在现任岗位上干得如何，但回答不了现任岗位是否适合他。能力考评能评估职工在职务工作中发挥出来的能力。

（3）态度考评

工作态度是工作能力向工作成绩转换的"中介"，它指的是员工勤奋敬业的精神，主要指员工的工作积极性、创造性、主动性、纪律性和出勤率等。组织是不能容忍缺乏干劲、缺乏工作热情的员工存在的。因此，在人员考评中应重点考评员工的敬业精神，将形式的、表面的考勤与实质的、内在的考勤结合起来。

2. 人员考评的程序

为了更好地实施考评工作，需要确定有效的考评程序。考评程序通常包括以下几个步骤：制订考评计划、考评前的技术准备、实施考评、分析考评结果、反馈考评信息。

（1）制订考评计划

人员考核首先必须制订周密的考核计划。根据组织的要求和考评目的，确定出考评的对象、程序、方法、实施时间等，以保证考评的顺利实施。

(2) 考评前的技术准备

包括制定考评标准、选择设计考核方法与工具、选择考评人员等。考评标准要以职务说明书为依据，按照各种职务的职责进行考评；考评表应该由与被考评对象在业务上发生联系的有关部门的工作人员填写。与被考评对象发生业务联系的人员主要有3类：上级、关系部门、下属。

(3) 实施考评

制定了考评标准以后，就要按标准进行考评。要采用事先设计的科学的考核方法，客观公正地进行衡量；收集的信息要真实准确，尽可能实行量化。

(4) 分析考评结果

为了得到正确的考评结果，首先要对收集到的信息进行筛选，确保信息的准确性。在此基础上对信息进行全面综合，正确地做出考评的结论。

(5) 反馈考评结果

考评结果要上报给上级主管，并告知本人。考评结果可以作为了解员工、激励工作、奖酬发放、晋职晋级等的依据。

3. 人员考评的方法

人员考核的结果准确与否，在很大程度上取决于考评的方法是否恰当。常用的考评方法有以下几种。

(1) 目标考评法

目标考评法是指根据目标进行考评，包括实施目标的进度、措施及真正实现的程度。

(2) 自评法

自评是被考评人对自己的主观认识，它往往与客观的考评结果有差别。考评人通过自评结果，可以了解被考评人的真实想法。另外，在自评结果中，考评人可能还会发现一些自己忽略的事情，这有利于更客观地进行考评。自评法的典型方式是述职报告。

(3) 互评法

互评是员工之间相互考评的一种方式。互评适合于主观性评价，比如"工作态度"部分的考评。通过互评，员工之间能够比较真实地了解相互的工作态度，并且由多人同时评价，往往能更加准确地反映客观情况，防止主观性误差。在互评时可以不署名，在公布结果时不公布互评细节，这样可以减少员工之间的相互猜疑。

(4) 上级考评

上级考评是上级对下级的业绩进行考评，上级考评适合于考评"重要工作"和"日常工作"部分，考评结果比较真实、客观。

(5) 书面评价

标准化的考评方式忽略了组织内人员的不同特点，书面评价就弥补了这个缺陷。一般来讲，书面评价应该包括3个方面的内容：肯定员工成绩；指出员工不足；组织对员工的期望。书面评价可以由上级或人力资源部门统一撰写。

6.2.5 人员的培训

员工培训是指组织为了使员工获得或改进与工作有关的知识、技能、动机、态度和行为，所做的各种教育和训练。组织人员素质和水平的高低，直接影响着组织目标的实现。因此，员工培训在现代管理中是一项非常重要的工作。

1. 人员培训的内容

员工培训的内容与形式必须与组织的战略目标、员工的岗位或职位特点相适应，同时还要考虑适应内外部经营环境的变化。通常，任何培训都是为了使组织内的员工在知识、技能和态度三方面得到提高。

（1）知识的培训

知识学习是员工培训的主要方面，员工应通过培训掌握本职工作所需要的基本知识。组织应根据经营发展战略要求和技术变化的预测，以及对人力资源的数量、质量、结构的要求与需要，有计划、有组织地培训员工，使员工了解组织的发展战略、经营方针、经营状况、规章制度、文化基础、市场及竞争等。依据培训对象的不同，知识内容还应结合岗位目标来进行。例如对管理人员，要培训计划、组织、领导和控制等管理知识。

（2）技能的培训

知识的运用必须具备一定技能。首先应对不同层次的员工进行岗位所需的技术性能力培训，即认知能力的培训。认知能力通常包括语言理解能力、定量分析能力和推理能力3个方面。有研究表明，员工的认知能力与其工作的成功有较大关系。其次，组织应更多地培养员工的人际交往能力，尤其是管理者，更应注重判断与决策能力、改革创新能力、灵活应变能力、人际交往能力等的培训。

（3）态度的培训

态度是影响能力与工作绩效的重要因素。员工的态度与培训效果和工作表现是直接相关的。通过培训可以改变员工的工作态度，但不是绝对的。管理者要在员工中树立并保持积极的态度，同时善于利用员工态度好的时间来达到所要求的工作标准。管理者根据不同的特点找到适合每个员工的最有效的影响与控制方式，规范员工的行为，促进员工态度的转变。

组织需要发展，员工同样需要发展，员工的成长和发展是组织发展的动力。不断提高管理人员的素质，是任何组织增强其竞争力的重要途径。

2. 人员培训的种类

培训是一个复杂的系统，这个系统是由不同种类的培训所组成的。只有了解了不同种类的培训，才能更好地、有针对性地开展培训工作。

（1）按照培训的方式不同，培训可分为正式培训和非正式培训

①正式培训。正式培训又称离岗培训，是指按照制订的培训方案，让员工离开自己的工作岗位去接受有组织、有指导的培训。这种培训方式可以是用人单位自己组织的，也可以是委托其他培训代理机构或院校组织。根据培训时间的安排，正式培训可以分为全日制培训和非全日制培训两种。

②非正式培训。非正式培训又称在岗培训，是指按照制订的培训方案，让员工在工作场所或完成工作任务的过程中接受培训。这种培训方式可以将理论与实践有机地结合起来，学习效果明显，培训成本低，因而得到了广泛的应用。

（2）按照培训的对象不同，培训可分为新员工培训、操作人员培训、专业技术人员培训和管理人员培训

①新员工培训。新员工培训又称岗前培训，是指对新加入组织的员工进行导向性、职责性的培训。此种培训方式可以帮助新员工顺利地适应新环境，尽快地进入角色。

②操作人员培训。操作人员培训是指为了提高操作人员操作技能的培训。此种培训方式可以提高操作人员的安全素质，防止伤亡事故，促进安全生产。

③专业技术人员培训。专业技术人员培训是指为了提高专业技术人员的业务能力的培训。此种培训方式可以根据不同层次的专业技术人员，选择恰当的培训方法和合适的培训内容。

④管理人员培训。管理人员培训可以分为基层管理人员培训、中层管理人员培训和高层管理人员培训。不同层次的管理人员，其培训内容不同：基层管理人员培训内容包括角色认知、管理技能、管理实务等；中层管理人员培训内容包括企业环境、业务管理能力、领导艺术、团队管理等；高层管理人员培训内容包括企业环境、企业战略发展研究、现代企业管理技术、创新意识、个人魅力提升等。

（3）按照培训的组织者不同，培训可分为组织内部培训和组织外部培训

①组织内部培训。组织内部培训是指由本组织对员工进行培训。这种培训方式一般由组织内部的人力资源管理部门或培训部门完成，培训教师可以是本组织内部的人员，也可以聘请组织外的人员。

②组织外部培训。组织外部培训是指由本组织以外的机构对员工进行培训。这种培训可以采用委托社会培训机构代理的方式，也可以采用将员工送到有关院校学习或外出参观学习的方式。

知识拓展：编写工作岗位说明书

3. 人员培训的方法

组织人员的培训是一项长期、系统的工作。为了使培训工作达到预期的效果，不仅要制订人才培养计划，更重要的是必须采用科学的培训方法和手段。组织中常用的培训方法有直接传授培训法、实践型培训方法、参与型培训方法、态度型训练法、网络时代的培训方法，具体内容见表6-2。

表6-2 人员培训方法

方　法	内　容	说　明
直接传授培训法	讲授法	通过口头语言传授知识、培养能力，选好培训教师是关键
	专题讲座	选择专门的题目进行讲解，适合技术发展方向和当前的热点
	研讨法	以培训者为中心的研讨，以任务或过程为取向的研讨
实践型培训方法	工作指导法	管理者对培训者进行指导，可用于基层和管理人员的培训
	工作轮换法	适用于直线管理人员培训，不适用于职能管理人员
	特别任务法	制定特殊的任务让员工去完成，通常用于管理培训
	个别指导法	师傅带徒弟，使新员工能迅速掌握岗位技能
参与型培训方法	自学法	帮助条件下的自学，是实现效率和效果的途径
	案例研究法	双向性交流的培训方式，提高人员理论联系实际的能力
	头脑风暴法	组织者不能评议他人的建议和方案，只规定一个主题
	模拟训练法	学习特定的工作行为和技能，提高处理问题的能力
	敏感性训练法	适用于组织发展训练、人格塑造训练、集体训练、小组讨论、个别交流

续表

方法	内容	说明
态度型训练方法	角色扮演法	模拟真实环境，模拟性地处理工作事务
	拓展训练法	认识自身潜能，启发想象力与创造力
网络时代的培训方法	网上培训法	通过网络对人员进行培训，可降低培训的费用
	虚拟培训法	利用虚拟现实技术、人工虚拟环境进行培训
其他方法	函授、业余进修、参观访问	

6.3 思考和实训

一、单项选择题

1. 人员选聘的首要环节是（　　）。
   A. 初选　　　　　B. 发布招聘信息　　C. 测试和考核　　D. 制订选聘计划
2. （　　）是指组织按照一定的程序和方法，招募具备岗位素质要求的求职者担任相应岗位工作的系列活动。
   A. 招聘　　　　　B. 甄选　　　　　　C. 规划　　　　　D. 评价
3. （　　）是指依据既定的用人标准和岗位要求，对应聘者进行评价和选择，以获得合格的上岗人员活动。
   A. 招聘　　　　　B. 甄选　　　　　　C. 规划　　　　　D. 培训
4. （　　）是指员工在组织中横向流动，在不改变薪酬和职位等级的情况下变化工作。
   A. 内部提升　　　B. 内部招标　　　　C. 内部选聘　　　D. 内部调动
5. （　　）是根据一定的标准和程序，在组织外部选拔符合岗位工作要求的人员。
   A. 内部选聘　　　B. 内部调动　　　　C. 外部选聘　　　D. 院校选聘
6. 下列属于人员选聘程序的是（　　）。
   A. 制订选聘计划　B. 发布招聘信息　　C. 初选　　　　　D. 使用
7. （　　）是指由两三个人组成面试小组对各个应聘者分别进行面试。
   A. 个别面试　　　B. 小组面试　　　　C. 成组面试　　　D. 电话面试
8. （　　）是指一个人从事某项工作所需要的基本技能与素质。
   A. 业绩　　　　　B. 态度　　　　　　C. 能力　　　　　D. 表现
9. （　　）是影响能力与工作绩效的重要因素。
   A. 知识　　　　　B. 态度　　　　　　C. 技能　　　　　D. 绩效

二、多项选择题

1. 人员配备的重要性有（　　）。
   A. 是组织有效活动的保证　　　　　　B. 是组织发展的准备
   C. 是求职者素质评价的依据　　　　　D. 是做好指导与领导及控制工作的关键
2. 人员配备过程中，要进行三项工作，即（　　）。
   A. 确定人员需要的种类和数量　　　　B. 选配合适人员

  C. 使人员适应组织发展需要   D. 增强组织凝聚力
3. 下列属于人力资源规划具体工作的有（　　）。
  A. 培训现有职工
  B. 评价现有的人力资源配备情况
  C. 根据组织发展战略对未来所需要的人力资源进行预测
  D. 制订满足未来人力资源需要的行动方案
4. 人员选聘的途径有（　　）。
  A. 内部选聘   B. 工作调动   C. 岗位招标   D. 外部选聘
5. 下列属于内部选聘方法的有（　　）。
  A. 机构介绍   B. 内部提升   C. 内部调动   D. 内部招标
6. 人员选聘的方法有（　　）。
  A. 笔试   B. 面试   C. 测验   D. 甄选
7. 下列属于笔试内容的有（　　）。
  A. 知识面测试   B. 智力测试   C. 技能测验   D. 性格测试
8. 面试的具体形式有（　　）。
  A. 个别面试   B. 小组面试   C. 成组面试   D. 电话面试
9. 人员考评的内容包括（　　）。
  A. 业绩考评   B. 能力考评   C. 知识考评   D. 态度考评
10. 下列属于人员考评程序的步骤有（　　）。
  A. 制订考评计划   B. 考评前的技术准备
  C. 实施考评   D. 分析考评结果
11. 人员考评的方法有（　　）。
  A. 目标考评法   B. 自评法   C. 互评法   D. 书面评价
12. 下列属于人员培训内容的有（　　）。
  A. 知识的培训   B. 技能的培训   C. 态度的培训   D. 教育的培训
13. 人员培训的方法有（　　）。
  A. 直接传授培训法   B. 实践型培训方法
  C. 参与型培训方法   D. 态度型训练方法

三、判断题

1. 人员配备的主要任务是为组织结构中的所有职位配备合适的人员。（　　）
2. 人员配备工作的好坏，直接影响到组织活动的方向。（　　）
3. 组织通过甄选来提高员工的工作技能与工作热情，以达到组织的经营目标。（　　）
4. 内部选聘费用较高，手续繁杂。（　　）
5. 内部选聘容易造成自我封闭、近亲繁殖。（　　）
6. 外部选聘缩小了选择范围，有利于获得组织所需人员。（　　）
7. 外聘人员不熟悉组织内部情况，很难迅速打开局面。（　　）
8. 制订选聘计划是人员选聘的首要环节。（　　）
9. 笔试是一种相对高级的甄选方式。（　　）
10. 在人员考评中应重点考评员工的敬业精神。（　　）
11. 人员考核首先必须制订周密的考核计划。（　　）

12. 自评法的典型方式是述职报告。（   ）

13. 认知能力通常包括语言理解能力、定量分析能力和推理能力3个方面。（   ）

四、思考题

1. 结合实际，谈谈人员内部选聘与外部选聘的优劣。
2. 本项目介绍了5种考评方法，你认为哪一种方法比较可行？
3. 你认为组织人员进行培训重要吗？有哪些培训方法？

五、案例分析题

主管人员的绩效考评

某酒店集团后勤部新上任的李经理，针对集团后勤工作管理不善、员工热情不高、大家对整个后勤部意见大等问题，进行了充分的调查研究，制定了"严格管理，促进后勤工作转变"的工作方针，并将主管人员绩效考评作为整个方针落实的第一步。考评一公布，便引来了各种意见。

负责业务的副经理老王认为：后勤工作千头万绪，关键要稳住顶在第一线的主管们。考评工作是很重要，但在集团尚未全面实行管理人员考评之前我们自搞一套，主管们压力一定很大，一旦影响了情绪，工作会更糟。

负责行政人事的副经理老肖则认为：后勤工作繁重琐碎，能维持现况已属不易，再折腾，搞乱了管理人员的思想，局面更难。

李经理再次强调了管理人员考评的意义，他认为只有做到奖惩分明，打破"大锅饭"，并把管理人员的奖金、提拔和晋升等与工作好坏挂起钩来，后勤工作才可能从根本上改观。在李经理的坚持下，大家同意了对主管进行考评的意见，并让副经理老肖拿出具体考评细则，交全体主管会议讨论。

经过几次后勤部办公会议的争论，李经理也听取了老王、老肖的意见，意识到主管能否理解考评的意义将成为整个考评工作成败的关键。因此在几天后的主管会议上，李经理把解决主管的认识问题列为会议的重点。主管会议开得不错，在李经理阐明考评工作意义之后，不少主管纷纷发言表态，支持领导决定，气氛相当热烈。李经理看到原先的担忧基本解除了，便发给每位主管一份《考评细则》，并当众宣布下一季度试行，第一个月的奖金将按考评后的实际得分发放。

一个月的考评工作顺利进行着，主管们比过去更忙了，后勤工作多少有些起色了。每当全体主管会议时，到场的人多了，平时不记录的主管也带上了小本本，各部门挂起了行踪留言黑板，各科应上报的一个月工作计划和工作汇报都早早收到了。后勤部办公室也整整忙了一个月，记录着各种反馈信息。

第二个月的5日，李经理收到了主管们送上的自评表，出乎意料，主管们几乎都给自己打了满分，员工评议表和其他科的打分又带有很浓的个人成见。如物资科主管工作负责、原则性很强，得罪了一些人，被其他科打了个最低分；只有后勤部领导的评分恰如其分。

在第二天的主管会议上，李经理公布了后勤部领导对主管的考评结果，宣布奖金获得数。6位得分少的主管当场要求后勤部领导说明原因和理由，会议难以进行下去。当天下午他们还联合起来到集团办公室和人事部告状。由于6位主管接连几天没有主持工作，闹得不可开交，直接影响了整个后勤部的正常工作秩序。

一周之后,经集团领导调节,后勤部10位主管的奖金仍按最高等级发放。

面对这一切,李经理陷入了苦闷的深思。

思考题:

(1) 导致这次考评失败的主要原因是什么?

(2) 应如何解决此次考评的问题?

六、实训项目

角色扮演——招聘

(1) 实训目标

①训练学生应聘的能力和心理素质。

②培养学生的招聘能力。

(2) 实训内容与方法

①全班分成两个大的训练组。

②每个训练组中再分出两个小组,分别扮演招聘方和应聘方,并进行轮换。

(3) 实训要求

①教师确定公司招聘的数量与岗位,招聘数量略少于应聘者数量。

②各组根据教师要求,制订招聘计划(招聘目的、招聘岗位、任用条件、招聘程序等)。

③每名学生写出应聘材料提纲或应聘演讲稿,要求体现出应聘竞争的优势。

④每一个训练组认真扮演,真正进入情景模拟中,注重实效。

(4) 实训检测

根据所学的相关理论知识,各招聘方做好原始记录,公正评分,正确统计最终结果。

模块 3 领导职能

LINGDAO ZHINENG

领导职能是指领导者运用组织赋予的权力，组织、指挥、协调和监督下属人员，完成领导任务的职责和功能，以有效实现组织目标的行为。

领导职能的主要内容：
- 领导者是实现组织目标的领头人；
- 合理用人是一门领导艺术；
- 有效激励；
- 沟通与协调。

项目 7

领 导

> **知识目标：**
> - 理解领导是一门艺术；
> - 理解领导与管理的关系；
> - 明确各种领导环境的内容；
> - 掌握各种领导理论的内涵。
>
> **能力目标：**
> - 能够正确运用领导艺术；
> - 能够应用合适的领导风格进行管理工作。
>
> **素质目标：**
> - 培养学生战略规划能力。

7.1 案例导读

谁是最成功的领导者

在一份寻找最成功的领导人员的问卷中，来自 500 个实业公司和 500 个服务性公司的 206 位首席执行官一致认同三位高级领导人员：福特公司的唐·彼特森（排名第一位）、克莱斯勒公司的李·亚科卡和通用电气公司的塔克·维尔西。被询问的绝大多数高级行政管理人员认为在美国不存在管理上的危机。

大约 2/3 的答卷人认为领导风范可以被传授，尤其是通过工作岗位的循环、在公司内部的培训和代表权威。但是人们也认识到潜在的领导能力是成为合格的领导者的基础。

下属的信任是代表权威的基础。一个领导是通过下属来完成工作的。领导必须为企业绘制蓝图，而且应该激励其他人为实现这个蓝图做贡献。领导必须在危机时行使指挥权。即便是那些认同参与性管理的领导者也意识到在非常时期他们必须负起责任。

承担风险是领导者工作的一部分——不是无畏的冒险而是经过计算的风险。领导者必须在自己的领域中有竞争力而且能得到职员的尊敬。

一个被一群点头称是的人围着的高级行政管理人员并不能对公司内外发生的事情有正确

的认识。因此，行政管理人员应该欢迎"不满"或"否定意见"。

成功的领导者能够发现并理解复杂形势，他们可以把问题简单化。

思考题：

(1) 为什么这几位领导者在调查中被认可？你认为他们中谁是最成功的领导者？

(2) 实业公司领导者的特点是什么？

(3) 领导者的特征是怎样与其管理职能结合起来的？

领导是指运用手中的权力，指挥、带领、引导、影响与鼓励下属为实现目标而努力的过程，目的是让被领导者服从、接受，并努力去贯彻领导者的意图，从而实现既定的组织目标。

7.2 理论与实务知识

7.2.1 领导是一门艺术

领导这一活动过程，既是一门学问也是一门艺术，作为领导行为主体的领导者要卓有成效地工作，不仅需要有科学的领导理论作指导，而且还要讲究领导艺术。领导艺术就是领导者以一定的知识、经验、才能和气质等因素为基础，巧妙地运用各种领导条件、领导原则和领导方法所表现出来的才能。领导艺术是领导者的一种特殊才能。这种才能表现为创造性地灵活运用已经掌握的科学知识和领导方法，是领导者的智慧、学识、胆略、经验、作风、品格、方法、能力的综合体现。

领导者在进行领导的过程中，要面对不同的人、不同的事物。因此，领导者要灵活地运用各种领导方法，创造性地开展工作，以实现组织的目标。领导艺术的内容非常丰富，一般包括以下几方面。

1. 领导决策的艺术

尽管决策的内容极其广泛，但无论何种决策，都有一个科学的决策过程，其中最重要的就是对经营战略、程序化、非程序化、风险型、非确定型等做出决策的艺术。

(1) 掌握和利用信息的艺术

进行决策之前，要做到知己知彼，就必须掌握决策所需要的各种信息。决策的多门艺术和各种方案的可行性，在很大程度上取决于信息的及时、准确和完整。因此，是否善于掌握和利用信息，需要具有高超的艺术。

(2) 不同的决策问题采取不同的决策方法的艺术

对于短期性和程序化的决策，可以采用经验判断法或主观决策法，即管理者依靠长期积累的知识和经验，以及相关的能力和现有的资料，通常就可以提出比较正确的决策目标、方案，并做出最后的抉择。这种方法的有效程度，关键取决于决策者的智慧、能力和艺术。对于非程序化、风险型和非确定型的决策，需要采用计量的决策方法，常用的有概率法、期望值法和决策树法等。即运用数学决策的技巧，把与决策有关的变量与变量之间、变量与目标之间的关系用数学关系表示出来，建立数学模型，根据决策条件，计算确定决策方案。对于战略的长期决策，一般采用集体决策的方法，即发挥集体智慧，广泛听取各方意见。

（3）尽量使决策程序化

决策是按照事物发展的客观要求分阶段来进行的，这就需要有一个科学的程序。决策理论学派的代表人物西蒙把决策的动态过程分为以下4个阶段。

①参谋活动——确定决策目标。

②设计活动——寻找各种可能方案。

③选择活动——从各种可能决策方案中进行优选。

④反馈活动——执行方案、跟踪服务，以便不断补充目标或提出新的决策目标。

2. 领导用人的艺术

（1）科学用人的艺术

①知人善用的艺术。用人用其德、才，不受名望、年龄、资历、关系亲疏所干扰。

②量才适用的艺术。帮助职工找到自己最佳的工作位置。

③用人不疑的艺术。对委以重任的员工，应当放手使用，合理授权，使他们能够对所承担的任务全权负责。

（2）有效激励人的艺术

激励艺术对组织人员积极性、创造性的发挥，有着直接的、重要的作用。常用的激励方法有以下几种。

①目标激励法。目标是组织及其成员一切活动的总方向，如组织信誉、形象、文化、职工个人心理方面的满足。

②环境激励法。如果一个组织中缺乏良好的工作环境和心理氛围，人际关系就会紧张，就会使许多人不安心工作。相反，如果有一个人人相互尊重、关心和信任的工作场所，就能激励每个成员安心工作、积极进取。

③领导行为激励法。有关资料表明，一个人在报酬引诱及社会压力的情况下，仅能发挥个人能力的60%，其余40%有赖于领导者去激发。

④奖励惩罚激励法。奖励是对某种良好行为的肯定与表扬，会使组织人员在物质上和心理上得到一种满足。惩罚是对某种不良行为的否定和批评，会使组织人员从失败和错误中吸取教训。

（3）适度治人的艺术

表扬奖励是管理人的艺术，而批评、指责，也需要有良好的技巧。

①弄清楚批评的原因。掌握事情的真实情况，确保批评的准确性。

②选择合适的时机。批评要及时，以免不良行为蔓延。

③注意批评的场合。尽量避免当众批评，特别注意不要在被批评者的下级面前批评。

④要注意批评的态度。批评者要对人真诚、公正，要帮助被批评者认识发生过失的主客观原因，并指出改正方向。

⑤正确运用批评的方式。点名批评与不点名批评相结合、批评与奖励相结合等。

3. 正确处理人际关系的艺术

（1）分析影响人际关系的因素

①组织人员空间距离的远近。组织人员在工作中的地理空间位置越接近，越容易相互了解。

②组织人员彼此交往的频率。交往的频率越高，越容易相互了解。

③组织人员观念的相似性。如果组织人员具有共同的理念、价值观、思想感情，就更容

易相互理解、交流思想，从而形成较为密切的关系。

④组织人员的性格、品德、气质也是影响人际关系的重要方面。个人的偏见、庸俗、贪权等意识和行为，是损害人际关系的腐蚀剂；理解、宽容、关心是优化人际关系的润滑剂。

（2）人际关系的协调

①善于了解和识别人。可以从组织人员的言论中、日常待人接物中、爱好等方面，去了解一个人的德、才、学、识、体、能、勤，既要看现象，又要看本质。

②善于调动、激励组织人员。领导者的行为激励，对调动组织人员的积极性有直接影响，可以大胆应用目标激励、奖惩激励、参与激励及关怀激励等方式。

③处理好与上级的关系。下级对上级应尊重和服从，但不是盲从。应把握上级的性格特点、工作习惯，默契配合；要体谅上级处境，不强人所难，主动为上级分忧。

④处理好与下级的关系。要正确对待自己，职位的高低不能说明一个人水平的高低；要主动承担责任，不能把罪过推给下级；要与人为善，善于运用感情，尊重和关怀下属；要以身作则，努力培养领导者的自身威信。

4. 科学利用时间的艺术

时间对每个人来说都很宝贵，特别是对于领导者，要处理大量的事务更需要这种宝贵资源。因此，科学地利用时间是领导者必须具备的能力。

（1）要养成记录时间的习惯

每天把自己所做的事情、所消耗的时间记录下来，每隔一段时间就对自己的时间消耗进行分析，找出在时间利用上的不合理之处，并加以改进。长期坚持下去，就会掌握充分利用时间的方法，提高领导的工作效率。

（2）学会合理地安排时间

领导者的时间安排得是否合理，不仅与领导者个人的工作习惯有关，而且还与组织的管理体制和组织结构及领导者的分工和个人的职责有关。通常，领导者应把主要时间用于学习、思考、研究业务和研究决策等方面。

（3）提高会议效率

在组织中开会是交流信息的有效方式。会议不仅占用了领导者的时间，也占用了参加会议人员的时间。因此，领导者在开会之前一定要认真考虑会议是否有必要开，如果有必要，一定要事先考虑好会议的日程，提高会议的效率。

> **案例分析**

惠普公司提倡"周游式管理方法"，创建"敞开式大房间"办公室，全体人员在一间敞开的办公室办公，各部门之间只有矮屏分隔，无论是哪级领导都不设单独办公室，同时也不称呼职衔，对董事长也直呼其名。惠普公司倡导所有公司管理者深入基层，接触广大员工，以便公司上下左右通气，创造无拘无束的合作氛围。

公司领导要做出表率，以身作则，身体力行，言必行、行必果，只有这样员工才会心悦诚服地接受领导。不能单凭自己的职务、权威和形式上的地位去领导员工，要靠对员工的信任去进行领导。要相信下属员工有工作积极性，有提高自己能力的愿望。只有真正关心自己的下属员工，与下属打成一片，才能赢得下属的尊重，进而高质量地完成管理工作。

7.2.2 领导与管理的关系

领导是管理的一个职能，组织中的领导行为仍属于管理活动的范畴。

1. 领导与管理的联系

①领导是从管理中分化出来的。就领导活动自身发展的历史而言，决策与执行的分离、领导权与管理权的分离，是领导科学发展进程中的重要变革，这一具有里程碑意义的变革同样证明了领导是从管理中分化而来的。

②领导和管理无论是在社会活动的实践方面，还是在社会科学的理论方面，都具有较强的相容性和交叉性。

2. 领导与管理的区别

①管理侧重于处理复杂的问题，优秀的管理者通过制定详细的步骤或时间表及监督计划实施的结果而确保目标的达成。领导主要处理变化的问题，并与员工进行有效沟通，激励他们克服困难实现目标。

②管理的计划与预算强调微观方面，覆盖的时间范围约为几个月到几年，希望降低甚至排除风险，追求合理性；领导注重宏观方面，着重于更长的时间范围，不排斥带有一定风险的战略。

③管理行为的从业人员强调专业化，领导行为的从业人员注重综合素质和整体能力。

④领导与管理的根本区别体现在它们的功用上，管理行为通常具有很强的可预测性，以有效地维持秩序为目标；领导行为则具有较大的可变性，能带来有益的变革。

领导是从管理中分化而来的，但是也具有管理所不具备的一些特点。

第一，领导具有战略性。领导侧重于重大方针的决策和对人、事的统御，强调通过与下属的沟通和激励实现组织目标；管理则侧重于政策的执行，强调下属的服从和实现组织目标。领导追求组织乃至社会的整体效益，管理则着眼于某项具体效益。

第二，领导具有超脱性。领导重在决策，管理重在执行。工作重点的不同，使领导不需要处理具体、琐碎的事务，而从根本上、宏观上把握组织活动。管理则必须投身于人、事、财、物、信息、时间等具体问题的调控与配置，通过事无巨细的工作实现管理目标。

7.2.3 领导者

领导者是领导行为的主体，是领导的基本要素和领导活动的能动主体。

1. 领导者的含义

领导者是指在正式的社会组织中经过合法途径被任用而担任一定领导职务、履行特定领导职能、掌握一定权力、肩负某种领导责任的个人和集体。

领导者的职务、权力、责任和利益的统一，是领导者实现有效领导的必要条件。职务是领导者身份的标志，并由此产生引导、率领、指挥、协调、监督、教育等基本职能；权力是领导者履行领导职能所需要的法定权利；责任是领导者行使权力所需要承担的后果；利益是领导者因工作好坏受到的奖惩。

领导者是领导活动中的重要因素。它与领导的区别主要表现在：领导是由领导者、被领导者、领导行为、组织目标、行为结果等共同构成的体系；领导者是领导活动的主体，其在领导活动中发挥主导作用，在领导活动中居于中心地位。

2. 领导者的特征

领导者的出现既是社会发展的必然产物,也是人类社会分工的必然要求。领导者一开始就以特殊的身份出现,具有以下特征。

(1) 拥有职权

领导者首先必须担任一定的职务,然后根据职务的性质、轻重赋予一定的权力。职务是领导者行使权力、履行职责的身份。任何社会的领导者要进行领导活动,都不能没有职务。

(2) 负有责任

依据权责一致原则,领导者的职权越大,其责任越重。领导者有领导责任,是任何社会所共有的。领导者的责任包括以下几个方面:第一,政治责任。领导者必须积极贯彻党的路线、方针、政策,在政治上与党中央保持高度一致。第二,工作责任。领导者必须保证本组织工作任务的高效完成,对工作失误承担相应的责任。第三,法律责任。领导者必须在国家法律、法令和各级政府的法规、条例允许的范围内工作,遵纪守法,依法办事。

(3) 提供服务

领导者之所以存在,是因为组织或群体的共同劳动、共同生活需要领导者的服务。这种服务包括指导性的服务、管理性的服务、事务性的服务等内容。

(4) 富于创新

这是领导者区别于普通组织成员的本质所在。一个人之所以能够当上领导者,重要的是他具有很强的创新素质与能力,他能创造性地提出目标和推行目标,他能创造性地给被领导者提供服务,而且还能创造性地总结领导经验。

7.2.4 被领导者

被领导者在领导活动中处于重要地位并发挥着基础作用。

1. 被领导者的含义

知识链接 7-1

被领导者是指在领导活动中执行具体决策方案、命令、任务,实现组织目标的具体执行者。其本质是被领导者在领导活动中表现出来的内在属性,是由被领导者在社会中的政治、经济、文化地位决定的。它是领导活动中的基本要素。

2. 被领导者的特征

①服从性。被领导者是在领导者的组织、指挥下进行社会活动的,被领导者要服从于领导者,这是古今中外任何组织都通用的原则。

②受动性。领导者在领导活动中发挥主观能动性,带动被领导者努力实现组织目标。

③对象性。领导者的一个重要特征是服务性,那么作为领导者的对应方,被领导者就具有领导者服务的对象性。

④源泉性。这是相对领导者所具有的创新性而言的。被领导者是社会实践的主体,他们在实践活动中不断积累知识、总结经验、提出新问题,这些正是领导者开拓创新所需的知识、经验、智慧等。

3. 领导者与被领导者的关系

领导者与被领导者之间的关系,是领导活动中的基本关系,二者相互依存、相互制约,既协调统一又矛盾冲突。它们的互动关系可以从下面两个方面进行理解。

(1) 领导者对被领导者的影响

具体表现在:领导者对下属的工作能力和业绩给予认可,并激发他们的工作热情;领导者通过及时了解和掌握下属的需求并予以适当的满足；领导者通过经常有效的沟通，与下属分享信息，帮助下属了解组织对员工的要求、明确工作努力的方向。

（2）被领导者对领导者的影响

具体表现在：领导者的决策效能有赖于被领导者执行与实施的程度；领导者权威的大小取决于被领导者心理认同的程度；被领导者在一定程度上决定了领导者的命运。

7.2.5 领导环境

领导环境的发展和完善是领导主体对环境能动作用的最高体现，是研究整个领导科学的根本出发点和落脚点。

1. 领导环境的含义

领导环境是指制约和推动领导活动发展的各种自然要素和社会要素的总和。它与领导者、被领导者共同构成了领导活动的基本要素。

领导环境具有以下几个主要特点。

（1）客观性

领导环境是客观存在的，它是领导者和被领导者活动的一个先决的限制条件，同时也是领导者与被领导者要认识、适应、利用和改造的对象。只有客观地、清醒地认识环境，才能顺应形势发展的必然要求，做出科学的领导行为选择。

（2）综合性

领导环境的构成因素是复杂的，外部的各种因素与组织内部的各种因素交互发生作用，形成综合效应，对领导者的行为及其与被领导者的关系产生重要的影响。领导者必须用系统的眼光去认识环境，并以开放的心态和系统的思维去把握环境的整体运动。

（3）可变性

环境是可以变化的，领导者总是在不断影响甚至改造某些环境因素。环境的可变性要求领导活动必须顺应环境发展变化的大趋势，并在此前提下有效地利用和改造环境。

（4）可预见性

环境的发展是动态的，也是有规律的，所以是可以预见的。领导者应该用动态的、长远的眼光去认识环境的发展。

2. 领导环境的划分

（1）外部领导环境

外部领导环境是领导环境的重要组成部分，是领导活动中所有能直接、间接地参与或影响领导行为或领导过程的外部有效因素的总和。从其作用看，外部领导环境是与领导成败得失直接相关的外在条件，是领导主体赖以生存、发展和发挥作用的综合性客观基础和客观条件。反过来，领导者的行为选择又会对外部领导环境产生直接或间接的影响。

外部领导环境包括：经济环境、政治环境、文化环境和社会环境。

（2）内部领导环境

内部领导环境是指组织内部对领导活动产生制约和推动作用的各种要素的总和，即领导活动发生的具体的内部环境。它对领导活动的影响最为直接、最为现实，与领导活动的方式和功效密切相关。

内部领导环境包括：职位权力、任务结构、领导关系、组织的性质与类别、组织的物质和经济基础、领导者的特质。

一般而言，外部领导环境对领导活动的影响和作用是从根本上决定领导活动的特性和功能，具有宏观性、整体性、战略性等特点。内部领导环境则具体规范了领导活动的目标、管理模式、领导者的价值标准、心理特征等。

需要指出的是，外部领导环境和内部领导环境在一定条件下会发生转换，所谓的"外部"与"内部"只有影响范围和影响程度上的不同，并无实质上的差异。

3. 领导环境发展的过程

领导环境发展的过程包括认识环境、适应环境和改造环境3个方面。这3个方面是环环相扣、密切关联、缺一不可的，具有时间上的相继性和逻辑上的继承性。在实现领导环境发展的过程中，任何一个步骤的疏漏或失误，都有可能造成环境发展的受阻、停滞乃至倒退。

7.2.6 领导理论

领导理论是研究领导本质及其行为规律的科学。通过对领导理论的研究，可以探讨什么样的人更适合当领导，以及领导者应该如何行动才能让领导更加有效。西方领导理论的发展大致经过了3个阶段：特质论、行为论和权变论。

1. 领导特质理论

20世纪30年代，领导理论的研究侧重于领导者的特性、素质方面。西方管理学中把一个有效的领导者应具备哪些特性或素质的研究成果称为领导特质理论。领导特质理论的基本观点是个人品质或特征是决定领导效果的关键因素。

传统的特质理论认为领导所具有的特性是天生的，是遗传因素决定的。著名心理学家吉赛利（Edwin E. Ghiselli）提出了8种个性特征和5种激励特征，其中8种个性特征如下。

①才智：语言与文字方面的才能。

②首创精神：开拓创新的愿望和能力。

③督察能力：指导和监督别人的能力。

④自信心：自我评价高，自我感觉好。

⑤决断力：决策判断能力较强，处事果断。

⑥适应性：善于和下属沟通信息。

⑦性别：男性与女性有一定的区别。

⑧成熟程度：经验、工作阅历较为丰富。

5种激励特征是：对工作稳定的需求、对金钱奖励的需求、对指挥别人的需求、对自我实现的需求、对事业成就的需求。

1969年，吉伯（Gibb）的研究认为，天才领导者应该具有7种特质，即善于言辞、外表英俊、高超智力、充满自信、心理健康、支配趋向、外向敏感等。

现代特质理论认为领导者的特性和品质是在实践中形成的，是可以通过教育和培训培养的。该理论把领导特性归纳为6类：进取心、领导愿望、诚实与正直、自信、智慧、工作相关知识，见表7-1。

表 7-1　区分领导者与非领导者的 6 类特性

特　性	说　明
进取心	领导者拥有较高的成就渴望，进取心强，精力充沛，对自己所从事的活动坚持不懈，有高度的主动精神
领导愿望	领导者有强烈的愿望去影响和领导别人，表现为乐于承担责任
诚实与正直	领导者通过真诚及高度一致在他们与下属之间建立相互信赖的关系
自信	下属觉得领导者从没缺乏过自信；领导者为了使下属相信他的目标和决策的正确性，必须表现出高度的自信
智慧	领导者需要具备足够的智慧来收集、整理和解释大量信息，并能够确立目标、解决问题和做出正确的决策
工作相关知识	领导者对于公司、行业和技术等拥有较高的知识水平，广博的知识能够使他们做出富有远见的决策，并能理解这种决策的意义

2. 领导行为理论

20 世纪 40 年代到 60 年代后期，领导理论研究的是领导者的行为。该理论认为：一个领导者的成功靠的是领导行为和领导风格，并且认为行为和风格是后天可以培养、锻炼出来的。有关领导者行为的研究主要有领导方式理论、连续统一体理论、领导行为四分图理论、管理方格理论。

（1）领导方式理论

领导方式理论是由德国心理学家莱温通过一系列实验在 20 世纪 30 年代提出的。他认为领导者存在以下 3 种极端的领导方式。

①专断型领导方式——领导者个人决定一切，靠权力和命令让人服从。

②民主型领导方式——领导者与下属共同讨论，上下融合，合作一致地工作。

③放任型领导方式——领导者放手不管，下属完全自由。

一般而言，民主型领导方式效果最好，专断型领导方式次之，放任型领导方式效果最差。但是上述结论不能绝对化，必须根据管理目标、管理环境等因素灵活选择，最适应的领导方式就是最好的领导方式。

（2）连续统一体理论

连续统一体理论是由美国管理学家坦南鲍姆和施米特于 1958 年提出的。该理论认为领导行为是包含了各种领导方式的连续统一体，认为民主型和专断型只是两个极端，两者中间存在多种领导方式。他们在领导方式连续流中列举了 7 种有代表性的模式，如图 7-1 所示。

图 7-1 的左端表示专制的领导行为，右端表示民主的领导行为，从左到右领导者运用的权力程度逐渐减小，下属自由度逐渐增加。

（3）领导行为四分图理论

领导行为四分图理论是 1945 年由美国俄亥俄州立大学工商企业研究所的学者们提出的。他们列出了 1 000 多种领导行为的因素，高度概括为两个方面：着手组织（领导者规定他与工作群体的关系）和体贴精神（领导者与被领导者之间的行为）。该理论认为组织与体贴不是一个连续带的两个端点，不是注重一个就忽视另一个，领导者的行为可以任意重合，可以用二维坐标表示，如图 7-2 所示。

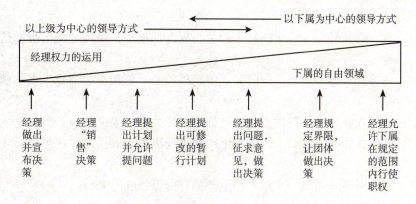

图 7-1　领导方式连续流

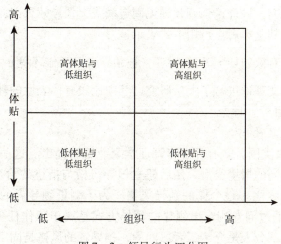

图 7-2　领导行为四分图

上述 4 种情况中，究竟哪种最好？结论不是肯定的，应视具体情况而定。

(4) 管理方格理论

管理方格理论是 1964 年由美国管理学家布莱克和穆顿提出的。他们巧妙地设计出管理方格图，用横坐标表示领导者对生产的关心程度，用纵坐标表示领导者对人的关心程度。横纵坐标都划分为 9 个尺度，形成了 81 种领导方式的管理方格图，如图 7-3 所示。

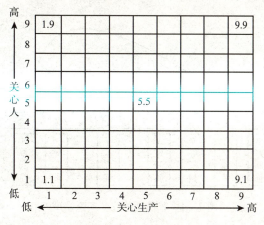

图 7-3　管理方格图

下面列举5种典型的领导方式。

①1.1型：贫乏式领导——对生产和人的关心程度都很小，单纯地把上级的信息传达给下级。

②9.1型：任务式领导——对生产的完成情况很关心，但很少去注意下属的状况，只抓业务，不抓思想。

③1.9型：逍遥式领导——只注重创造良好的人际关系，很少关心工作。

④9.9型：协作式领导——对于人员和生产都表现出最大的关心，这类领导才是真正的"集体主管者"。

⑤5.5型：中间路线式领导——对人和生产都有中等程度的关心。

3. 领导权变理论

20世纪70年代领导理论研究的是在不同的环境条件下领导行为的有效性问题，这是一种对领导理论的动态研究。该理论强调领导无固定模式，领导效果因领导者、被领导者和工作环境的不同而不同。其基本观点可用下式表示：

$$有效领导 = f(领导者，被领导者，工作环境)$$

西方学者对领导权变理论进行了大量研究，其中比较有代表性的理论有：菲德勒的权变理论和豪斯的"路径-目标"理论。

（1）菲德勒的权变理论

该理论在1951年由美国著名心理学和管理学家菲德勒提出。这一理论的关键在于它首先界定了领导风格及不同的情境类型，然后建立领导风格与情境的恰当结合。菲德勒认为，影响领导成功的关键因素之一是个体的领导风格。为了测量领导者的风格，菲德勒设计了"最难共事者"问卷，通过问卷测定出领导的领导方式是属于工作任务型还是人际关系型。同时，他还承认有一小部分人是介于二者之间的，领导者的风格是固定不变的。评估了领导风格后，就要评估情境，并将领导者与情境进行匹配。菲德勒的研究揭示了确定情境因素的3种基本因素，即上下级关系、任务结构和职位权力。3种因素组成8种情况，并对1 200多个团体进行了调查分析。调查结果表明：在最不利和最有利两种情况下，采取以"工作任务为中心"的领导方式效果最好；而处于中间状态的环境，采用以"人为中心"的领导方式效果较好。具体情况如图7-4所示。

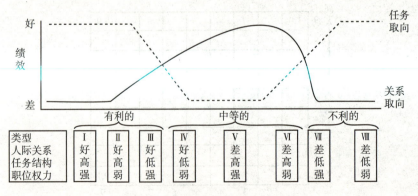

图7-4 菲德勒的权变理论模型

菲德勒认为领导风格是稳定不变的。提高领导者的有效性有两条途径：一是选择领导者适应情境；二是改变情景适应领导者。

（2）豪斯的"路径-目标"理论

"路径-目标"理论是由加拿大多伦多大学豪斯教授提出的。该理论把领导行为分为4种，即指导型、支持型、参与型和成就型。该理论认为：领导者不仅可以改变领导行为，而且还应该根据不同的环境特点来调整领导行为。

"路径-目标"理论提出两大类情境变量作为影响领导行为与结果之间关系的变量：一是下属可控之外的环境；二是下属个人特点中的部分内容，如图7-5所示。

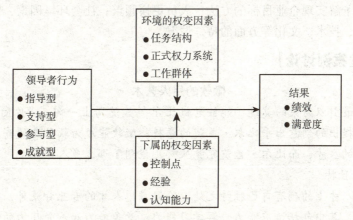

图7-5 "路径-目标"理论

豪斯认为，当环境内容与领导者行为重复，或领导者行为与下属特点不一致时，效果均不佳。

案例分析

保罗在1971年从美国中西部的一所名牌大学拿到会计专业的学士学位后，到一家大型会计师事务所的芝加哥办事处工作，由此开始了他的职业生涯。9年后，他成了该公司的一名最年轻的合伙人。公司执行委员会发现了他的领导潜能和进取心，于是在1983年指派他到纽约的郊区开办一个新的办事处，其最主要的工作是审计，该工作要求有关人员具有较强的判断力和自我控制力。保罗主张工作人员之间以名字直接称呼，并鼓励下属人员参与决策制定。

办事处发展很迅速，到1988年，专业人员达到了30名。保罗被认为是一位很成功的领导者和管理人员。

1989年年初，保罗被提升为达拉斯的经营合伙人，他采取了帮助他在纽约工作时取得显著成效的同一种富有进取心的管理方式。他更换了几乎全部的专业人员，并制订了短期的和长期的客户开发计划。职员人数增加得也相当快，为的是确保有足够数量的员工来处理预期扩增的业务。很快，办事处有了约40名专业人员。

但在纽约成功的管理方式并没有在达拉斯取得成功，办事处在一年时间内就丢掉了最好的两个客户。保罗马上认识到办事处的人员过多，决定解雇前一年刚招进来的12名员工，以减少开支。

他相信挫折只是暂时的，因而仍继续采取他的策略。在此后的几个月时间里又增雇了6

名专业人员，以适应预期增加的工作量。但预期的新业务并没有接来，所以又重新缩减了员工队伍。

伴随着这两次裁员，留下来的员工感到工作没有保障，并开始怀疑保罗的领导能力。公司的执行委员会了解情况后将保罗调到新泽西的一个办事处，在那里他的领导方式又显示出了很好的效果。

上述案例说明了领导的权变理论。同样的领导方式，随着被领导者和工作环境的不同而产生了不同的效果，在纽约和新泽西取得了成功，而在达拉斯却失败了。失败的影响因素有：未能让员工了解实现企业目标的方法；人员更换频繁；社会环境因素，譬如达拉斯在社会、政治、经济、技术、文化等方面的特殊情况。

【课堂案例讨论】

微软的用人艺术

微软的员工最引以为荣的莫过于能被老板比尔·盖茨骂上一句："你简直是荒谬！"这就意味着他们所提出的创意出乎比尔·盖茨的意料。微软能成为软件业的霸主，在很大程度上得益于其优秀的人才，而比尔·盖茨究竟从哪儿找到了那么多人才呢？

1. 选才艺术独特

微软在选拔人才上的确有自己独特之处。除了考虑人才的专业背景外，着重考虑其心理能力和情感因素，其中包括适应能力、再学习能力、竞争能力和承受压力的能力。而创意能力是其中一项重要的考核指标。

2. 寻求双方认同

微软相当注重给员工创造自我发展空间的机会，工作评估就是一个行之有效的方法。工作评估不仅是员工晋升的依据，还是公司挖掘人才潜力的一个有效手段。评估的重点是寻求双方的认同，给员工一个自由发展的空间。一方面，员工应看出本身的不足，加以改进；另一方面，如果说评估结果显示，公司现有的管理体制确实阻碍了员工发挥自我的工作潜力，那么公司就应该立刻改善管理风格并调整计划。

3. 独特的评估方法

微软采取360°的全方位工作评估方法，即由员工本人、负责经理、直属下属、同事、客户对员工做全面评价，以保证评估的客观性。这可以使员工和组织之间配合默契，最大限度地调动员工的工作热情，同时也将员工所反映的问题及时解决。

知识拓展：
领导者的素质

讨论：

（1）微软在用人方面有哪些独到之处？
（2）从领导理论角度分析，领导用人的艺术有哪些？

7.3 思考和实训

一、单项选择题

1. （   ）是指帮助职工找到自己最佳的工作位置。

A. 知人善用　　　　B. 量才适用　　　　C. 用人不疑　　　　D. 用人用才
2. 管理侧重于处理（　　）的问题。
   A. 简单　　　　　　B. 多样　　　　　　C. 复杂　　　　　　D. 单一
3. 管理行为的从业人员强调（　　）。
   A. 专业化　　　　　B. 技术性　　　　　C. 普遍性　　　　　D. 简单化
4. （　　）是领导活动中的重要因素。
   A. 领导　　　　　　B. 领导者　　　　　C. 被领导者　　　　D. 领导环境
5. （　　）是领导者区别于普通组织成员的本质所在。
   A. 拥有职权　　　　B. 负有责任　　　　C. 提供服务　　　　D. 富于创新
6. 领导者权威的大小取决于被领导者（　　）的程度。
   A. 跟随人数　　　　B. 认可程度　　　　C. 心理认同　　　　D. 执行程度
7. （　　）是领导环境的重要组成部分。
   A. 文化环境　　　　B. 社会环境　　　　C. 外部领导环境　　D. 内部领导环境
8. 一个有效的领导者应具备哪些特性或素质的研究成果称为（　　）。
   A. 领导权变理论　　B. 领导风格理论　　C. 领导行为理论　　D. 领导特质理论
9. 领导者放手不管，下属完全自由，属于（　　）领导方式。
   A. 专断型　　　　　B. 民主型　　　　　C. 放任型　　　　　D. 管理型
10. 强调领导无固定模式，领导效果因领导者、被领导者和工作环境的不同而不同的是（　　）。
    A. 领导特质理论　　B. 领导权变理论　　C. 领导行为理论　　D. 领导风格理论
11. 不属于领导权变理论中领导效果的因素是（　　）。
    A. 领导者　　　　　B. 领导者艺术　　　C. 被领导者　　　　D. 环境

二、多项选择题
1. 有效激励人的艺术包括（　　）。
   A. 领导行为激励法　　　　　　　　　B. 目标激励法
   C. 知人善用激励法　　　　　　　　　D. 环境激励法
2. 下列属于科学利用时间的艺术有（　　）。
   A. 大部分时间用于学习　　　　　　　B. 要养成记录时间的习惯
   C. 学会合理地安排时间　　　　　　　D. 提高会议效率
3. 下列属于领导者的特征有（　　）。
   A. 拥有职权　　　　B. 负有责任　　　　C. 提供服务　　　　D. 富于创新
4. 下列属于被领导者的特征有（　　）。
   A. 指挥性　　　　　B. 服从性　　　　　C. 受动性　　　　　D. 对象性
5. 领导活动的基本要素包括（　　）。
   A. 领导者　　　　　B. 被领导者　　　　C. 领导环境　　　　D. 领导范围
6. 下列属于领导环境的特点有（　　）。
   A. 客观性　　　　　B. 综合性　　　　　C. 可变性　　　　　D. 可预见性
7. 外部领导环境包括（　　）。
   A. 文化环境　　　　B. 社会环境　　　　C. 经济环境　　　　D. 政治环境
8. 西方领导理论的发展大致经过了3个阶段，即（　　）。

A. 特质论　　　　B. 环境论　　　　C. 行为论　　　　D. 权变论

三、判断题

1. 领导既是一门学问也是一门艺术。（　　）
2. 批评可以延时，以免不良行为的蔓延。（　　）
3. 组织人员在工作中的地理空间位置越远，越容易相互理解。（　　）
4. 理解、宽容、关心是优化人际关系的润滑剂。（　　）
5. 领导是从管理中分化出来的。（　　）
6. 领导重在执行，管理重在决策。（　　）
7. 被领导者是领导活动中的基本要素。（　　）
8. 领导环境发展过程的3个方面是相互分割的。（　　）
9. 管理方格理论用横坐标表示领导者对生产的关心程度。（　　）

四、思考题

1. 如何理解领导者的含义？
2. 领导者应该具备哪些特征？请举例说明。
3. 为什么说领导是一门艺术？
4. 简述领导与管理的关系。
5. 领导环境是如何划分的？

五、案例思考题

如何采用不同的领导风格

郑明是某大型家电产品公司的基层职员，前几年因为工作业绩突出被提拔为西区的大区经理，他现在管理着12个人。

郑明认为自己是"富有人情味的人"，但他的手下工作效率并不高。郑明的手下出现了两极分化，一部分人有能力而且能积极地完成工作，而另一部分人则对工作漠不关心且难以完成工作。这里有两个典型：王力和吴强。王力已经工作4年，是一个靠得住的人，平时关心顾客，工作效率非常高。郑明与王力处得很好，而且他相信王力能在没有监督的情况下完成工作。

吴强的情况则完全不同，他在这个岗位上工作的时间还不到一年。在郑明看来，吴强在与同事的交往上花了太多的时间。每天吴强都是第一个下班的，他几乎没有完成过75%的工作量。郑明经常找吴强谈话，明确地告诉他应该达到的目标和标准，但没有什么效果。

在一次沟通技巧培训课程结束后，郑明决定对每个人要更加友善和坦诚，尤其对吴强和其他表现差的人，他要更关心他们的生活，理解他们的感受，因为从前他给了他们太多的压力，要求他们取得更高的绩效并建立有纪律的工作习惯。他希望吴强（还有其他人）逐渐成长并进入良好的工作状态。

两个星期后，郑明坐在自己的办公室里，心情沮丧。他在领导风格方面所做的改变显然是不成功的，不仅吴强的绩效没有提高，而且其他雇员（包括王力在内）的工作业绩与以前相比，也出现了下滑。假日购物黄金季节正处于关键时刻，郑明的老板不断地向他施加压力，要求马上进行改进。郑明想知道到底哪里出了问题？

思考题：
（1）从领导理论的角度看，郑明采用的是哪种领导风格？
（2）评价郑明的管理风格与员工的成熟度是否相匹配。
（3）对于王力和吴强，应该分别采用何种领导风格进行管理？

六、实训项目

模拟领导指挥：紧急处置突发事件

（1）实训目标
①培养学生领导指挥的能力。
②培养学生处置突发事件的能力。
（2）实训内容
①设定一定的管理情景，由学生进行领导指挥。
②管理情景：某冬天晚上 11 点，某校 1 栋宿舍楼的一楼卫生间上水管突然爆裂，此时楼门和校门已经关闭（水闸门手轮锈住）。大家都沉睡在梦中，只有邻近几个宿舍的学生被惊醒。水不断地从卫生间顺着走廊涌出，情况非常紧急。假如你身处其中，如何利用你的指挥能力化险为夷？
（3）实训方法与要求
①先以 10 人为一个小组进行分组讨论。
②每个小组起草一份应急方案。
③在课堂上各小组依据制订的方案做现场表演。
④表演后各小组可现场对各方案提问。
（4）实训检测
①各小组根据方案的有效性、可行性和指挥的果断性、清晰性，相互打分。
②教师最后进行点评。

项目 8

激 励

> **知识目标：**
> - 了解激励的含义；
> - 熟悉激励的过程；
> - 理解激励的模式；
> - 熟悉激励的原则；
> - 掌握各种激励方法。
>
> **能力目标：**
> - 能够根据激励原则进行按需激励；
> - 能够应用激励方法开展激励工作。
>
> **素质目标：**
> - 培养学生有效激励能力。

8.1 案例导读

顺捷公司的激励措施

2019年小张和两个伙伴合伙共同创立了顺捷公司，专门从事电杆的生产。随着有关政策的出台，小张他们的公司得到快速发展，目前已经成长为拥有员工42名、人年均利润超过10万元的企业，公司的业务范围也得到扩展。前不久，公司从大学毕业生中招聘了几名员工，以利于公司下一步的发展。小张非常重视公司的可持续发展，为充实自我，他经常参与各类管理培训课程的学习。通过学习有关激励理论，小张受到很大启发，并准备着手付诸实践。他为此责令人力资源管理部门制订了一系列的培训计划及工作计划，希望通过赋予下属员工更多的工作和责任，并通过给予员工成长机会及赞扬和赏识来激励员工。然而，小张宣布该公司的各项工作安排后，结果却事与愿违，员工的积极性非但没有提高，反而对他的做法强烈不满。

思考题：

（1）请根据有关激励理论，分析小张的激励措施为什么遭到了包括几名大学生在内的员工的抵制？

（2）管理者应该如何激励员工呢？请帮助小张并给他提出建议。

激励就是调动人的积极性，激励的目的在于充分发挥人的能动作用，提高组织的社会经济效益。激励正确，能在组织中形成凝聚力、向心力、战斗力；激励错误则会适得其反。

8.2 理论与实务知识

8.2.1 激励概述

1. 激励的含义

激励是指管理者运用各种管理手段，刺激被管理者的需要，激发其动机，使其朝所期望的目标前进的过程。

心理学家研究表明，人的一切行动都是由动机支配的，动机是由需要引起的，行为的方向是寻求目标、满足需要。动机是人们付出努力或精力去满足某一需求或达到某一目的的心理活动。动机的根源是人内心的紧张感，这种紧张感是因人的一种或多种需求没有得到满足而引起的。动机驱使人们向满足需求的目标前进，以消除或减轻内心的紧张感。

激励包括以下几部分内容。

①激励的出发点是满足组织成员的各种需要，即通过系统地设计激励的形式来满足组织成员的物质需要和精神需要。

②激励需要奖励和惩罚并举，既要对组织成员的优秀表现行为进行奖励，又要对不符合要求的行为进行惩罚。

③激励贯穿于组织成员工作的全过程，包括对成员的需要理解、个性把握、行为控制等。

④信息沟通贯穿于激励工作的始末，组织中信息沟通是否通畅直接影响着激励制度的运用效果。

⑤激励的最终目的是在实现组织预期目标的同时，也能让组织成员实现个人目标。

案例分析

某市区一个公园内种植着多姿多彩的花卉和形状奇特的盆景，每天都会吸引大批游客前来观赏。

该公园内的醒目处挂着一块告示牌，上面写着"凡检举有故意损坏、偷盗花木者，奖励20元"。有游客很不解地问公园的管理员，为什么不按照一般的习惯，将其写成"凡损坏、偷盗花木者，罚款20元"呢？

管理员解释道："要是那么定，就只能靠我的两只眼睛了。可是你看现在，可能有几百双眼睛都在帮我一起守护这些花卉和盆景。这样做效果非常好。"

激励的功能以个人利益和需要的满足为前提,诱导员工把个人目标统一于组织的整体目标中,激发和推动员工为完成工作任务做出贡献,从而促使个人目标与组织整体目标共同实现。

2. 激励的过程

激励过程是由需要开始,到需要得到满足的一个连锁反应。当人们的需要未得到满足时,会产生一种心理紧张的状态,在遇到能够满足需要的目标时,这种心理紧张就转化为动机,并在动机的驱使下向目标努力。目标达到后,需要得到满足,心理紧张的状态就会消除。随后,又会产生新的需求,引起新的动机和行为。这就是激励过程。可见,激励实质上是以未满足的需要为基础,利用各种目标激发产生动机,驱使和诱导行为,促使实现目标,提高需要满足程度的连续心理和行为过程。激励的过程如图 8-1 所示。

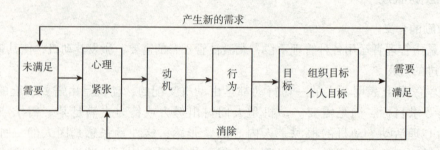

图 8-1 激励的过程

人们在满足需要时,并非每次都能实现目标。在目标没有实现的情况下,人会产生挫折感。当一个人遇到挫折时,他可能会采取积极适应的态度,也可能采取消极防范的态度,如攻击、撤退和固执等。人们在遇到挫折时,心理紧张是不会持续下去的,自身会采取某种防范措施,以缓解或减轻这种紧张状态。

3. 激励的原则

激励的原则包括以下 6 个方面。

(1) 目标结合原则

在激励机制中,设置目标是一个关键环节。目标设置必须同时体现组织目标和员工需要。

(2) 引导性原则

激励措施只有转化为被激励者的自觉意愿,才能取得激励效果。因此,引导性原则是激励过程的内在要求。

(3) 合理性原则

激励的合理性原则包括两层含义:其一,激励的措施要适度,要根据所实现目标本身的价值大小确定适当的激励量;其二,奖惩要公平。

(4) 明确性原则

激励的明确性原则包括三层含义:其一,明确,激励的目的是需要做什么和必须怎么做;其二,公开,特别是分配奖金等员工关注的问题,尤为重要;其三,直观,实施物质奖励和精神奖励时要直观地表达它们的指标,直观性与激励影响的心理效应成正比。

(5) 时效性原则

要把握激励的时机,激励越及时,越有利于将人们的激情推向高潮,使其创造力连续有效地发挥出来。

（6）按需激励原则

激励的起点是满足员工的需要，但员工的需要因人而异、因时而异，并且只有满足最迫切需要的措施，其激励强度才大。因此，领导者必须深入地进行调查研究，不断了解员工需要层次和需要结构的变化趋势，有针对性地采取激励措施，这样才能收到实效。

8.2.2 激励理论

知识链接 8-1

自 20 世纪 20 年代以来，国外许多管理学家、心理学家和社会学家从不同的角度对激励问题进行了研究，并提出了相应的激励理论。激励理论分为三大类：内容型激励理论、过程型激励理论和行为改造型激励理论。

1. 内容型激励理论

内容型激励理论又称需要激励理论，研究的是究竟何种需要激励着人们努力工作。内容型激励理论主要包括：需要层次理论、双因素理论和成就需要激励理论。

（1）需要层次理论

需要层次理论是美国著名心理学家和行为学家马斯洛提出的。该理论认为，人的需要可以分为 5 个层次，如图 8-2 所示。

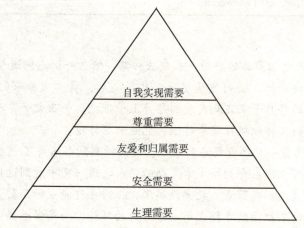

图 8-2　需要的层次性

从图 8-2 中可以看出：

第一层次，生理需要，即维持人类生存所必需的身体需要；

第二层次，安全需要，即保证身心免受伤害；

第三层次，友爱和归属需要，包括感情、归属、被接纳、友谊等需要；

第四层次，尊重需要，包括内在的尊重、自尊心、自主权、成就感等需要；

第五层次，自我实现需要，包括个人成长、发挥个人潜能、实现个人理想的需要。

这 5 种需要层次越来越高级，当下一级需要在相当程度上得到满足时，高一级的需要便成为人们追求的目标。依据该原理，若要激励一个人，就要知道他正在追求哪一个层次需要的满足，从而设法为这一需要的满足提供条件。

马斯洛的需要层次理论指出了人的需要是从低级向高级发展的过程，这是符合人类需要发展的一般规律的。这对管理工作的意义在于：只有了解和掌握了员工在某一时期的主导需要，才能有针对性地进行工作。

该理论的不足之处在于：它带有一定的机械主义色彩，把需要的层次看成是固定的程序；只注意了一个人各种需要之间的纵向联系，忽视了一个人在同一时间内存在的多种需要，而这些需要会互相矛盾，导致动机斗争。

（2）双因素理论

双因素理论是美国心理学家赫茨伯格提出的。他从大量的调查中发现，造成员工非常不满意的原因，主要是组织政策和行政管理、监督、工作条件、薪水、职业安定和个人生活所需等方面处理不当。这些因素改变了，只能消除员工的不满，但不能使员工变得非常满意，也不能激发工作积极性，提高工作效率。赫茨伯格将此因素称为"保健因素"。

他从大量的调查中还发现，员工感到非常满意的因素主要有：成就、认可、工作自身、责任感、发展、成长等。这类因素的改善能够激励员工的积极性，会提高劳动生产率。如果处理不好，也能引起员工不满，但影响不是很大。赫茨伯格将这类因素称为"激励因素"。

双因素理论认为：作为管理者，必须满足员工保健因素方面的需要，即使满足了此方面的需要，也不能产生激励方面的因素，因此管理者必须充分利用激励方面的因素，为员工创造工作条件和机会，使其在工作中取得成就。

该理论的不足之处在于：测量满意感的尺度不够严谨。有时人们只是不满意工作中的某一方面，但对整个工作还是可以接受的。

案例分析

F公司是一家生产电信产品的公司。在创业初期，依靠一批志同道合的朋友，大家不怕苦不怕累，从早到晚拼命干。公司发展迅速，几年之后，员工由原来的十几人发展到几百人，业务收入由原来的每月十来万元发展到每月上千万元。企业大了，人也多了，但公司领导明显感觉到，大家的工作积极性越来越低，也越来越计较。

F公司的老总黄明裁一贯注重思考和学习，为此特别到书店买了一些有关成功企业经营管理方面的书籍来学习，他在介绍松下幸之助的用人之道一文中看到这样一段话：经营的原则自然是希望做到高效率、高薪资。效率提高了，公司才可能支付高薪资。但松下先生提倡高薪资、高效率时，却不把高效率摆在第一个努力的目标，而是借着提高薪资来提高员工的工作意愿，然后再达到高效率。他想，公司发展了，确实应该考虑提高员工的待遇，一方面是对老员工为公司辛勤工作的回报，另一方面是吸引高素质人才加盟公司的需要。为此，F公司重新制定了报酬制度，大幅度提高了员工的工资，并且对办公环境进行了重新装修。

高薪的效果立竿见影，F公司很快就聚集了一大批有才华、有能力的人。所有的员工都很满意，大家的热情很高，工作十分卖力，公司的精神面貌也焕然一新。但这种好势头不到两个月，又慢慢恢复到原样。这是怎么啦？

F公司的高工资没有换来员工工作的高效率，公司领导陷入两难的困惑境地，既苦恼又彷徨。那么症结在哪儿呢？

美国行为科学家赫茨伯格的双因素理论告诉我们，满足各种需要所引起的激励深度和效果是不一样的。物质需求的满足是必要的，没有它会导致不满，但是即使获得满足，它的作用往往也是很有限的、是不能持久的。要调动人的积极性，不仅要注意物质利益和工作条件等外部因素，更重要的是要注意工作的安排，量才录用，要给予表扬和认可。

（3）成就需要激励理论

成就需要激励理论是美国哈佛大学心理学家麦克利兰提出的。他把人的高级需要分为三类，即权力需要、合群需要和成就需要。

①权力需要。具有较高权力需要的人对影响和控制别人表现出很大的兴趣。这种人追求领导地位，头脑冷静，善于提出问题和要求，喜欢教训别人，乐于演讲。

②合群需要。具有合群需要的人通常可从友好的社交中得到欢乐和满足，他们喜欢与别人保持一种融洽的关系，随时准备安慰和帮助危难中的伙伴。

③成就需要。具有高度成就需要的人，对工作的成功有强烈的欲望。他们热衷于富有挑战性的工作，树立较高的工作目标。他们很少休息，喜欢长时间的工作，喜欢表现自己。

麦克利兰认为，成就需要可以通过培养来提高，一个组织的成败，与其所具有高成就需要的人数有关。

2. 过程型激励理论

过程型激励理论是研究人们选择其所要进行的行为的过程，即研究人们的行为是怎样产生的，是怎样向一定方向发展的，如何能使这个行为保持下来，以及怎样结束行为的发展过程。它主要包括期望理论、波特-劳勒模式和公平理论。

（1）期望理论

期望理论是美国心理学家弗鲁姆提出的。该理论认为，当人们既有需要又有达到目标的可能时，其积极性才会高。激励水平取决于期望值和效价的乘积。

$$激励水平 = 期望值 \times 效价$$

期望值是指员工对自己的行为带来所想得到的绩效和目标（奖酬）的主观概率，即主观上估计达到目标的可能性。

效价是指员工对某一目标（奖酬）的重视程度与评价高低，即员工在主观上认为奖酬的价值大小。

如果一个人对达到某一目标漠不关心，那么效价是零；同样期望值如果为零，一个人也就无任何动力去达到某一目标。因此，为了激励员工，管理者应当一方面提高员工对某一成果的偏好程度，另一方面帮助员工实现其期望值。

（2）波特-劳勒模式

波特-劳勒模式是在期望理论的基础上，建立的一种比较完善的激励模式，如图8-3所示。

努力的程度取决于报酬的价值和个人认为需做出努力和获得报酬的概率，但要受实际工作成绩的影响。如果人们知道他们能做某项工作或者已经做过这样的工作，他们就能评价所需做出的努力，并更好地知道得到报酬的可能性。

一项工作中的实际业绩，主要取决于所做的努力，在很大程度上也受一个人做该项工作的能力和他对所做工作的理解力的影响。这些又与个人对公平的报酬的理解有关，但工作成绩的大小又会影响个人想取得的公平报酬。

从该理论的激励模式中可以看出，激励不是一种简单的因果关系。管理人员应该仔细认真地评价它的报酬结构，并通过周密的规划、目标管理及由有良好的组织结构所明确规定的职位和责任，将努力、业绩、报酬、满意这一连锁关系融入到整个管理系统中去。

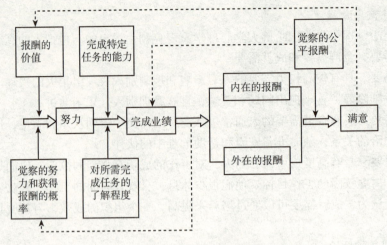

图 8-3 波特-劳勒模式

（3）公平理论

公平理论又称社会比较理论，是美国心理学家亚当斯提出的。该理论的基本观点是：当一个人做出成绩并取得了报酬以后，他不仅关心自己所得报酬的绝对量，而且关心自己所得报酬的相对量。因此，他要进行种种比较来确定自己所获报酬是否合理，比较的结果将直接影响今后工作的积极性。对公平的评判有两种比较方法：横向比较和纵向比较。

横向比较是指把自己的工作和回报与同一时间内他人的投入产出比相比较，具体包括以下内容。

①组织内他比。与本组织内其他人的工作和报酬相比，若你认为付出的努力、取得的绩效与他人一样，但报酬少或晋升机会小，你便会感觉不公平。

②组织外他比。与其他组织中的人比较，若你认为他人在其他组织中与你同样能干，成绩相当，但你在组织中得到的报酬较少，你也会觉得不公平。

纵向比较是指把自己目前投入的努力与目前所获得报酬的比值，同自己过去投入的努力与过去所获得报酬的比值进行比较，具体包括以下内容。

①组织内自我比较。在同一组织内把自己现在与过去的工作和待遇进行比较，如果付出大于回报，便会感到不公平。

②组织外自我比较。把自己在不同组织中的工作和待遇进行比较，若在现在组织中付出了更多努力，却没有得到更多回报，便会感觉不公平。

公平理论认为，每一个人不仅关心自己的工作能力所得到的绝对报酬，而且还关心自己的报酬与他人报酬的关系。如果发现自己的所得与付出与他人相比不平衡，就会产生追求公平的动机与行为，结果会降低生产效率。因此，要调动人的工作积极性，不仅要实行按劳分配的原则，而且要进行同类型、相似性工作报酬的比较，尽量使分配公平合理。

3. 行为改造型激励理论

行为改造型激励理论是研究如何改造和修正人的行为，变消极为积极的一种理论。该理论认为，当行为的结果有利于个人时，行为会重复出现；反之，行为则会削弱或消退。行为改造型激励理论包括强化理论和归因理论。

（1）强化理论

强化理论是美国心理学家斯金纳提出的。他认为，无论是人还是动物，为了达到某种目的，都会采取一定的行为，这种行为将作用于环境，当行为的结果对他有利时，这种行为就会重复出现，当行为的结果不利时，这种行为就会减弱或消失。这就是环境对行为强化的结果。组织领导者可以采用4种强化类型来改变下级的行为。

①正强化。就是奖励那些符合组织目标的行为，以便使这些行为得以进一步加强，从而有利于组织目标的实现。正强化是用某种有吸引力的结果对某一行为进行奖励和肯定，以期在类似条件下重复出现这一行为。

②负强化。就是惩罚那些不符合组织目标的行为，以便使这些行为削弱，甚至消失，从而保证组织目标的实现。负强化是预先告知某种不合要求的行为和不良绩效可能引起的后果，从而减少和削弱不希望出现的行为。

③惩罚。在消极行为发生以后，管理者采取适当的惩罚措施，以减少或消除这种行为。

④自然消退。取消正常强化，对某种行为不予理睬。

正强化的科学方法是：使强化的方式保持间断性，间断的时间和数量不固定，即管理人员应根据组织的需要和职工的行为状况，不定期、不定量地实施强化。

负强化的科学方法是：维持其连续性，对每一次不符合组织目标的行为都应及时地给予处罚。

（2）归因理论

归因理论最初是在研究社会知觉的实验中提出来的，后来随着归因研究的不断深入，逐渐被应用到管理领域中。

归因理论的研究主要包括3个方面。

①心理活动的归因。人们心理活动的产生应归结于什么原因。

②行为的归因。根据人的行为和外部表现对其心理活动进行推断，是归因理论的主要内容。

③对人们未来行为的预测。

归因理论认为，人们把成功和失败归于何种因素，对以后的工作积极性影响很大。若把成功归因于内部原因（努力、能力），会使人感到满意和自豪；若把成功归结为外部原因（任务容易或机遇），会使人产生惊奇和感激。把失败归于内因，会使人产生内疚和无助感；把失败归于外因，会使人产生气愤和敌意。总之，利用归因理论可以很好地了解下属的归因倾向，从而正确地指导和训练职工的归因倾向，调动和提高下属的积极性。

案例思考

Idemitus Kosan 的内部激励

Idemitus Kosan 是日本的大型石油公司。自1985年以来，公司的"工作改进活动系统"设立了奖励机制。该奖励机制中规定，每个递交创意的员工可获得5美元的证书。一段时间以后，发现这种奖励制度实行起来难度很大，因为提案数太多。于是该公司取消了该项奖励，令人感到意外的是，提案的数目并没有像预测的那样大大减少，相反，提案数目反而成倍增加。

人们在分析这一现象时发现，虽然公司取消了上述提案的奖励，但公司更加注重内部激励和精神激励了。公司让每一位员工都感到自己在被倾听，而且受到重视。

思考：

（1）公司取消提案的奖励，是否正确？

（2）该公司通过什么机制来调动员工的积极性？
（3）激励机制有哪些方法？

8.2.3 激励方法

在现代管理中，管理者越来越重视对员工的激励。怎样才能实现有效的激励，是管理者需要认真应对的一个重要问题。

1. 目标激励法

目标是一面旗帜，可以在思想和信念上激励员工，因此组织应该在激励机制基础上设置科学合理的目标。一方面，目标的设置必须体现组织目标的要求，否则激励将偏离正确的方向；另一方面，组织还必须能满足员工的需要，否则就无法提高员工的积极性，达不到激励的效果。因此，目标的设置是一个关键环节。组织的目标要和员工的目标结合起来，使二者有机地融合为一体，而且目标应该科学，不能过高。此外，目标的设定还应该具有一定的挑战性，使员工通过自己的努力可以实现，这样才能达到满意的激励效果。

2. 参与激励法

所谓参与激励，就是管理者必须把员工摆在主人翁的位置，让他们参与本部门、本单位重大问题的决策与管理，并对管理者的行为进行监督。实行参与激励法，实际上就是实行民主管理的过程：组织的管理要公开透明、集思广益，使管理能够代表绝大多数员工的利益；员工提出的建议，无论采纳与否，都应该认真对待；对员工好的建议应该重奖。只有这样，才能收到激励的实效。通过参与激励，管理者与员工之间可以增进相互之间的了解，关系更加和谐，从而创造出一种良好的相互支持、相互信任的社会心理气氛。

3. 情感激励法

所谓情感激励，就是管理者必须加强与员工之间的感情沟通，尊重员工、关心员工，把员工当作真正的主人。管理者要与员工建立平等、亲切的感情联系，这样才能激发员工的积极性。现代管理者必须懂得人是世界上最富有感情的群体，情感投资是管理者调动员工积极性的一种重要手段。管理者在实施情感激励时，必须抓住一个"心"字：与员工互相交心，真正关心员工。

4. 奖惩激励法

奖励是对人的某种行为给予肯定与表彰，使其保持和发扬这种行为。惩罚是对人的某种行为予以否定和批判，使其消除这种行为。只有奖励得当，才能收到良好的激励效果。在实施奖励激励的过程中，要善于把物质奖励与精神奖励结合起来；奖励要及时，否则会削弱奖励的激励作用；奖励的方式要考虑到下属的需要，做到因人而异；惩罚要合理，要达到化消极因素为积极因素的目的；惩罚要和帮教结合，要掌握好惩罚的时机；对一般性错误，惩罚宜轻不宜重，对过失者进行惩罚时，应考虑到错误的性质，有针对性地进行惩罚。

5. 公平激励法

所谓公平，就是人们所创造的社会财富的合理分配。人们对公平是相当敏感的，有公平感时，会心情舒畅，努力工作；而感到不公平时，则会怨气冲天，大发牢骚，影响工作的积极性。公平激励是强化积极性的重要手段。所以，在工作过程中，管理者对员工的分配、晋级、奖励等要力求做到公平、合理。

【课堂案例讨论】

陈华的困惑

陈华已经在一家IT公司工作了5年。在这期间，他从普通编程员升到资深的编程分析员。他对自己所服务的这家公司相当满意，不管是工作职位还是收入，都让陈华很有成就感。

一个周末的下午，陈华和他的同事一起打高尔夫球。他了解到所在的部门招聘了一位刚从大学毕业的编程人员，尽管陈华是一个好脾气的人，但当他听说这位新来者的起薪仅比他现在的工资少30元时，不禁发火了。第二天上班后，陈华找到了人事部主任李江林，问他所说的事是不是真的，李江林带有歉意地说，的确有这么回事，但他试图解释公司的处境："陈华，编程分析员的市场相当紧俏，为了使公司吸引合格的人员，我们不得不提供较高的起薪。我们非常需要增加一名编程分析员，因此我们只能这么做。"

陈华问能否相应调高他的工资。李江林回答："你的工资需按照正常的绩效评估时间评定后再调。你干的不错！我相信老板到时会给你提薪的。"陈华在向李江林道了声"打扰了！"便离开了他的办公室。

知识拓展：
精神激励

讨论：

(1) 本例描述的事件对陈华的工作动力会产生什么样的影响？

(2) 李江林的解释会让陈华感到满意吗？你认为公司应当对陈华采取什么措施？为什么？

(3) 哪一种激励理论可以更好地解释陈华的困惑？简述其内容。

8.3　思考和实训

一、单项选择题

1. (　　) 是指管理者运用各种管理手段，刺激被管理者的需要，激发其动机，使其朝所期望的目标前进的过程。

　　A. 领导　　　　　B. 控制　　　　　C. 激励　　　　　D. 绩效

2. (　　) 研究的是究竟何种需要激励着人们努力工作。

　　A. 行为改造型激励理论　　　　　B. 双因素理论

　　C. 过程型激励理论　　　　　　　D. 内容型激励理论

3. 个人成长、发挥个人潜能、实现个人理想的需要，属于 (　　)。

　　A. 生理需要　　　　　　　　　　B. 安全需要

　　C. 自我实现需要　　　　　　　　D. 友爱和归属需要

4. (　　) 把人的高级需要分为权力需要、合群需要和成就需要。

　　A. 公平理论　　　　　　　　　　B. 成就需要激励理论

　　C. 双因素理论　　　　　　　　　D. 归因理论

5. 当一个人作出了成绩并取得了报酬以后，他不仅关心自己所得报酬的绝对量，而且关心自己所得报酬的相对量，这是 (　　)。

　　A. 期望理论　　　　　　　　　　B. 波特－劳勒理论

　　C. 公平理论　　　　　　　　　　D. 归因理论

6. （　　）是研究如何改造和修正人的行为，变消极为积极的一种理论。
   A. 行为改造型激励理论　　　　　　　　B. 过程型激励理论
   C. 内容型激励理论　　　　　　　　　　D. 强化理论
7. 激励的措施要得当，奖罚要公平，是激励的（　　）。
   A. 目标结合原则　　　　　　　　　　　B. 引导性原则
   C. 合理性原则　　　　　　　　　　　　D. 时效性原则
8. （　　）是用某种有吸引力的结果对某一行为进行奖励和肯定，以期在类似条件下重复出现这一行为。
   A. 负强化　　　　B. 正强化　　　　C. 惩罚　　　　D. 自然消退
9. 管理者必须加强与员工之间的感情沟通，尊重员工，关心员工，把员工当成真正的主人，这种激励方法是（　　）。
   A. 目标激励法　　B. 参与激励法　　C. 奖罚激励法　　D. 情感激励法

二、多项选择题

1. 激励的原则包括（　　）。
   A. 按需激励原则　　　　　　　　　　　B. 时效性原则
   C. 目标结合原则　　　　　　　　　　　D. 合理性原则
2. 行为改造型激励理论包括（　　）。
   A. 期望理论　　B. 公平理论　　C. 强化理论　　D. 归因理论
3. 激励的理论分为三大类，即（　　）。
   A. 需要层次理论　　　　　　　　　　　B. 内容型激励理论
   C. 过程型激励理论　　　　　　　　　　D. 行为改造型激励理论
4. 以下属于内容型激励理论的有（　　）。
   A. 归因理论　　　　　　　　　　　　　B. 成就需要激励理论
   C. 需要层次理论　　　　　　　　　　　D. 双因素理论
5. 需要层次理论包括的需要有（　　）。
   A. 生理需要　　B. 安全需要　　C. 严谨需要　　D. 尊重需要
6. 双因素理论包含的两个因素是（　　）。
   A. 满意度因素　　B. 保健因素　　C. 成长因素　　D. 激励因素
7. 能够激励员工的因素有（　　）。
   A. 工作条件　　B. 成就　　C. 认可　　D. 发展
8. 过程型激励理论包括（　　）。
   A. 期望理论　　　　　　　　　　　　　B. 波特-劳勒理论
   C. 公平理论　　　　　　　　　　　　　D. 强化理论
9. 归因理论主要研究的内容包括（　　）。
   A. 心理活动的归因　　　　　　　　　　B. 行为的归因
   C. 对人们未来行为的预测　　　　　　　D. 了解下属的预测
10. 以下属于激励方法的有（　　）。
    A. 目标激励法　　B. 参与激励法　　C. 情感激励法　　D. 公平激励法

三、判断题

1. 动机是人们付出努力或精力去满足某一需求或达到某一目的的心理活动。（   ）
2. 激励的出发点是奖励员工。（   ）
3. 激励需要奖励和惩罚并举。（   ）
4. 激励的最终目的是在实现个人目标的同时，也能让组织实现目标。（   ）
5. 如果人们的需要被满足了，就一定能够实现组织的目标。（   ）
6. 激励的过程是由需要开始，到需要得到满足的一个连锁反应。（   ）
7. 马斯洛理论认为：人的需要可以分为4个层次。（   ）
8. 需要层次理论不足之处在于：带有一定的机械主义色彩，把需要的层次看成是固定的程序。（   ）
9. 期望理论认为：当人们有需要，又有达到目标的可能时，其积极性才会高。（   ）
10. 纵向比较是指把自己的工作和回报与同一时间内他人的投入产出比相比较。（   ）
11. 当行为的结果有利于个人时，行为会重复出现。（   ）
12. 归因理论认为，人们把成功和失败归于何种因素，对以后的工作积极性影响很大。（   ）
13. 实行参与激励法，实际上就是实行民主管理化的过程。（   ）

四、思考题

1. 简述激励的过程。
2. 激励应该遵循的原则有哪些？
3. 理解需要层次理论和双因素理论并且能够在具体工作中正确应用。

五、案例思考题

沃尔玛的员工激励

　　世界上最大的零售商沃尔玛公司，正面临着如何激励员工的问题。多年来，这家公司都使用一种相对宽松和直接的方式来激励员工，以保持他们的忠诚度。公司主要是通过给员工股权来激励他们，而员工的正常薪水并不高。为了说明沃尔玛公司历史上股权激励制度曾经起过的作用，我们来举个例子。比如，一名员工在1970年公司股票上市时，用1 650美元买了100股，到1993年时，他拥有股票的价值就是3 000多美元。20世纪70年代后期到80年代这段时间里，沃尔玛的股票每年都上涨不少。公司通过利润分享计划建立了养老基金，基金中大部分的钱投资于购买公司的股票。山姆·沃尔顿是公司的创立者，他本人也促使了这种忠诚度和工作动机的形成。他平易近人的处事方式和公司的良好运作，使公司拥有了零售业界最忠诚最积极献身的员工。公司一直被员工和业界认为具有非常优越的工作环境。然而到了20世纪90年代，情况开始发生变化。首先，虽然公司仍然利润相当高，但公司的发展减缓，收入和利润已经没有太大的增长，从而导致了沃尔玛股票价格下跌。

　　1993年，公司股票每股的价格是30多美元，到1995年底，就只有20美元左右了。股票价格的下跌大大削减了养老基金和员工的个人股票价值。结果，公司长期拥有的员工忠诚度开始下降，工作动机开始减弱。

　　1992年山姆·沃尔顿去世以后，公司文化也开始发生一些微妙的变化，这使问题更加严重。公司新的管理层试图保持原有的经营方式及与员工之间的关系，但不少主管人员缺乏领导魅力，也不能坚持山姆·沃尔顿过去倡导的与员工个人接触的管理方式。另外，新来的员工当然不可能有机会见到公司的创立者山姆·沃尔顿本人，因而也无法从老一辈公司领导那里受到教育和感染。除了忠诚度和工作动机方面的问题以外，沃尔玛还面临因经济危机引发的其他问题。比如说，在避免工会组织不利于公司的集会方面，以前沃尔玛做得很好。但现在由于对养老金和其他激励越来越不满，工会组织各种集会并取得胜利的机会越来越多。自1991年至1993年，整个公司只出现过三次工人集会，而1994年一年就出现过四次。等待着沃尔玛的将是什么呢？每个人都在猜测。虽然沃尔玛作为一个雇主的形象受到了负面的影响，但大多数专家从一个雇员的角度来看，仍然认为它是该行业最好的公司之一。而且，公司现在还是在赢利，管理层也坚信股票价格会再次上升。因此，他们相信员工还是会对公司满意的，也会为公司继续做贡献。但也有人认为，出现的问题对公司已经造成损害，沃尔玛将不会再度拥有它曾代表过的优越工作环境的形象。

思考题：
（1）用什么激励理论能最恰当地解释沃尔玛发生的问题？
（2）如果在当前的困难情况下，由你来管理沃尔玛，你将如何来激励员工？

六、实训项目

为班级制订一份激励学生学习的计划

（1）实训目标
①培养学生的激励能力。
②体验激励的重要性。
（2）实训内容与方法
①深入分析本班学生的学习状况。
②找出能够进一步调动本班学生学习积极性的因素。
③确定实现有效激励学生学习的方法。
④将班级分成若干个组，以小组为单位进行讨论。
（3）实训要求
①各小组分别为本班制订一份激励学生学习的计划。
②在计划中能够体现出激励的内容、程序、方法等。
（4）实训检测
①各组组长根据组员在制订激励学生学习计划中的表现，现场给出本小组每个成员的成绩。
②教师根据每组上交的激励学生学习的计划，按照激励内容、程序和方法的有效性给出每组的成绩。

项目 9

沟　　通

> **知识目标：**
> - 了解沟通的含义；
> - 熟悉沟通过程；
> - 理解沟通的障碍；
> - 明确沟通的类型；
> - 掌握沟通的各种技巧与方法。
>
> **能力目标：**
> - 能够进行有效沟通；
> - 能够排除沟通障碍。
>
> **素质目标：**
> - 培养学生人际关系能力。

9.1 案例导读

小道消息

××航空公司最近发生了一系列的传闻：公司总经理波恩想卖出自己的股票，但又想保住自己总经理的职务，这已是公开的秘密了。他为公司制定了两个战略方案：一个是把公司的附属单位卖掉；另一个是利用现有的基础重新振兴发展。他本人对这两个方案的利弊进行了认真的分析，并委托副总经理查理提出一个参考意见。查理为此起草了一份备忘录，随后叫秘书比利打印。比利打印完后即到职工咖啡厅去喝咖啡，在那里碰到了另一位副总经理尼特，并把这一秘密告诉了他。

比利悄悄地对他说："我得到了一个极为轰动的最新消息，他们正在准备成立另一个航空公司。他们虽说不会裁减职工，但是我们应该联合起来，有所准备啊！"这话又被办公室通信员听到了，他立即把这个消息告诉了他的上司巴巴拉。巴巴拉又为此事写了一份备忘录给负责人事的副总经理马丁，马丁也加入了他们的联合阵线，并认为公司应保证兑现其不裁员的诺言。

第二天，比利正在打印两份备忘录，备忘录又被路过办公室探听消息的摩罗看见了。摩罗随即跑到办公室说："我真不敢相信公司会做出这样的事来，我们要被卖给联合航空公司了，而且要大量削减职工呢！"

这一消息传来传去，三天后又传回到总经理波恩的耳朵里。波恩也接到了许多极不友好，甚至敌意的电话和信件。人们纷纷指责他企图违背诺言，大批解雇员工。

此时的波恩被弄得迷惑不解。

思考题：

（1）这是一种什么形式和性质的沟通？分析这种沟通的特点。管理者应如何对待这种沟通？

（2）如果你是波恩，准备怎样做？

沟通是管理工作的重要组成部分，无论是计划、组织、领导还是控制，都必须以有效的沟通作为前提。沟通是组织内部联系的主要手段，有效的沟通有助于激励员工完成任务，实现组织的目标。

9.2 理论与实务知识

9.2.1 沟通的含义

沟通也称为信息沟通，它广泛存在于组织的管理活动中。信息沟通就是信息的传递和理解。可以从以下几点来理解信息沟通。

①信息沟通首先是信息的传递，如果信息没有被传递到接收者那里，信息沟通就没有发生。在企业经营管理中，因信息不能传递到位而导致沟通失败的情况普遍存在。如基层的员工因对环境、条件不满而提出了一些意见或建议，这些意见或建议在向上传递中经常被截留，导致一些问题不能解决。

②成功的信息沟通，不仅需要信息被传递，还需要被理解。如果主管人员拿给下属一份专业性很强的文件请他提出看法，而这个下属恰恰不懂这个专业的知识，那么主管人员也就很难从这个下属那里得到满意的回答。因此，成功的信息沟通应包括传递和理解两层含义。

③信息沟通的主体是人，即信息沟通主要发生在人与人之间。通常，信息沟通主要有3种类型，即人与人之间的沟通、人与"机"之间的沟通、"机"与"机"之间的沟通。从管理学角度看，人际沟通是最有意义的。

④由于管理过程中各种信息沟通相互关联、交错，所以管理者把各种信息沟通过程看成是一个整体，即管理信息系统。现代社会，以信息技术为基础，以管理信息系统为主体，信息沟通进入一个更高、更新的阶段，其特点是沟通更有效、更及时、更全面。

案例思考

如何做好工作过程的沟通

某策划公司项目经理在与客户进行业务沟通后，回到公司安排各职能部门开展工作，在执行过程中，企业内部意见很难统一，经过几番周折之后，才勉强达成一致。将工作成果提交给客户后，客户对于所提交的工作成果不满意，认为和他们的想法存在偏差，于是返回到公司返工，结果又超过了预定的工作期限。

思考：

（1）项目经理在业务知识及沟通技能方面是否欠缺？

（2）如何解决好与客户的工作过程沟通？

9.2.2 沟通的过程

沟通的过程是指信息交流的全过程，即信息的发送者（信息源）将信息按一定的程序进行编码后，通过信息沟通的渠道（通道）传递给信息接收者，信息接收者将接收的信息进行解码处理，然后再反馈给发送者的过程。图9-1描述了信息沟通的过程。

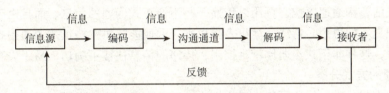

图9-1 信息沟通的过程

从图9-1中可以看出，沟通可以分为6个环节。

①信息源，即信息的发送者或信息来源。

②编码，指信息发送者将信息转化为可以传递的某种信号形式，即传递中信息存在的形式。

③沟通通道，即信息沟通的渠道或媒介物。

④解码，指接收者将接收到的信号翻译成可以理解的形式，即接收者对信息的理解和解释。

⑤接收者，即接收信息的人。

⑥反馈，若接收者对收到的信息有异议或不理解，可以返回到发送者那里，进行核实或修正。

从中可以看出，每一次信息沟通至少包括3个基本因素：信息员、要传递的信息和信息接收者，而编码、沟通通道和解码是沟通取得成效的关键环节。

9.2.3 沟通的类型

1. 按沟通的功能分类

按沟通的功能分类，沟通可分为工具沟通和满足需要的沟通。

(1) 工具沟通

工具沟通是指发送者将信息、知识、想法和要求等传达给接收者，以影响接收者的知觉、思想和态度体系，进而改变其行为。

(2) 满足需要的沟通

满足需要的沟通是为了表达情绪状态，解除紧张心理，征得对方同情、支持和谅解等，从而满足个体心理上的需要和改善人际关系。

2. 按沟通的组织系统分类

按沟通的组织系统分类，沟通可分为正式沟通和非正式沟通。

（1）正式沟通

正式沟通是指通过组织明文规定的渠道进行信息的传递和交流，如组织与组织之间的公函来往等。在组织中，上级的命令、指示按系统逐级向下传送；下级的情况逐级向上报告，以及组织内部规定的会议、汇报、请示、报告等。正式沟通的优点是：沟通效果较好，有较强的约束力，易于保密，一般重要的信息通常都采用这种沟通方式。缺点是：因为依靠组织系统层层传递，所以沟通速度比较慢，而且较刻板。

（2）非正式沟通

非正式沟通是指正式沟通渠道之外进行的信息传递和交流。例如员工之间私下交换意见、背后议论别人、小道消息等，均属于非正式沟通。非正式沟通的优点是沟通方便，内容广泛，方式灵活，沟通速度快，可用以传播一些不便正式沟通的信息。而且由于在这种沟通中比较容易把真实的思想、情绪、动机表露出来，因而能提供一些正式沟通中难以获得的信息。一般来说，这种非正式沟通比较难控制，传递的信息往往不确切，易于失真、曲解。

3. 按沟通的方式分类

按沟通的方式分类，沟通可分为口头沟通、书面沟通、语言沟通和非语言沟通。

（1）口头沟通

口头沟通是指运用口头表达的方式来进行信息的传递和交流。这种沟通通常是指会议、会谈、对话、演说、报告、电话联系、市场访问、街头宣传等。口头沟通的优点是：比较灵活，简便易行，速度快，有亲切感；双方可以自由交换意见，便于双向沟通；在交谈时可借助手势、体态、表情来表达思想，有利于对方更好地理解信息。缺点是：受空间限制，人数众多的大群体无法直接对话，口头沟通后保留的信息较少。

（2）书面沟通

书面沟通是指用书面形式进行的信息传递和交流，如简报、文件、通讯、刊物、调查报告、书面通知等。书面沟通的优点是：具有准确性、权威性，比较正式，不受时间、地点限制；信息可以长期保存；便于查看，反复核对，倘若有疑问可据以查阅，可减少因一再传递、解释所造成的失真。缺点是：不易随时修改，有时文字冗长不便阅读，做成书面又比较费时。

（3）语言沟通

语言沟通是指借助于语言符号系统进行的沟通，其中包括口头语言、文字语言和图表等。在面对面的直接交往中，通常所用的是口头语言。语言沟通是由"说"和"听"构成语言交流情境的，因而双方心理上的交互作用表现得格外明显。

（4）非语言沟通

非语言沟通是指用语言以外的非语言符号系统进行的信息沟通，如视动符号系统（手势、表情动作、体态变化等）、目光接触系统（如眼神、眼色）、辅助语言（如说话的语气、音调、音质、音量、快慢、节奏等）及空间运用（身体距离）等。

4. 按沟通的信息传播方向分类

按沟通的信息传播方向分类，沟通可分为上行沟通、下行沟通和平行沟通。

（1）上行沟通

上行沟通是指自下而上的沟通，即下级向上级汇报情况，反映问题。这种沟通既可以是书面的，也可以是口头的。为了做出正确的决策，领导者应该采取措施，如开座谈会、设立意见箱和接待日等，鼓励下属尽可能多地进行上行沟通。

(2) 下行沟通

下行沟通是指自上而下的沟通，即领导者以命令或文件的方式向下级发布指示、传达政策、安排和布置工作等。下行沟通是传统组织内最主要的一种沟通方式。

(3) 平行沟通

平行沟通主要是指同层次、不同业务部门之间及同级人员之间的沟通。它能协调组织横向之间的联系，在沟通体系中是不可缺少的。

5. 按沟通方向的可逆性分类

按沟通方向的可逆性分类，沟通可分为单向沟通和双向沟通。

(1) 单向沟通

单向沟通是指信息的发送者和接收者的位置不变的沟通方式，如做报告、演讲、上课，一方只发送信息，另一方只接收信息。这种沟通方式的优点是信息传递速度快，并易保持传出信息的权威性；缺点是准确性较差，并且较难把握沟通的实际效果，有时还容易使接收者产生抗拒心理。当工作任务急需布置、工作性质简单、从事例行的工作时，多采用这种沟通方式。

(2) 双向沟通

双向沟通是指信息的发送者和接收者的位置不断变换的沟通方式，如讨论、协商、会谈、交谈等。信息发送者发出信息后，还要及时听取反馈意见，直到双方对信息有共同的理解。双向沟通的优点是：信息的传递有反馈，准确性较高。由于接收者有反馈意见的机会，使他有参与感，因此易保持良好的气氛和人际关系。缺点是：由于信息的发送者随时可能遭到接收者的质询、批评或挑剔，因而对发送者的心理压力较大，要求也较高；同时，这种沟通方式比较费时，信息传递速度也较慢。

9.2.4 沟通障碍

沟通障碍是指信息在传递和交换过程中，由于多方面因素的影响，信息被丢失或曲解，从而使得信息不能被有效地传递。

知识链接 9-1

1. 有效沟通的障碍

有效沟通的障碍主要来自组织沟通的障碍和个人沟通的障碍两个方面。

(1) 组织沟通的障碍

①组织结构臃肿。在管理中，合理的组织机构有利于信息沟通。但是，如果组织机构过于庞大、层次繁多，那么信息从最高决策者传递到下属单位不仅容易产生信息的失真，而且还会浪费大量时间，影响信息的及时性。同时，自上而下的信息沟通，如果中间层次过多，同样也浪费时间，影响效率。因此，如果组织结构臃肿，各部门之间职责不清、分工不明，形成多头领导或因人设事、人浮于事，就会给沟通双方造成一定的心理压力，进而影响沟通的进行。

②地位差异。下级与上级交流时，通常会产生敬畏感。在这种情况下，下级怕上级认为自己无能，不愿意向上级传递一些坏消息；上级没有注意到下级的工作贡献，成绩都归到自己头上，引起下级不满。

③目标差异。在组织中各个部门的目标不同，都会认为自己部门的工作是最重要的，都

是站在自己部门的角度去考虑问题，就会引起沟通障碍。例如，一个企业的市场部门想尽快把产品推向市场，需要赶时间；研发部门想要达到最好的技术状态，需要一个很长的过程。由于两个部门的目标不同，在双方沟通的过程中就容易出现争执。

④缺乏正式的沟通渠道。如果一个组织没有建立起正式的沟通渠道，如定期的沟通会议、备忘录、网站、论坛、反馈邮箱等，就会极大地影响组织的沟通效率，出现沟通障碍。

(2) 个人沟通的障碍

①个性因素。信息沟通在很大程度上受个人心理因素的制约。个体的气质、态度、情绪等的差别，都会成为信息沟通的障碍。

②知识、经验水平的差距。在信息沟通中，如果双方经验水平和知识水平差距过大，就会产生沟通障碍。此外，个体经验差异对信息沟通也有影响。在现实生活中，人们往往会凭经验办事。一个经验丰富的人往往会对信息沟通做通盘考虑，谨慎细心；而一个初出茅庐者往往会不知所措。

③个体记忆不佳。在管理中，信息沟通往往是依据组织系统分层次逐次传递的，然而在按层次传递同一条信息时往往会受到个体素质的影响，从而降低信息沟通的效率。

④对信息的态度不同。这又可分为不同的层次。一是认识差异。在管理活动中，不少员工和管理者忽视信息作用的现象很普遍，这就为正常的信息沟通造成了很大的障碍。二是利益观念。在团体中，不同的成员对信息有不同的看法，所选择的侧重点也不相同。很多员工只关心与他们的物质利益有关的信息，而不关心组织目标、管理决策等方面的信息，这也成了信息沟通的障碍。

⑤相互不信任。有效的信息沟通要以相互信任为前提，这样才能使向上反映的情况得到重视，向下传达的决策迅速执行。管理者在进行信息沟通时，应该不带成见地听取意见，鼓励下级充分阐明自己的见解，这样才能做到思想和感情上的真正沟通，才能接收到全面可靠的情报，才能做出明智的判断与决策。

⑥沟通者的畏惧感及个人心理品质。在管理实践中，信息沟通的成功主要取决于上级与上级、领导与员工之间的全面有效的合作。但在很多情况下，这些合作往往会因下属的恐惧心理及沟通双方的个人心理品质而形成障碍。一方面，如果主管过分威严，给人造成难以接近的印象，或者管理人员缺乏必要的同情心，不愿体恤下属，都容易造成下级人员的恐惧心理，影响信息沟通的正常进行。另一方面，不良的心理品质也是造成沟通障碍的因素。

2. 沟通障碍的排除

要实现有效沟通，必须排除沟通障碍。在实际工作中，可以通过改进组织行动和提高个人沟通技能来排除沟通障碍。

(1) 组织沟通障碍的排除

①组织结构扁平化。扁平化的组织结构可以减少中间层次，加快信息传递速度，缩短上下级距离，密切上下级关系，保证沟通信息不失真。

②营造坦诚和信任的组织气氛。这种气氛可以鼓励人们开诚布公地和他人沟通，下级可以汇报坏消息，以求得积极的改善方案。不同部门的员工可以积极交流思想，这样有助于员工换位思考，达成共识。

③全方位开发并使用正式的沟通渠道。正式的沟通渠道能引导组织的沟通，极大地提高组织沟通的效果。

④鼓励使用多元沟通渠道。多元沟通渠道能让上级及时了解下级的思想动态，为上级提

供必要的信息，也能让各部门的员工增进了解，增加组织沟通的效果。

（2）个人沟通障碍的排除

①提高沟通的心理水平。要克服沟通的障碍必须注意以下心理因素的作用。

- 在沟通过程中要认真感知，集中注意力，以便信息准确且及时地传递和接收，避免信息错传和接收时减少信息的损失。
- 增强记忆的准确性是消除沟通障碍的有效心理措施，记忆准确性水平高的人，传递信息可靠，接收信息也准确。
- 提高思维能力和水平是提高沟通效果的重要心理因素，较高的思维能力和水平对于正确地传递、接收和理解信息起着重要的作用。
- 培养稳定情绪的良好气氛，创造一个相互信任、有利于沟通的小环境，使员工真实地传递信息和正确地判断信息，避免因偏激而歪曲信息。

②正确地使用语言文字。语言文字运用得是否恰当直接影响沟通的效果。使用语言文字时要简洁、明确，叙事说理要言之有据，条理清楚，富于逻辑性；措辞得当，通俗易懂，不滥用词藻，不讲空话、套话。非专业性沟通时，少用专业性术语，可以借助手势语言和表情动作，以增强沟通的生动性和形象性，使对方容易接收。

③学会有效的倾听。有效的倾听能增加信息交流双方的信任感，是克服沟通障碍的重要条件。提高倾听的技能，可以从以下几个方面努力：

- 使用目光接触；
- 展现赞许性的点头和恰当的面部表情；
- 避免分心的举动或手势；
- 要提出意见，以显示自己充分聆听；
- 用自己的话重述对方所说的内容；
- 要有耐心，不要随意插话；
- 不要妄加批评和争论。

④缩短信息传递链，拓宽沟通渠道，保证信息双向沟通。信息传递链过长，会减慢流通速度并造成信息失真。另外，管理者应激发员工自下而上地沟通。此外，在利用正式沟通渠道的同时，可以开辟非正式沟通渠道，让领导者走出办公室，亲自和员工交流信息。坦诚、开放、面对面的沟通会使员工觉得领导者理解自己的需要和关注，往往会取得事半功倍的效果。

9.2.5　沟通技巧与方法

1. 沟通的技巧

（1）清晰、简洁地发送信息

信息包括3个方面的内容：信息、思想和情感。在沟通中，发送的不仅仅是信息，还有思想和情感。因此，在发送信息的时候，要注意以下几个问题。

①选择有效的信息发送方式。有效的信息发送方式在沟通中十分重要，这就要求我们要根据沟通对象和目的的不同选择不同的发送方式。信息发送方式很多，如会议、电话、亲笔信件、电子邮件、面谈等。如果是一般的说明情况的信息沟通，通过信件、电话、邮件就可以解决；如果是为了交流感情和增加信任，则应该在合适的时间、地点面谈为好。

②何时发送信息。选择恰当的时间发送信息，是非常重要的。例如何时发出致谢函、何

时与下属谈心，要讲究"天时、地利、人和"。

③确定信息内容。在沟通开始前，应该对信息的内容做些适当准备，哪些该说，说到什么程度，哪些不该说。信息的内容应该清晰简洁，用词准确，避免模糊不清或容易引起误解的表述。专业术语在基本确认对方能够理解的情况下方可使用。同时还应该注意信息载体（如语音、语调、肢体语言）的不同运用，会给对方形成不同的感受，进而影响沟通质量。

④谁该接收信息。了解谁是你信息的接收对象，了解接收者的需要等。

⑤何处发送信息。选择合适的地点发送信息。例如与客户前期洽谈，就不需在办公室这样的正式场合，在休闲的茶社、咖啡厅等地方则比较合适。

（2）积极倾听

沟通应该把倾听别人和了解别人列为第一目标。如果你能做到认真倾听，对方便会向你袒露心迹。掌握别人内心世界的第一步就是认真倾听。在陈述自己的主张说服对方之前，先让对方畅所欲言并认真聆听是解决问题的捷径。倾听的10个技巧如下：

①倾听是一个主动的过程。在倾听时要保持高度的警觉性，随时注意对方倾谈的重点，必须站在对方的立场，仔细倾听他所说的每一句话，不要用自己的价值观去指责或评断对方的想法。

②鼓励对方先开口。倾听别人说话是一种礼貌，愿意听表示想知道别人的看法，这会让说话的人觉得他很受尊重，有助于建立融洽的关系。对方先提出他的看法，你就有机会在表达自己的意见之前，掌握双方意见的一致之处。倾听可以使对方更加愿意接纳你的意见，当你再说话的时候更容易说服对方。

③保持视线接触。聆听时，必须看着对方的眼睛，表示你正在聆听他说话的内容。

④全神贯注并表示赞同。点头或者微笑可以表示赞同正在说的内容，表明你与说话人意见相合。人们需要有这种感觉。

⑤不要打断对方说话，听听别人怎么说。应该在确定知道别人完整的意见后再做出反应，别人停下来并不表示他们已经说完想说的话。

⑥鼓励别人多说。对出现精辟的见解、有意义的陈述或有价值的信息，要诚心地赞美。例如，"这个故事真棒！"或"这个想法真好！""您的意见很有见地"等。良好的回应可以激发很多有用且有意义的谈话。

⑦让别人知道你在听。偶尔说"是""我了解"或"是这样吗？"告诉说话的人你在听，你很有兴趣。

⑧使用并观察肢体语言，注意非语言性的暗示。当我们和人谈话的时候，即使我们还没开口，我们内心的感觉就已经透过肢体语言清清楚楚地表现出来了。听话者如果态度封闭或冷淡，说话者很自然地就会特别在意自己的一举一动，比较不愿意敞开心扉。如果听话的人态度开放、很感兴趣，那就表示他愿意接纳对方，很想了解对方的想法，说话的人就会受到鼓舞。这些肢体语言包括：自然的微笑、身体稍微前倾、常常看对方的眼睛、点头。

⑨接受并提出回应。要确认自己所理解的就是对方所讲的，如重点复诵对方所讲过的内容，以确认自己所理解的意思和对方一致，如"您刚才所讲的意思是不是指……""我不知道我听得对不对，您的意思是……"。

⑩暗中回顾，整理出重点，并提出自己的结论。当我们和人谈话的时候，通常都会有几秒钟的时间可以在心里回顾一下对方的话，这时应该删去无关紧要的细节，把注意力集中在

对方想说的重点和对方主要的想法上,在心中熟记这些重点和想法,并在适当的情形下给予清晰的反馈。

(3) 积极反馈

沟通过程是:首先信息的发送者通过"表达"发出信息,其次是信息的接收者通过"倾听"接收信息。对于一个完整的、有效的沟通来说,仅仅这两个环节是不够的,还必须有反馈,即信息的接收者在接收信息的过程中或过程后,及时地回应对方,以便澄清"表达"和"倾听"过程中可能的误解和失真。

反馈有两种:一种是正面的反馈,另一种是建设性的反馈。正面的反馈就是对对方做的好的事情予以表扬,希望好的行为再次出现;建设性的反馈就是对对方做的不足的地方,提出改进的意见和建议。

如何反馈呢?

①针对对方的需求。反馈要站在对方的立场和角度上,针对对方最需要的方面给予反馈。

②对事不对人。就事论事,带有侮辱性的话语千万不要说。

那么,如何接受反馈呢?接受反馈是反馈过程中一个十分重要的环节,在接受反馈时应该做到以下几点。

①耐心倾听,不打断。接受反馈时,一定要抱着谦虚的态度,真诚地倾听他人的反馈意见。无论这些意见是否正确、是否中听,在对方反馈时都要暂时友好地接纳,不能打断别人的反馈或拒绝接受反馈。打断反馈包括语言直接打断,比如"不要说了,我知道了!";也包括肢体语言打断,比如不耐烦的表情、姿势等。

②避免自卫。自卫心理是一个人本能的反应。对方向你反馈时,如果仅仅站在自己的立场,挑肥拣瘦地选择是否接受,一旦听到对自己不利、不好或不想听的信息,就脸红脖子粗地去辩解和辩论,那么明智的另一方就会马上终止反馈。

③表明态度。别人对你反馈之后,自己要有一个明确的态度,比如理解、同意、赞成、支持、不同意、保留意见、怎么行动等。不明确表示自己对反馈的态度与意见,对方会误解你没有听懂或内心对抗,这样就会增加沟通成本,影响沟通质量。

案例分析

公司为了奖励市场部的员工,制订了一个海南旅游计划,名额限定为10人。可是13名员工都想去,部门经理需要再向上级领导申请3个名额,如果你是部门经理,你会如何与上级领导沟通呢?

第一种,部门经理向上级领导说:"朱总,我们部门13个人都想去海南,可只有10个名额,剩余的3个人会有意见,能不能再给3个名额?"

朱总说:"筛选一下不就完了吗?公司能拿出10个名额就花费不少了,你们怎么不多为公司考虑?你们呀,就是得寸进尺,不让你们去旅游就好了,谁也没意见。我看这样吧,你们3个做部门经理的,姿态高一点,明年再去,这不就解决了吗?"

第二种,部门经理:"朱总,大家今天听说去旅游,非常高兴,非常感兴趣,觉得公司越来越重视员工了。领导不忘员工,真是让员工感动。朱总,这事是你们突然给大家的惊喜,不知当时你们是如何有此妙意的?"

朱总:"真的是想给大家一个惊喜,这一年公司效益不错,是大家的功劳。年终了,第一，是该轻松轻松了；第二，放松后，才能更好地工作；第三，是增加公司的凝聚力。大家要高兴，我们的目的就达到了。"

部门经理："也许是计划太好了，大家都在争这10个名额。"

朱总："当时决定10个名额是因为觉得你们部门有几个人工作不够积极。你们评选一下，不够格的就不安排了，就算是对他们的一个提醒吧。"

部门经理："其实我也同意领导的想法，有几个人的态度与其他人比起来是不够积极，不过他们可能有一些生活中的原因，这与我们部门经理对他们缺乏了解、没有及时调整有关。责任在我，如果不让他们去，对他们打击会不会太大？如果这种消极因素传播开来，影响不好吧。公司花了这么多钱，要是因为这个名额降低了效果太可惜了。我知道公司每一笔开支都要精打细算，如果公司能多拿出3个名额的费用，让他们有所感悟，促进他们来年改进，那么他们多给公司带来的利益要远远大于这部分支出的费用。不知道我说的有没有道理，公司如果能再考虑一下，让他们去，我会尽力与其他两位部门经理沟通好，在这次旅途中每个人带一个，帮助他们放下包袱，树立积极的工作态度。朱总您能不能考虑一下我的建议？"

以上两种沟通方式，效果显而易见，后者更接近沟通目的。

第一种沟通语言中只顾表达自己的意志和愿望，忽视对方的表象及心理反应。第二种沟通语言中包含了提问、倾听、欣赏、建议4种技巧。

2. 沟通的方法

（1）投其所好

通过投其所好，制造和谐气氛，尽可能与沟通对象保持一致，对方习惯用什么方式，你就用什么方式配合。

（2）换位思考

在沟通时一定要从对方的利益及感受出发，这样才能吸引对方注意力。

（3）虚心请教

好为人师是人的共性特点。一般情况下没有人会拒绝你向他请教问题。当你向他请教时，他会感受到一种尊敬，可以激发其自尊和满足感，有利于沟通。

（4）认真倾听

认真倾听，有利于沟通。

（5）肯定与鼓励

对出现的精辟见解、有意义的问题或有价值的信息，要以真诚的态度夸奖说话的人。

【课堂案例讨论】

珍妮犯了两个错误吗

作为圣迭戈纪念医院的护理部主任，珍妮·杨科维奇负责管理9名值班主管及115名注册护士和护士助理。她讲述了这样一段亲身经历：7月9日星期一刚上班，她就意识到自己犯了一个极大的错误。珍妮大约早上6:05来到医院，她看到一大群护士（要下夜班的护士和即将上班的护士），正三三两两聚在一起激烈地讨论着。当她们看到珍妮走进来时，立即停止了交谈。这种突然的沉默和冰冷的注视，使珍妮明白自己正是谈论的主题，而且看来她们所说的不像是赞赏之辞。

珍妮来到自己的办公室,半分钟后她的一名值班主管迪·马考斯走了进来。迪直言不讳地说道:"珍妮,上周你发出的那些信对大家打击太大了,它使每个人都心烦意乱。""发生了什么事?"珍妮问道,"在主管会议上大家都一致同意向每个人通报我们单位财务预算的困难及裁员的可能性。我所做的只不过是执行这项决议。""可你都说了些什么?"迪显然很失望,"我们需要为护士们的生计着想。我们当主管的以为你会直接找护士们谈话,告诉她们目前的困难,谨慎地透露这个坏消息,并允许她们提出疑问,那样的话,可以在很大程度上减少打击。而你却寄给她们这种形式的信,并且寄到她们的家里。天哪!珍妮,周五她们收到信后,整个周末都处于极度焦虑之中。她们打电话告诉自己的朋友和同事,现在传言四起,我们处于一种近乎骚乱的局势中,我从没见过员工的士气如此低沉。"

珍妮·杨科维奇犯了一个错误,或者应该说是两个。首先,她所寄出的信件显然未能成功地向员工们传达她的意图;其次,选择信件来传递她的这一信息是不合适的。有时以书面的形式进行沟通很有效,而有时口头交流效果会更好。当珍妮反思这一举动时,她得出这样的结论:与许多人一样,她倾向于规避口头沟通。因为她对这种方式心存疑虑。遗憾的是,在这件事上,这种疑虑恰恰阻碍了她选择正确方式来传递信息。她知道这一消息会使员工产生恐慌和不安定感。在这种情况下,珍妮需要一种能保证最大清晰度,并能使她和主管们迅速处理潜在危机的方法来传递信息。最好的做法是口头传达,而把这种未曾料到的坏消息以信件的方式寄至员工家中的决定,无疑是个极大的错误。珍妮·杨科维奇的错误表明:沟通与管理成效密切相关。

知识拓展:
积极倾听
的技能

讨论:
(1) 如果你是珍妮,你会怎样处理这次反馈事件?
(2) 有什么办法可以扭转这个局面?

9.3 思考和实训

一、单项选择题

1. (　　) 是接收者对信息的理解和解释。
   A. 信息源　　　B. 编码　　　C. 沟通通道　　　D. 解码
2. (　　) 是指通过组织明文规定的渠道进行信息的传递和交流。
   A. 非正式沟通　B. 上行沟通　C. 正式沟通　　　D. 下行沟通
3. (　　) 是指用书面形式进行的信息传递和交流。
   A. 语言沟通　　B. 书面沟通　C. 口头沟通　　　D. 非语言沟通
4. 自上而下的沟通是 (　　)。
   A. 上行沟通　　B. 下行沟通　C. 平行沟通　　　D. 单向沟通
5. 信息的传递有反馈、准确性高是 (　　)。
   A. 正式沟通　　B. 非正式沟通 C. 双向沟通　　　D. 单向沟通
6. (　　) 是指信息在传递和交换过程中,由于多方面因素的影响,信息往往被丢失或曲解,使得信息不能被有效地传递,造成沟通的障碍。
   A. 沟通丢失　　B. 沟通曲解　C. 沟通障碍　　　D. 沟通差别
7. 个体记忆不佳所造成的障碍属于 (　　)。

A. 组织的沟通障碍　　　　　　　　　B. 个人的沟通障碍
C. 团队的沟通障碍　　　　　　　　　D. 上下级的沟通障碍
8. 沟通应该把（　　）别人和了解别人列为第一目标。
A. 掌握　　　　B. 考虑　　　　C. 熟悉　　　　D. 倾听

二、多项选择题

1. 每一次信息沟通至少包括3个基本要素，即（　　）。
A. 信息源　　　B. 解码　　　　C. 要传递的信息　　D. 信息接收者
2. 按沟通的功能分类，沟通可分为（　　）。
A. 单向沟通　　B. 工具沟通　　C. 双向沟通　　D. 满足需要沟通
3. 按沟通的组织系统分类，沟通可分为（　　）。
A. 正式沟通　　B. 工具沟通　　C. 双向沟通　　D. 非正式沟通
4. 按沟通的方式分类，沟通可分为（　　）。
A. 口头沟通　　B. 书面沟通　　C. 语言沟通　　D. 非语言沟通
5. 按沟通的信息传播方向分类，沟通可分为（　　）。
A. 上行沟通　　B. 双向沟通　　C. 下行沟通　　D. 平行沟通
6. 按沟通的可逆性分类，沟通可分为（　　）。
A. 上行沟通　　B. 下行沟通　　C. 单向沟通　　D. 双向沟通
7. 影响信息有效沟通障碍的因素有（　　）。
A. 组织因素　　B. 个人因素　　C. 人际因素　　D. 结构因素
8. 有效沟通的障碍主要来自（　　）。
A. 上下级的沟通障碍　　　　　　　　B. 组织的沟通障碍
C. 个人的沟通障碍　　　　　　　　　D. 员工之间的沟通障碍
9. 下列属于排除沟通障碍的有（　　）。
A. 正确地使用语言文字　　　　　　　B. 学会有效的倾听
C. 提高沟通的心理水平　　　　　　　D. 缩短信息传递链
10. 在信息发送过程中，信息包括3个方面的内容，即（　　）。
A. 信息　　　　B. 想法　　　　C. 思想　　　　D. 情感
11. 反馈的形式有（　　）。
A. 正面的反馈　　　　　　　　　　　B. 负面的反馈
C. 建设性的反馈　　　　　　　　　　D. 积极性的反馈

三、判断题

1. 信息沟通就是信息的传递和理解。（　　）
2. 成功的信息沟通，不仅需要信息被传递，还要被理解。（　　）
3. 信息沟通的主体是人。（　　）
4. 满足需要的沟通不能满足个体心理上的需要和改善人际关系。（　　）
5. 小道消息属于正式沟通。（　　）
6. 目光接触是语言沟通。（　　）
7. 下级向上级汇报情况是下行沟通。（　　）
8. 演讲是双向沟通。（　　）
9. 沟通双方相似性越大，沟通的效果就会越好。（　　）

10. 个体经验差异对沟通没有影响。（　　）
11. 语言文字运用得是否恰当直接影响沟通的效果。（　　）
12. 善于倾听就是同意对方的意见。（　　）

四、思考题

1. 怎样才能达到良好的沟通效果？请举例说明。
2. 如果你是一名管理者，应怎样改善你的沟通技能？
3. 正式沟通有哪些优缺点？

五、案例思考题

盖茨的沟通难题

在20世纪30年代，罗伯特·盖茨（Robert Gates）在底特律创办了一家收音机制造小厂，并从这家小厂发迹而成为雄踞全国的最大的收音机、电视机和同类产品公司，1965年它的销售额达3亿美元，雇员有1.5万人，有10个加工制造点。在该公司的整个成长过程中，创始人保持了公司积极的、富有想象力的和主动进取的风格。公司在创办初期，每个主管和工人都认识盖茨，而盖茨也能叫出其中大多数人的名字。即使公司壮大到具有相当规模以后，人们也觉得他们了解公司创始人和最高层主管。

但是，随着公司的发展壮大，盖茨却担心公司正在丧失"小公司"精神。他也担心公司的信息沟通受到阻碍，公司员工不能理解他的目标和经营哲学；因为对公司其他部门从事的工作一无所知，而造成了大量无效的重复劳动，其结果是新产品的开发和市场营销活动都受到损失。同样，他还担心自己失去同员工的接触机会。

为了解决信息沟通问题，他聘用了一个信息沟通主任并让他报告有关情况。他们找到了其他公司正在使用的各个信息沟通手段并加以运用，如在每个办公室和分布全国的工厂安装公告栏；办了一份刊载公司新闻和个人新闻的公司报；发给每位员工"公司实况"，提供关于公司的重要信息；公布定期的利润分配；讲授信息沟通课程；在公司总部每个月举行一次由100名高层主管人员参加的例会；在名胜地区每年举行为期3天的、由1 200名各层次主管参加的例会；为讨论公司事务而召开的特别委员会会议。

在付出了大量时间、精力和费用以后，盖茨先生感到失望了。他发现公司的信息沟通中的问题依然存在。

思考题：

（1）盖茨先生为什么会失望？他处于何种境地？
（2）你认为公司在信息沟通方面真正的问题是什么？
（3）为了改进公司的信息沟通，你会提出什么建议？

六、实训项目

招聘面试训练

（1）实训目标

优秀的管理人员通过灵活的面试技巧，找到有能力的、具有合作精神的员工。在倾听应聘者的回答时，他们会留意面试者言语中流露出来的言外之意。他们尤其注意非语言的信息，能从中听出同样内容丰富的弦外之意。本项目的目的在于帮助学生练习倾听技巧，并在锻炼判断能力的同时，帮助他们发现并检测面试方面存在的问题。

（2）实训内容与方法

①训练背景。招聘员工是每个管理者都会遇到的问题，招聘员工就如同结婚一样，需要看清漂亮的外表后面真正的东西。

②训练步骤。把学生按4～6人分组，每组分配一个主题，每个组根据分配的主题想出3～5个面试问题。主题有：任务（比如需要做出决定，但没有上级的指导，这时该怎么做呢?）、关系（比如你与哪种人不能很好地相处?）、情商（比如你的同事不同意你的想法时，你如何反应?）、价值和态度（你处世的原则总是诚实吗?）。给每个小组10～15 min的时间，让他们群策群力设想面试过程中遇到的问题，并挑选两个最难回答的问题。

请4个志愿者，1个扮演面试主持人，3个扮演求职者，3个求职者各发一张事先准备好的角色描述卡片，请面试主持人提问，3个求职者回答问题，最后请全班学生根据回答情况选择招聘哪个人。

③小组讨论。在揭示求职者能力方面，哪些问题最有效？在揭露求职者弱点方面，哪些问题最有效？你们小组最喜欢的问题在这个过程中起什么作用？

（3）实训要求及检测

①每个小组的主题可以通过抽签决定，以免有些主题选择的组别太多，有些主题没有组选择。

②第一个课时的主要内容是确定问题。小组根据主题确定问题的时间为15 min，然后每个组把确定的2～3个问题交给教师，并推举一位成员陈述：为何确定这样的问题，每个问题的作用体现在什么地方，能起到什么效果，能揭示求职者什么样的性格特征。

③第二个课时的训练由4个志愿者进行招聘面试的模拟，教师指导面试主持人确定问题，如何提问。等求职扮演者回答问题结束以后，对每位求职者的回答进行点评，最后由全班学生确定谁是入选者，并给予适当奖励。

项目 10

协 调

> **知识目标：**
> - 了解协调的内容；
> - 掌握协调组织冲突的对策；
> - 熟悉利益协调的各种方式；
> - 掌握培养核心竞争力的方法。
>
> **能力目标：**
> - 能够用组织冲突的对策进行有效协调；
> - 具备培育核心竞争力的能力。
>
> **素质目标：**
> - 培养学生团队合作能力。

10.1 案例导读

如何进行协调

裕丰实业总公司孙总经理与王副总经理，因为工作上的分歧产生了误会，最近一段时间隔阂越来越大，矛盾也在加剧。总经理办公室吴秘书想方设法在其间协调，但收效甚微，分歧和矛盾依然存在，双方都认为是对方故意与自己过不去。

机会终于来了，一天，总经理病了，住进了医院，吴秘书到医院看望，把带来的礼品放在床头，然后对总经理说："我是代表王副总经理来的。总经理病了，王副总听说后很关心，叫我同他一起来看望您，但在来医院的路上被销售部经理叫去了，说有急事，非让他去不可。"孙总听后很感动。过了一段时间，王副总经理病了，住进了同一家医院，吴秘书到医院看望，又买了礼品放在床头，然后对王副总说："我是受孙总委托来的，孙总原定下班后与我一起来医院看望您，临时业务部经理有急事，硬把他给拉走了，孙总让我转达他对您的问候，并祝您早日恢复健康，说公司离不开您！"躺在病床上的王副总听后，感动得热泪盈眶，心想自己过去错怪孙总了，以后一定要配合孙总积极工作。

经过吴秘书从中协调，解开了两位老总之间的疙瘩，缩短了两位经理之间的距离。王副总出院后，主动与孙总打招呼，孙总也热情问候，两人和好如初。

思考题：
（1）运用协调原理，分析吴秘书的协调对策。
（2）评价吴秘书处理两位老总矛盾的做法。

协调是管理的重要手段，组织只有通过协调，才能使部门之间、人与人之间相互协作和配合，从而促进组织目标的实现。

10.2 理论与实务知识

10.2.1 协调原理

1. 协调的含义

协调是指采用一定的方法和技术，引导组织之间、人员之间建立互相协同、互相配合的关系，以有效地达到共同目标的行为。协调的功能是通过正确处理组织内外各种关系，为组织发展创造良好的内部条件和外部环境，从而促进组织目标的实现。组织内经常因目标不一致而出现矛盾、冲突，这就需要管理者通过协调加以解决。协调的作用表现在以下几个方面。

（1）使个人目标与组织目标一致，促进组织目标的实现

若个人目标与组织目标相一致，人们的行为就会趋向统一，组织目标就容易实现。管理者可以通过协调，使个人目标与组织目标相辅相成，从而促进组织目标的实现。

（2）解决冲突，促进协作

人与人之间、人与组织之间、组织与组织之间的矛盾、冲突是不可避免的，并且这种矛盾和冲突如果积累下去就会由缓和变得激烈、由一般形式发展到极端形式。如果一直这样下去，轻则干扰组织目标的实现，重则会使组织崩溃、瓦解。所以，管理者必须通过协调，很好地处理和利用冲突，发挥冲突的积极作用，使部门之间、人与人之间能够相互协作与配合。

（3）提高组织效率

协调使组织各部门、各成员都能对自己在完成组织总目标中所需承担的角色、职责及应提供的配合有明确的认识，使组织内所有力量都集中到实现组织目标的轨道上来，各个环节紧密衔接，各项活动和谐进行。

案例分析

某企业集团下有一个装配厂，是由3位能力、智慧都很不错的企业家合资创办的，这3个人分别担任这个厂的厂长、经理和常务董事。人们心想，有一个水平如此高的领导集团，这个厂一定会欣欣向荣地发展起来。然而事实却出人意料，这个厂并不景气，亏损严重。

企业集团总部知道这个工厂严重亏损的情况后，马上召开紧急会议，检讨并研究对策。最后做出决定：督请这个工厂的经理退股，到别的公司去投资，撤销了他的经理职务。

有人推测，这个工厂严重亏损，再经过撤换经理的打击，很可能会垮台。可是，事实却

再一次出乎人们的意料：工厂在留下来的厂长和常务董事两人的齐心协力下，竟然在短短的几个月时间里使生产和销售总额都达到了原来的两倍，不但弥补了几年来的亏损，而且还创造了相当高的利润。而那位经理被派到别家企业担任厂长后，也同样充分发挥了他的长处，表现出了经营管理方面的才能，创造了很好的业绩。

这些情况传到总部后，领导们觉得这个例子很值得研究。3个人都是一流的经营管理人才，为什么搭配在一起，就会惨遭失败呢？而把其中一个人调开，分成两部分后为什么又能获得成功？其奥妙是什么呢？

如果一个组织人事安排得当、管理者之间很协调，就能相互团结、取长补短，员工就能够以愉快的心情工作。所以，在用人的问题上，一定要谨慎，应该尽量把各层次的管理安排得妥善、协调，使员工能够步调一致、聚精会神地工作。

2. 协调的内容

在组织管理过程中，协调的内容复杂多样，具体包括以下几个方面。

①组织间的协调。即两个或两个以上组织相互之间的协调与配合。

②组织内部结构协调。即组织内部各层级、各部门的权责利等内容的协同与配合。

③领导班子内部协调。即领导班子内部在组织、决策、用人、指挥、控制、权限、职责等方面的协同与配合，它是整个组织协调的关键。

④人际关系协调。即人与人之间在思想观念、行为等方面的协同与配合，这是协调中最为复杂、最为繁重的。

企业是一个由多要素组成的、开放的组织，在其生存和发展过程中，需要协调的关系很多，大体上可以分为两部分：一部分是企业内部关系；另一部分是企业与外部环境之间的关系。

(1) 组织内部关系的协调

①各生产要素的协调。组织要顺利地运转，必须根据组织总目标的要求，对组织各要素进行统筹安排和合理配置，并使各环节相互衔接、相互配合。对生产要素进行协调的主要工具是计划。同时，完善、科学的规章制度是协调工作能够顺利进行的基本保证。另外，会议也是一种重要的协调方式。横向部门间可采用定期或不定期的会议方式，来加强彼此间的联系与沟通。

②企业与股东关系的协调。在所有权和经营权分离的现代企业制度下，没有股东也就没有企业。协调企业与股东的关系，争取现有股东和潜在投资者的了解、信任和支持，以最大限度地扩大企业资金来源。在这方面，首先，应完善企业法人治理结构，在产权清晰和责权利统一的基础上，实现对企业控制权的合理配置，在企业所有者和经营管理者之间形成相互制衡的机制和有效的激励与约束机制，以便最大限度地提高企业运营效率。其次，企业，尤其是上市公司，应按《公司法》《证券法》的要求，规范自己的信息披露行为，为投资者提供充分、准确的投资信息。

③组织内部人际关系的协调。组织内部的人际关系主要指的是正式途径以外的非正式关系，如同学关系、亲朋关系等。这些关系一般是自愿自发的人际关系，所以往往比正规的沟通渠道更迅速有效、更富有弹性。协调组织内部的人际关系，可以提高员工对组织的归属感和认同感，增强组织的凝聚力。协调组织内部人际关系应坚持以下原则：相互尊重，平等待人；互助互利；诚实守信。

（2）组织与外部环境的协调

①组织与消费者关系的协调。在市场经济中，企业与消费者可谓"唇齿相依"。没有了消费者，企业就失去了生存的基础。协调企业与消费者的关系，要求企业树立消费者导向观念，在经营决策和经营管理中充分考虑消费者的需要。

②企业与政府关系的协调。这里的政府不是指作为国有资产所有者的政府，而是指作为经济、社会管理部门的政府。企业作为社会的一员，必须接受政府的统一监督和管理。协调与政府的关系，首先要加强企业与政府的信息沟通；其次要熟悉政府机构的内部层次、部门职能和办事程序，以提高办事效率，还要利用一切机会，扩大企业在政府部门的影响和信誉；最后要正确处理企业利益与国家利益的关系。

③企业与新闻界关系的协调。新闻界通过新闻报道、新闻评论、社会讨论等形式来引导公众舆论，它既是企业处理对外关系的一个重要媒介，又是企业对外关系中的一个方面。企业可以借助新闻界塑造自己的良好形象，加强与政府、消费者等外界间的沟通。新闻界对企业也有一定的监督作用。协调与新闻界的关系，应注意：尊重新闻界人士，了解他们的工作性质和工作方式，给予工作上的方便和合作，提供真实信息；与新闻界的沟通、联络应保持经常性；根据新闻媒体的特点、背景，选择合适的新闻媒介。

④企业与社区的关系。社区是指人们共同生活的一定区域，如城镇、街道等。任何组织都是在一定的社区中运作的，因此必然与社区及社区中的社会公众发生种种联系。这就要求企业必须从多方努力，搞好与社区的关系，以取得社区的支持，从而使企业能够顺利地发展下去。企业社区化是建立和维持良好社区关系的根本方法。企业社区化是指通过接受、汲取社区文化并以自己的行为反作用于社区，使企业被社区公众接受、爱戴，并融为社区一员。在实现企业"社区化"过程中，应注意：加强企业与社区之间的沟通；企业要像爱护自己的家园一样爱护社区；妥善处理与社区间的冲突、摩擦。

知识链接 10-1

3. 协调组织冲突的对策

冲突是指两个或两个以上的行为主体因在特定问题上目标不一致、看法不相同或意见分歧而产生的相互矛盾、排斥、对抗的一种态势。自 20 世纪 40 年代开始，人们对冲突的认识有所变化，即组织中的冲突是不可避免的，所以应该接纳它。

通常，解决组织冲突有以下几种方法。

（1）回避

回避是解决冲突的最简单的一种方法，即让冲突双方暂时从冲突中退出或抑制冲突。当冲突微不足道时，或当冲突双方情绪非常激动时，可以采取让双方暂时回避的方法来解决冲突。

（2）强制解决

强制解决是指管理者利用职权强行解决冲突。当需要对一件事情做出迅速处理时，或当处理方式与其他人赞成与否关系不大时，可以采取强制的办法。在强制解决中，往往以牺牲某一方的利益为代价。

（3）妥协

妥协是指通过要求冲突各方都做出一定的让步，使问题得到解决。当冲突各方势均力敌时或当希望就某一问题尽快得到解决时，可以采取这种处理方法。

（4）合作

合作是指将冲突各方召集到一起，让他们进行开诚布公的讨论，搞清楚分歧在哪里，并商量可能的解决办法。这种方法可以使双方的利益都得到满足，因此从结果来说是最好的选择。

10.2.2 核心竞争力

核心竞争力最早由美国学者普拉哈拉德和哈默于1990年提出。他们认为，企业的核心竞争力是能使企业为顾客带来特别利益的独有技能和技术，是组织的积累性知识，特别是关于如何协调不同的生产技能和有机结合多种技术流派的知识。正是企业的专有知识，才使得核心竞争力表现得独一无二、与众不同和难以模仿。

1. 核心竞争力的含义

核心竞争力是指组织内部一系列互补的技能和知识的结合，是组织内部经过整合了的知识和技能，它具有使一项或多项业务达到竞争领域一流水平、具有明显优势的能力。核心竞争力具有以下特征。

（1）独特性

核心竞争力必须是独一无二、为组织所特有的，没有被当前和潜在的竞争对手所拥有。核心竞争力是相对于竞争对手而言的，因而它一定是与竞争对手不同的独特的能力。

（2）价值性

核心竞争力是组织独特的竞争能力，这种能力能很好地实现组织所看重的价值，从而给组织带来竞争优势，并富有战略价值。

（3）不易模仿性

核心竞争力是组织所特有的，并且是竞争对手难以模仿的，这种难以模仿的能力能为组织带来超过平均水平的利润。

（4）时间性

通常来说，核心竞争力是组织长期沉淀积累形成的，不容易被改变，但并不是一成不变的。随着组织的不断发展，核心竞争力会被不断赋予新的内容。组织战略、竞争对手实力及外界环境发生变化，核心竞争力也应有相应的改变。因而，核心竞争力具有一定的时间性。

（5）集合性

核心竞争力虽然具有局部性，但绝不是单一的，它是经过整合了的能力，也正是由于集合性的特点，核心竞争力才具有独特性。

（6）延展性

核心竞争力能够较大程度地满足客户的需要，不仅是当前的需要而且还包括潜在需要，这种需要的满足往往是通过核心竞争力在新领域的积极运用而得以实现的，从而可为组织不断地创造新的利润点。

2. 核心竞争力的影响因素

组织人员所掌握的知识是组织获取核心竞争力的根本动力，而财务和设备等是物质基础，组织机制和组织文化及外部环境是核心竞争力形成的环境因素，组织战略为核心竞争力提供方向。核心竞争力的影响因素如下。

（1）人力资源

人力资源是获取核心竞争优势最根本的动力。组织运作需要人的参与，需要把组织外部的知识和内部的知识融合起来，因此说人是获取核心竞争优势的原动力。

（2）物质资源

物质资源是获取核心竞争优势的物质基础。要保持组织的核心竞争力，还必须具备相应的物质基础。这些物质条件包括组织的核心技术、信息系统、办公场所等。

（3）组织环境

组织环境是保持和增强核心竞争力的软环境。组织环境包括内部环境和外部环境。内部环境包括组织制度和组织文化等；外部环境包括组织所在的行业、地域等。内部环境为提升核心竞争力提供了精神支持与动力；外部环境是核心竞争力的原动力。

（4）组织战略

组织战略是指引核心竞争力的方向。真正能够指引组织健康发展的应该是融合了组织高层领导思维的科学系统的经营战略。

3. 核心竞争力的组成部分

（1）研究与开发能力

研究与开发是指为增加知识总量，以及运用这些知识去改造新的应用而进行的系统性创造活动。它包括基础研究、应用研究和技术开发等内容。知识和技术是企业核心竞争力的首要核心，企业只有拥有自己的研究与开发能力，形成自己的核心技术和知识，才能使竞争对手难以模仿和超越，从而保持长久不衰的竞争优势。

（2）技术转化能力

技术转化能力是指企业把技术创新活动得到的新技术应用于产品生产和提供服务，从而转化为实际生产力的能力。技术转化过程实际上是科技成果的转化过程，它对新技术有一定的要求：利用新的技术知识生产的产品和所提供的服务具有使用价值，符合市场需要，市场前景广阔，竞争力强；当新的技术知识应用于生产时，能节约能源，降低消耗，提高生产效率；当新的技术知识与企业现有原材料、厂房、设备、人才等配套要素结合时，能有效地利用企业的现有生产条件。

（3）技术保护能力

核心竞争力的重要载体之一是企业的核心技术，它是企业长期保持竞争优势的核心之一，因此企业对核心技术的保护能力是企业核心竞争力的核心之一。

（4）应变能力

应变是人的主观思维的一种"快速反应能力"。企业应变能力是企业能够改变特定资源，使其产品能够快速满足客户需求的能力。它包括对客观变化的敏锐感应能力和对客观变化迅速做出应付策略的能力。

4. 核心竞争力的培育

知识链接 10－2

企业长久发展的最好手段是提高企业自身的竞争力，而全面培育企业核心竞争力是其中的关键。培育企业核心竞争力应从以下 5 个方面着手。

（1）提高企业领导人的核心竞争力意识

竞争能力在客观上的演变过程是必然的。面对这种客观上不可逆转的过程，企业为保持核心竞争力的领先进而获得竞争优势，就必须从其主观方面努力。而提高企业领导人的核心竞争力意识是主观努力的重要方面。企业领导人的核心竞争力意识是获得核心竞争力的必要条件，具有核心竞争力意识的企业领导人，往往能够在认准市场需求和产品技术变化趋势的基础上，对企业的核心竞争力进行准确定位，然后建立相应的企业机制，配备相应的环境条件，以此来塑造和提升核心竞争力，并将其转化成竞争优势。同时，这一切反过来又进一步增强了企业的核心竞争力。

（2）掌握核心技术

掌握核心技术对企业提升竞争力至关重要。这类技术可以重复使用，在使用过程中价值不但不减少，而且能够增加，具有连续增长、报酬递增的特征。因此，核心技术是企业在市场中取得超额利润的主要原因。一个企业即使没有整体竞争优势，也可以通过少数几个关键技术或少数几个关键能力大获成功，这种竞争对手难以超越的关键技术和能力就是核心竞争力。

（3）集中资源进行差异化经营与管理

过去企业总是简单地讲市场战略、产品战略、技术战略，这些职能战略是企业外在的和显性化的战略，最多只能获取暂时的优势。企业应集中自己资源从事某一领域的专业化经营，并在这一过程中逐步形成自己在经营管理、技术、产品、销售、服务等方面与同行业其他企业的差别。在发展自己与其他企业上述诸多方面的差异中，就可能逐步形成自己独特的可以提高消费者特殊效用的技术、方式、方法等，而这些有可能构成今后企业核心竞争力的重要因素。

（4）注重构建与发展企业的比较优势

相对成本优势的获得能力是核心竞争力的体现。某些进入壁垒较低的产业一旦有高于市场平均的回报率就会有大量资本涌入，这时产业整合势在必行。在产业整合阶段，主要的竞争策略便是取得相对成本优势：从竞争对手和市场空缺中寻找机会，建立自己的比较优势，并构建支撑这种优势的核心竞争力。

（5）塑造知名品牌

在日益动荡多变的市场条件下，品牌已经成为赢得顾客忠诚度和企业求得长期生存与成长的关键。在这种情况下，企业就要重新审视其品牌管理策略。特别是对于国内的企业，经济全球化和新技术不断创新的压力已经直逼本土企业必须将竞争水平提升到国际水准。品牌作为一种独有的无形资产，具有特殊的附加值，它隶属于一定的组织，并且有相应的专利和法律保护，所以从这个意义上讲，品牌的竞争力也代表了企业的核心竞争力。

【课堂案例讨论】

耐克公司的内部环境分析

世界知名体育用品企业耐克公司基于自身资源与实力，创造出了一条全新的企业竞争道路。

一方面，不遗余力地打造企业研发优势。耐克公司每年拿出数千万美元作为技术研发费用。公司汇集了制造工艺、工业设计、人体工程学等多个领域的专家技术人员，并聘请教练员、运动员、运动医生等相关人士，共同制定、审核各种设计方案，尝试新材料、新工艺，运用多种高科技与手段，设计开发适合运动使用的跑鞋与材料，奠定了企业在产品技术领域独一无二的竞争优势。

另一方面，投入巨额资金进行市场拓展与维护。耐克公司通过有效的营销创新策略和精细的市场拓展规划，增强顾客对耐克产品的认知和接受，不断提升耐克的品牌价值。

与此同时，耐克公司借助其遍布全球的虚拟经营网络，将企业并不擅长的生产制造等环节进行外包，收到了专注所长、扬长弊短的良好效果。

耐克公司一路走来，不断超越，跻入世界经营最为成功的体育用品公司行列，成为众多企业学习和追赶的标杆。

讨论：

（1）什么是核心竞争力？核心竞争力的影响因素有哪些？

（2）耐克公司在提高企业核心竞争力方面采取了哪些对策？

10.2.3 利益协调

利益协调是指针对组织内部在各种利益（主要是物质利益）分配方面可能出现或已经出现的问题而展开的协调。

1. 利益协调机制

利益协调机制是指在社会系统变化中协调不同利益主体之间相互关系的组织、制度和发挥其功能的作用方式。一般地，人们按照其作用领域，将利益协调机制区分为经济协调、政治协调、法律协调和道德协调4种方式，具体见表10-1。

表10-1 利益协调机制的分类

方式	内容
经济协调	①用经济体制协调利益关系 ②用经济法规、政策、手段等调整不同利益主体之间的利益矛盾
政治协调	①利用国家职能进行协调 ②利用政治制度和手段进行协调
法律协调	①通过明确规定人们的权利和义务来协调利益关系 ②监督社会公共事务的实施，维护全体成员的基本利益
道德协调	①通过习惯、习俗、传统、教育、舆论等来实现 ②通过善恶、真假、美丑等道德观念引导人们的言行

（1）经济协调

利益矛盾主要是经济的、物质的矛盾，因而经济协调是利益协调的基本手段。首先，建立健全与生产力发展状况相适应的经济制度和经济体制，用制度协调利益关系，促进经济发展。制度和体制从宏观上规定了各方面利益分配的基本比例，使社会利益体系保持大体上合理与稳定的格局。其次，运用经济法规、政策、管理手段与方法处理和调整不同利益主体之间的利益矛盾，如运用价值规律、运用"看不见的手"等。

（2）政治协调

政治是经济的集中体现，政治反映了经济关系中各阶层的根本利益。政治协调是利用国家的职能、政治制度及各种政治手段进行协调。国家职能实际上就是政府职能。随着私有制的产生，国家职能逐渐形成并不断增强。直到工业革命和市民阶层崛起，自由市场经济形成，政府干预经济的现象才有所减弱。当然，适当的政府干预还是有必要的，这就使政府与国家从私权领域退出来，把公权领域中应该做好而没有做好的事情努力做好，以此来调节社会利益关系。政治制度首先维护的是统治集团的利益。

（3）法律协调

法律协调与政治协调的关系极为密切。任何国家不可能没有法律，法律作为政治的一个部分而存在。按照传统的说法，法律实质上是统治阶级意志的体现，是统治者施政的工具。

其实，法律作为基本的行为规范不仅可以作为政治手段，而且可以超越政治的范围，协调人们在各个领域的利益关系。法律协调以权利和义务为特征，它通过明确规定人们的权利和义务来协调利益关系，维持社会秩序。同时法律还通过监督社会公共事务的实施来维护全体社会成员的基本利益，如保证公民的人权、财产权等。

（4）道德协调

道德的产生早于法律。在人类早期没有尖锐的利害冲突之前，维护秩序的只有道德。出现了尖锐的利益冲突之后，便产生了国家与法律。早期的法律实际上是对传统道德习俗的直接肯定与认可。但是道德仍然具有其独特的功能与作用。它有两个显著特点：一是广泛性；二是软弱性。广泛性是指凡是有人群的地方都会有道德，道德对人们生活的方方面面都可以发挥作用，道德在某些方面与法律还有所交叉。软弱性是指道德对利益的协调主要是通过习惯、习俗、传统、教育、舆论等来实现的。它通过善恶、真假、美丑、诚信与虚伪、公正与偏激、正与邪等道德观念引导人们的言行，以此协调人们之间的利益关系，不具有强制性。但是道德又是分层次的，甚至是对立的：不同地位、不同阶层有人群有不同的道德观。当然，作为人，还是有一些基本的共同的道德规范，这成为利益协调的基本准则。

2. 利益协调内容

利益协调包括利益引导、利益约束、利益调节和利益补偿4个方面。

（1）*利益引导*

利益引导是指利用宣传说教，让人们树立合理合法、公平公正的利益观念，引导人们合理处理个人与团体、局部与整体、当前与长远的利益关系。利益观念的形成与改变都比较滞后，尤其是在社会巨变时期，各种利益观念会经常发生碰撞。比如在现实中，有人习惯于平均主义，对利益的分化认识不足；有人对正当的个人利益讳莫如深，经常批判；有人重利忘义，唯利是图；有人重小团体利益而忽视社会整体利益，等等。除了教育引导之外，更重要的是建立正常的合法的利益表达与沟通机制。这是因为随着市场主体的多元化和阶层化，利益需求也日渐多元，不同利益群体之间总是存在矛盾与冲突，如果没有畅通的利益表达渠道和及时的信息沟通与反馈渠道，那么矛盾很容易激化。

（2）*利益约束*

人们获取利益的行为应受到法律和道德的双重约束，它们是利益需求和利益行为的调节器和控制器。法律是刚性的社会规范，它规定了人们的行为方式，维护社会的基本秩序。道德是引导人们合理确定利益目标、自觉调整利益需求、选择利益行为的内在约束力量。在法律与道德上，首先应该强化法律规范，然后再谈道德教化。

（3）*利益调节*

利益调节是任何社会都有的一种利益协调机制。随着社会主体多元化、社会阶层多样化、利益主体多元化，地区、阶层、行业之间的收入差距迅速扩大，旧的利益调节机制基本上被淘汰，新的机制还没有建立起来。首先，要让全社会都树立社会公正观念，尤其是公共权力机关要用公正观念指导政策的制定和实施，教育和引导社会成员尤其是既得利益者用社会公正的一般标准约束与规范追逐利益的行为，该交的交，该捐的捐，该牺牲的要牺牲，以维护社会公正。只有这样，才能更好地保护既得利益。其次，充分发挥市场在调节利益中的作用，利用市场机制为不同的市场主体创造公平的竞争环境，调整利益分配格局，减少不同利益群体之间的差距。最后，适度发挥政府在公共领域的调控作用：一是应该创造平等竞争的环境，取消或放松行业、阶层、地区的进出门槛，用市场手段消除行业之间的收入差距；

二是取消垄断保护；三是制定和强化、刚性化税法，调节高收入，扶持低收入人群，深入研究二次分配的策略。

(4) 利益补偿

社会的急剧变革，导致相当部分的人群利益受到伤害，因此尽快建立利益补偿机制是当务之急。对于特殊的、困难的群体的基本生活之需我们要给予保障，更重要的是需要建立一套相对完善的社会保障制度。利益补偿包含3个方面的制度建设：一是社会保险制度，如养老保险制度、失业保险制度等；二是社会救济制度，即对全社会的老弱病残公民的基本生活保障制度；三是社会福利制度，如公共体育活动设施、休闲活动场所等建设制度。建立和完善利益补偿机制，有利于增进人与人之间的平等，维护社会公平，缓解利益矛盾，保持社会稳定，实现社会和谐。利益补偿并非无条件的、无限的，它应该与经济发展的水平基本保持一致，与个人的劳动贡献、交纳金额等基本协调；否则，会产生新的不平，重蹈平均主义的覆辙。

知识拓展：
压力管理

10.3 思考和实训

一、单项选择题

1. （　　）是指采用一定的方法和技术，引导组织之间、人员之间建立互相协同、互相配合的关系，以有效地达到共同目标的行为。
   A. 妥协　　　　　B. 合作　　　　　C. 解决　　　　　D. 协调

2. 组织内部各层级、各部门的权责利等内容的协同与配合是（　　）。
   A. 组织间的协调　　　　　　　　　B. 组织内部结构协调
   C. 领导班子内部协调　　　　　　　D. 人际关系协调

3. （　　）是指两个或两个以上的行为主体因在特定问题上目标不一致、看法不相同或意见分歧而产生的相互矛盾、排斥、对抗的一种态势。
   A. 竞争　　　　　B. 解决　　　　　C. 冲突　　　　　D. 协调

4. 通过要求冲突各方都做出一定的让步，使问题得到解决的方法是（　　）。
   A. 回避　　　　　B. 强制解决　　　C. 妥协　　　　　D. 合作

5. （　　）是指组织内部一系列互补的技能和知识的结合，是组织内部经过整合了的知识和技能，它具有使一项或多项业务达到竞争领域一流水平、具有明显优势的能力。
   A. 组织战略　　　B. 核心竞争力　　C. 组织能力　　　D. 竞争优势

6. （　　）是指为增加知识总量，以及运用这些知识去改造新的应用而进行的系统性创造活动。
   A. 技术转化能力　　　　　　　　　B. 技术保护能力
   C. 应变能力　　　　　　　　　　　D. 研究和开发能力

7. （　　）是指企业把技术创新活动得到的新技术应用于产品生产和提供服务，从而转化为实际生产力的能力。
   A. 技术转化能力　　　　　　　　　B. 技术保护能力
   C. 研究和开发能力　　　　　　　　D. 应变能力

8. （　　）是指针对组织内部在各种利益可能出现或已经出现的问题而展开的协调。

  A. 经济协调   B. 利益协调   C. 政治协调   D. 道德协调

9. (　　) 是指在社会系统变化中协调不同利益主体之间相互关系的组织、制度和发挥其功能的作用方式。

  A. 政治协调机制   B. 经济协调机制   C. 道德协调机制   D. 利益协调机制

10. (　　) 是指利用宣传说教,让人们树立合理合法、公平公正的利益观念,引导人们合理处理个人与团体、局部与整体、当前与长远的利益关系。

  A. 利益约束   B. 利益调节   C. 利益引导   D. 利益补偿

二、多项选择题

1. 协调的内容包括 (　　)。
  A. 组织间的协调   B. 组织内部结构协调
  C. 领导班子内部协调   D. 人际关系协调

2. 企业需要协调的关系有 (　　)。
  A. 企业内部关系   B. 企业与外部环境之间的关系
  C. 企业外部关系   D. 企业内部领导之间的关系

3. 企业内部关系的协调是指 (　　)。
  A. 各生产要素的协调   B. 企业与股东关系的协调
  C. 企业与法人关系的协调   D. 企业内部人际关系的协调

4. 企业与外部环境的协调包括 (　　)。
  A. 企业与消费者关系的协调   B. 企业与政府关系的协调
  C. 企业与新闻界关系的协调   D. 企业与社区关系的协调

5. 下列属于解决组织冲突对策的方法有 (　　)。
  A. 回避   B. 强制解决   C. 妥协   D. 合作

6. 下列属于核心竞争力特征的有 (　　)。
  A. 独特性   B. 不易模仿性   C. 集合性   D. 延展性

7. 核心竞争力的影响因素有 (　　)。
  A. 人力资源   B. 物质资源   C. 组织环境   D. 战略

8. 核心竞争力的组成部分包括 (　　)。
  A. 研究和开发能力   B. 技术转化能力
  C. 技术保护能力   D. 应变能力

9. 培育企业核心竞争力应从 (　　) 着手。
  A. 提高企业领导人的核心竞争力意识   B. 掌握核心技术
  C. 塑造知名品牌   D. 注重构建与发展企业的比较优势

10. 利益协调的方式有 (　　)。
  A. 道德协调   B. 经济协调   C. 政治协调   D. 法律协调

11. 下列属于利益协调内容的有 (　　)。
  A. 利益引导   B. 利益约束   C. 利益调节   D. 利益补偿

三、判断题

1. 协调可以使个人目标与组织目标一致,促进组织目标的实现。(　　)
2. 组织间的协调是协调中最为复杂、最为繁重的。(　　)
3. 妥协是解决冲突最简单的一种方法。(　　)

4. 人是获取核心竞争优势的原动力。（   ）
5. 企业领导人的意识是企业在市场中取得超额利润的主要原因。（   ）
6. 经济协调是利用国家的职能、政治制度及各种政治手段进行协调。（   ）
7. 利益补偿是无条件的。（   ）

四、思考题

1. 怎样才能做好协调工作？请举例说明。
2. 协调组织冲突的对策有哪些？
3. 如果你是一名管理者，应怎样提高组织的核心竞争力？

五、案例思考题

一语不慎，加深领导缝隙

某公司两位领导关系比较紧张，因为工作上的不同意见，也因为涉及自己前途上的一些争斗。但是这种矛盾还是很隐蔽的，表面上，两位领导的关系也算过得去。

但是不久，上级派来了一个工作检查组，在陪同问题上，领导A认为两人中有一人陪同就行了，不必两个人都去。于是让秘书去传达自己的看法，不料秘书在向领导B转达领导A的意思时，却把话说成："A领导说了，你去他就不去了。"领导B听了，心里思忖：我去他不去，这是什么意思？虽然勉强去了，但心里感觉不是滋味。后来，在一次会议上，这种长久潜伏下来的不快终于爆发了，弄得会议不欢而散，两位领导的矛盾终于成了公司人尽皆知的"秘密"，越闹越大，最后不得不由上级领导出面才解决了矛盾。

思考题：
（1）在本案例中，为什么说秘书说话关系甚大？
（2）秘书应该怎样在领导间传达信息？

六、实训项目

如何协调这种冲突

（1）实训目标
①培养学生的协调能力。
②培养学生解决冲突的能力。

（2）实训内容与方法
①设定情景，由学生即时进行训练。
②情景：某公司市场部前一段时间在华东地区做的广告效果不好，影响了销售部的业绩。由于这个区是重点区，所以销售部非常有意见，销售部经理找市场部多次，也争吵了好多次。在这种情况下，你认为应该如何协调这种冲突？
③将班级分成若干个组，每组分成市场部和销售部进行情景模拟，寻求协调冲突的方法。

（3）实训要求
①各小组提供一份协调冲突的方案。
②方案中应体现协调的方法、过程、结果等。

（4）实训检测
①各组组长根据组员在协调冲突过程中的表现，现场给出本小组每个成员的成绩。
②教师根据每组上交的协调冲突的方案，按照协调的有效性给出每组的成绩。

模块 4 控制职能

KONGZHI ZHINENG

控制职能是指继计划职能、组织职能、领导职能之后，按照计划标准衡量计划完成情况和纠正偏差，以确保计划目标实现的一系列活动。

控制职能的主要内容：
- 建立控制标准；
- 采取纠正措施；
- 衡量工作绩效。

项目 11

控 制 基 础

知识目标：
- 了解控制的概念；
- 理解控制的基本类型；
- 熟悉控制的过程；
- 掌握现代控制的几种方法。

能力目标：
- 能够应用控制方法保证工作与计划一致；
- 能够应用预算控制理论对资金的收入和支出进行预算。

能力目标：
- 培养学生独立解决问题能力。

11.1 案例导读

综合控制计划的制订

张正在几天前被任命为一家化妆品公司的总经理，他很快就发现这家公司存在很多问题，而且大多数问题都与公司不适当的控制管理有关。例如，他发现公司各部门的预算是由各部门自行制定的，前任总经理对各部门上报的预算一般不加修改就签字批准；公司内部也没有专门的财务审核人员，因此对各部门的预算和预算的实施情况根本就没有严格的审核。在人事方面，生产一线人员流动率大，常有人不辞而别；行政人员迟到早退现象严重，而且常有人在工作时间利用公司电话炒股票。

公司对这些问题都没有采取有效的控制措施，更没有对这方面的问题进行及时调整或解决。不少中层管理人员还认为，公司业务不景气，生产人员想走是很正常的，行政人员在没什么工作可做的情况下迟到早退、自己想办法赚点钱也是可以理解的，对此没有必要大惊小怪。

张正认为，要改变公司的面貌，就一定要加强资金、人员等方面的控制，为此就需要制订一个综合控制计划。

思考题：
(1) 张正的想法是否正确？控制能起到什么作用？
(2) 为了改变公司的面貌，这个综合控制计划应包括哪几方面的内容？

任何组织完成计划都需要控制，管理中的控制是指管理者为保证工作与计划一致，进而有效实现组织目标而采取的一切活动。在现代管理系统中，要想实现组织目标，求得组织在竞争中的生存与发展，不进行控制是不可能的。

11.2 理论与实务知识

11.2.1 控制的含义

1. 控制的定义

控制是指组织在动态变化的环境中，为确保实现既定的目标而进行的检查、监督、纠错等管理活动。控制是一项重要的管理职能，在实践中具有较强的不可替代性。控制是一次管理循环过程的终点，是保证最初制订的组织计划得以实现和推动组织沿着确定的目标和方向发展的最后一项重要管理职能。同时，控制又是新一轮管理循环活动的起点，是组织修正未来发展目标和确定下一轮计划的基础。

控制具有以下特点。

（1）控制是一种有目的的活动

控制的意义体现在通过发挥"纠偏"和"适应"的功能，促使组织更有效地实现其根本目标。

（2）控制是一种整体性的活动

控制的主体不只是管理人员，而是组织的全体成员。控制的对象包括组织活动中的各个方面。所以管理控制中应把组织的活动作为一个整体来看待，使各个方面协调一致，达到整体优化。

（3）控制是一种动态性的活动

组织本身是动态的，其外部环境和内部条件随时都在发生变化，从而决定了控制标准和方法不可能固定不变。

2. 控制的原理

任何系统都是由因果关系链联结在一起的元素的集合。元素之间的这种关系就叫耦合。控制论就是研究耦合运行系统的控制和调节的。为了控制耦合系统的运行，必须确定系统的控制标准。可以通过对系统的调节来纠正系统输出与标准值之间的偏差，从而实现对系统的控制。

控制与计划的关系如下。

①计划起着指导性作用，控制则是为了保证组织的产出与计划一致而产生的一种管理职能。

②计划预先指出了所期望的行为和结果，而控制则是按计划指导实施的行为和结果。

③只有管理者拥有整个组织、各部门的相关信息后才能制订出有效的计划，而这些信息

中的绝大多数是通过控制过程得到的。

④如果没有计划来表明控制的目标，管理者就不可能进行有效的控制。

3. 控制的目的

控制的主要目的是保证组织在复杂多变的内外部环境中实现事先设定的目标，具体包括以下两方面的内容。

(1) 通过维持现有状况确保组织实现计划目标

由于组织处于复杂多变的内外部环境之中，控制工作必须随时将计划的执行情况与设定的标准进行比较，找出存在的偏差并及时纠正偏差，使组织的行为活动趋于稳定，并始终围绕既定的目标，沿着相对固定的轨迹发展。

(2) 通过突破现有状况促进组织目标实现

组织中一些内外部环境的变化，会对组织提出一些新的要求，甚至会对组织既定的目标和计划方案提出挑战。此时，管理人员必须实施控制，根据变化的环境条件适当地修正组织目标和计划方案，使组织的目标和计划更符合实际的要求，为组织有效实施管理的其他职能奠定基础。

4. 控制的作用

(1) 控制是完成计划任务、实现组织目标的保证

计划是对组织未来行动的谋划和设计，是组织在未来一段时间内需要执行的行动规划。为了使计划及时适应变化了的环境和条件，推动组织目标的实现，必须通过控制及时了解环境变化的程度、原因、趋势，并据此对计划目标和计划过程做出适当的调整，使计划更加符合实际。

(2) 控制是及时改正缺点、提高组织效率的重要手段

控制一方面有利于组织少走弯路，降低失误对组织效率的负面影响；另一方面可以帮助管理者积累经验，提高未来管理工作的效率。

(3) 控制是组织创新的推动力

控制是一种动态的、适时的信息反馈过程，是一种积极主动的管理活动。现代管理越来越强调控制中的反馈机制。在控制中，控制者和被控制者都可以及时发现一些问题，促使管理者推陈出新，在推动管理工作动态适应环境的过程中创新。

> **案例分析**

经过长达 15 年的精心准备，耗资 15 亿美元的哈勃太空望远镜终于在 1990 年 4 月发射升空。但是，美国国家航天局（NASA）仍然发现望远镜的主镜片存在缺陷。由于直径达 94.5 英寸的主镜片的中心过于平坦，导致成像模糊。因此望远镜对遥远的星体无法像预期那样清晰地聚焦，结果造成一半以上的实验和许多观察项目无法进行。

更让人觉得可悲的是，如果有更好的控制，这些是完全可以避免的。镜片的生产商珀金斯－埃默公司，使用了一个有缺陷的光学模板生产如此精密的镜片。具体原因是，在镜片生产过程中，进行检验的一种无反射校正装置没有设置好，校正装置上的 1.3 毫米的误差导致镜片研磨、抛光成了误差形状。但是没有人发现这个错误。具有讽刺意味的是，与其他许多 NASA 项目不同，这一次并没有时间上的压力，而是有足够充分的时间来发现望远镜上的缺陷。实际上，镜片的粗磨在 1978 年就开始了，直到 1981 年才抛光完毕。此后，由于"挑战者号"航天飞机的失事，完工后望远镜又在地上待了两年。

美国国家航天局负责哈勃项目的官员对望远镜制造中的细节根本不关心。事后一个由6人组成的调查委员会的负责人说:"至少有三次明显的证据说明问题的存在,但这三次机会都失去了。"

一件事情,无论计划做得多么完善,如果没有令人满意的控制系统,在实施过程中仍然会出问题。因此,对于有效管理,必须考虑设计良好的控制系统所带来的好处。

11.2.2 控制的类型

1. 按控制的环节分类

按控制的环节分类,控制可分为前馈控制、现场控制和反馈控制,如图11-1所示。

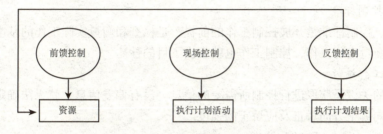

图11-1 按控制环节分类

前馈控制是指在活动开展之前就认真分析并采取防范措施,使可能出现的偏差在事先就可以筹划和解决的控制方法。前馈控制比较复杂,影响因素也很多,输入因素常常混杂在一起,这就要求前馈控制建立系统模式,对计划和控制系统仔细分析,确定重要的输出变量,并定期估计实际输入的数据与计划输入的数据之间的偏差,评价其对预期成果的影响,保证采取措施解决这些问题。前馈控制比反馈控制更为重要,但由于计划必须面对许多不确定因素和无法估计的意外情况,即使进行了前馈控制,也不能保证结果一定符合计划要求,因此计划执行结果仍然要进行检验和评价。

现场控制是指计划正在执行的过程中,由基层管理人员采取的一种控制工作的方法。其内容有:向下级指示恰当的工作方法和工作过程;监督下级的工作以保证计划目标的实现;当发现不符合标准的偏差时,立即采取纠正措施。

反馈控制是指管理人员分析以前工作的执行结果,将它与控制标准相比较,发现已经发生和即将出现的偏差,分析其原因和对未来的可能影响,及时拟定纠正措施并予实施,以防止偏差继续发展或再度发生。

2. 按控制的主体分类

按控制的主体分类,控制可分为直接控制和间接控制。

直接控制是相对于间接控制而言的,它是通过提高管理人员的素质和领导水平,从而消除或减少由于管理不善造成偏差的一种控制。其指导思想是:合格的主管人员出的差错最少,他能觉察到正在形成的问题,并能及时采取纠正措施。所谓"合格",就是指他们能熟练地应用管理的概念、原理和技术,能以系统的观点进行管理。因此,主管人员及其下属的素质越高,就越不需要进行直接控制。

间接控制是观察管理人员的未来行动,跟踪和找出造成不良结果的原因,追究个人责任并使他们在实践中改正的过程。在实际工作中，在所定的标准是正确的前提下，产生偏差的原因常常有两种：由于不确定因素和直接负责的管理人员缺乏知识与经验判断力。对于不确定因素是无法估计的，因而由此造成的管理失误也就不可避免。在这种情况下，间接控制就不能起作用。

11.2.3 控制过程

控制的基本过程是根据计划的要求，建立衡量绩效的标准，把实际结果与预定标准相比较，以确定组织活动中出现的偏差，并在此基础上有针对性地采取必要的纠正措施，确保组织资源的有效利用和组织目标的实现。不论控制活动的对象是什么，任何一项活动的全过程都存在相似之处。管理控制的过程包括3个步骤，即建立控制标准、衡量工作绩效和采取纠正措施。

（1）建立控制标准

控制目标、控制标准是开展控制工作的前提，是检查和衡量实际工作的基准。没有控制标准，就无法衡量实际工作，控制工作也就失去了目的性。

（2）衡量工作绩效

有效控制的关键是获取进行控制所需要的信息。没有偏差信息，就无法确定是否需要采取矫正措施、向哪个方向矫正及应矫正的强度。

知识链接 11-1

（3）采取纠正措施

任何控制都是针对问题及其产生的原因而采取的相应的解决对策。不正确的归因会导致控制低效、无效甚至负效果。

总之，控制标准、衡量绩效、纠正措施是控制过程的三要素，它们相互关联、相互依存、缺一不可。

11.2.4 控制方法

在管理实践中，人们总结出了一系列的控制方法，见表 11-1。

表 11-1 控制方法

方法	内容	说明
预算控制	①收入预算	是企业未来一段时间经营收入情况的预算
	②支出预算	是企业生产经营活动中各种支出的预算
	③现金预算	是企业未来生产与销售活动中现金流入与流出的预算
	④资金支出预算	是企业未来需要现金支出的预算
	⑤资产负债预算	是企业会计年度末期财务状况的预算
比率分析控制	①财务比率	是以财务报表资料为依据，将两个相关的数据进行相除而得到的比率
	②经营比率	是与资源利用有关的几种比例关系，反映了企业经营效率的高低和各种资源是否得到充分利用
审计控制	①外部审计	是由外部机构选派的审计人员对企业财务报表及其反映的财务状况进行的评估
	②内部审计	是由企业内部的机构独立进行审计
	③管理审计	是对企业所有管理工作及其绩效进行全面系统的评价

1. 预算控制

预算是以数字形式表示的计划，预算多数是指财务预算，即用财务数字表明的组织未来经济活动的成本费用和总收入、净收益等。预算控制是指根据预算规定的收入与支出标准来检查和监督各个部门的生产经营活动，以保证各种活动在完成既定目标、实现利润的过程中对经营资源的利用，从而使费用支出受到严格有效的约束。

由于生产经营活动的特点不同，预算表中所涉及的项目也不同。预算主要涉及以下几个方面的内容：收入预算、支出预算、现金预算、资金支出预算和资产负债预算。

（1）收入预算

收入预算是对企业未来一段时间经营收入情况的说明，它从财务角度预测了企业未来活动的成果。由于企业收入来源主要是产品销售，所以收入预算的主要内容是销售预算，即通过分析企业过去的销售情况、目前和未来的市场需求特点及其发展趋势，比较竞争对手和本企业的经营实力，确定企业在未来时期内为了实现目标利润必须达到的销售水平。

（2）支出预算

支出预算是指企业在生产经营活动中的各种支出预算。收入预算和支出预算都是从财务角度计划和预测企业未来活动的成果及为取得这些成果所付出的费用。不同的企业，支出的项目不同，支出预算是针对直接材料预算、直接人工预算和附加费用预算编制的。

①直接材料预算。是指企业为了实现销售收入，而对所需的原材料的种类和数量进行的预算。直接材料预算是采购部门编制采购预算的基础。

②直接人工预算。是指企业为了生产一定量的产品，而对所需人工的数量和种类进行的预算。

③附加费用预算。是指企业支付于行政管理、销售服务、设备维修和固定资产折旧等方面的预算。

（3）现金预算

现金预算是对企业未来生产与销售活动中现金的流入与流出进行预测，通常由财务部门编制。现金预算只能包括现金流程中的项目，赊销所得的应收款在用户实际支付以前不能列作现金收入。收入预算、支出预算和现金预算都属于短期预算。

（4）资金支出预算

资金支出预算是一个长期预算。支出的项目包括：用于改造或扩充生产设施的支出；用于增加品种、完善产品性能或改进工艺的研究与开发支出；用于广告宣传、寻找顾客的市场支出等。

（5）资产负债预算

资产负债预算是对企业会计年度末期的财务状况进行预测。它是将分预算汇总在一起，通过对预算表的分析，发现某些分预算的问题，以便及时地采取调整措施。通过分析流动资产与流动负债的比率，可以发现企业的财务安全性和偿债能力的大小；通过将本期预算与上期实际发生的资产负债情况进行对比，可以发现企业财务状况发生的变化，从而进行事前控制。

【课堂案例讨论】

预算的重要性

李某经营着一家化工厂，生意做得红红火火，且有了一定的资金积累。这几年看到房地产赚钱，于是投资办了一家房地产公司，但楼盖到一半，突然发现钱不够用。原因是每一项工程费用都超出计划费用，原来筹集的资金已入不敷出，而银行看到该公司停工，也不再给其贷款，原来的贷款又到了期，李某焦头烂额。

讨论：
(1) 李某的资金出现了什么问题？
(2) 产生问题的根源是什么？
(3) 预算控制对企业发展有哪些好处？

2. 比率分析控制

比率分析是将同一期财务报表上的有关数据互相比较，得出的判断经营效果好坏的比率。常用的比率有两种类型：财务比率和经营比率。

(1) 财务比率

①流动比率。是指企业的流动资产与流动负债之比。它反映了企业偿还需要付现的流动债务的能力，是衡量公司短期偿债能力最常用的指标。一般情况下，流动比率越大，表明公司短期偿债能力越强；反之，说明公司的短期偿债能力不强。一般财务健全的公司，其流动资产应远高于流动负债，起码不得低于1∶1，一般认为大于2∶1较为合适。但是，流动比率过大，并不一定表示财务状况良好。一般认为如果这一比率超过5∶1，则意味着公司的资产未得到充分利用。

②负债比率。是指企业总负债与总资产之比。它反映了企业所有者提供的资金与外部债权人提供的资金的比率关系。通过这一比率，可以测知企业长期偿债能力的大小，因为负债是一种固定责任，不论盈亏，均应按期支付利息，到期必须偿还。一般认为负债比率的最高限为3∶1。但是，负债比率过低并不一定有利。此比率过低表明公司举债经营能力有待增强。

③盈利比率。是指企业利润与销售额或全部资金等相关因素的比例关系，它们反映了企业在一定时期从事某种经营活动的盈利程度及其变化情况。常用的盈利比率有以下几种。

● 销售利润率。是指销售净利润与销售总额之间的比例关系。它反映了企业在一定时期内产品销售获得利润的能力。将不同的销售利润率相比较，能为企业的经营控制提供信息。

● 资金利润率。是指某经营时期的净利润与该期占用的全部资金的比例关系。它是衡量企业资金利用效果的一个重要指标，反映了企业利用投入的全部资金实现净利润的能力。

● 投资报酬率。是指一定时期内营业利润和该期投资占用额的比例关系。它反映了投资和投资所产生的现金之间的特有关系，提供了一种对各种投资收益进行比较的方法。

(2) 经营比率

①库存周转率。是指销售总额与库存平均价值的比例关系。它反映了与销售收入相比，库存数量是否合理，表明了投入库存的流动资金使用情况。

②固定资产周转率。是指销售总额与固定资产的比例关系。该指标用于测知固定资产的利用效率。该比率越高，表明固定资产周转速度越快，固定资产的闲置越少；反之则不然。当然，这一比率也不是越高越好，太高表明固定资产过度投资，会缩短固定资产的使用寿命。

③销售收入与销售费用的比率。该比率表明单位销售费用能够实现的销售收入，在一定程度上反映了企业营销活动的效率。

3. 审计控制

审计是对反映企业资金运动过程及其结果的会计记录及财务报表进行审核、鉴定，以判断其真实性和可靠性，从而为控制和决策提供依据。审计可分为3种类型：外部审计、内部审计和管理审计。

（1）外部审计

外部审计是指由外部机构（如会计师事务所）选派的审计人员对企业财务报表及其反映的财务状况进行独立的评估。外部审计人员需要抽查企业的基本财务记录，验证其真实性和是否符合会计准则。

外部审计的优点是：审计人员与经营管理者没有行政上的依附关系，能够保证审计的独立性和公开性。

外部审计的缺点是：外来审计人员不了解经营情况，在具体业务的审计中会带来一些困难。

（2）内部审计

内部审计是由企业内部机构或由财务部门的专职人员独立进行的，兼有许多外部审计的目的。它不仅要像外部审计那样核实财务报表的真实性和准确性，还要分析企业的财务结构是否合理；不仅要评估财务资源的利用效率，而且还要检查和分析企业控制系统的有效性；不仅要检查目前的经营状况，而且还要提供改进这种状况的建议。

内部审计的局限性：内部审计需要很多的费用；要收集事实，而且需要解释事实，并指出事实与计划的偏差所在；要能很好地完成这些工作，且又不引起被审计部门的不满，需要对审计人员进行充分的技能训练；如果审计过程中不能进行有效的信息和思想沟通，那么可能会对组织活动带来负面效应。

（3）管理审计

管理审计是一种对企业所有管理工作及其绩效进行全面系统评价和鉴定的方法。它比外部审计和内部审计范围广。管理审计是利用公开记录的信息，用管理绩效将企业与其他同行业企业进行比较，以此来判断企业经营和管理的水平。

企业的管理绩效包括：经济功能、收入合理性、企业组织结构、研究与开发、财务政策、生产效率、销售能力、管理者素质和能力。

管理审计通过管理绩效为组织未来的工作程序和结果提供了依据。但管理审计也存在缺陷：过多地评价过去的结果，而不注重未来和预测，需要在工作中不断完善。

知识拓展：控制的关键点原理

11.3 思考和实训

一、单项选择题

1. （　　）是指组织在动态变化的环境中，为确保实现既定的目标而进行的检查、监督、纠错等管理活动。

  A. 控制　　　　B. 纠错　　　　C. 解决　　　　D. 动态

2. 控制的主要目的是保证组织在复杂多变的内外部环境中实现事先设定的（　　）。

  A. 目标　　　　B. 计划　　　　C. 组织　　　　D. 决策

3. （　　）是指在活动开展之前就认真分析并采取防范措施，使可能出现的偏差在事先就可以筹划和解决的控制方法。

A. 直接控制　　　　B. 反馈控制　　　　C. 现场控制　　　　D. 前馈控制
4. （　　）是指计划正在执行的过程中，由基层管理人员采取的一种控制工作的方法。
　　　A. 前馈控制　　　　B. 现场控制　　　　C. 反馈控制　　　　D. 间接控制
5. （　　）是观察管理人员未来的行动，跟踪和找出造成不良结果的原因，追究个人责任并使他们在实践中改正的过程。
　　　A. 直接控制　　　　B. 间接控制　　　　C. 现场控制　　　　D. 反馈控制
6. 下面（　　）不属于控制的过程。
　　　A. 建立控制标准　　B. 经验估计　　　　C. 衡量工作绩效　　D. 采取纠正措施
7. （　　）是对企业未来一段时间经营收入情况的说明，它从财务的角度预测了企业未来活动的成果。
　　　A. 支出预算　　　　B. 现金预算　　　　C. 收入预算　　　　D. 资金支出预算
8. （　　）是指企业为了生产一定量的产品，而对所需人工的数量和种类进行的预算。
　　　A. 直接材料预算　　B. 直接人工预算　　C. 附加费用预算　　D. 现金预算
9. 企业的流动资产与流动负债之比是（　　）。
　　　A. 负债比率　　　　B. 流动比率　　　　C. 盈利比率　　　　D. 销售利润率
10. （　　）是指销售净利润与销售总额之间的比例关系。
　　　A. 资金利润率　　　B. 投资报酬率　　　C. 销售利润率　　　D. 负债比率
11. （　　）是指销售总额与库存平均价值的比例关系。
　　　A. 库存周转额　　　B. 固定资产周转率　C. 流动比率　　　　D. 盈利比率
12. （　　）是一种对企业所有管理工作及其绩效进行全面系统评价和鉴定的方法。
　　　A. 内部审计　　　　B. 管理审计　　　　C. 外部审计　　　　D. 公开审计

二、多项选择题

1. 下列属于控制活动的有（　　）。
　　　A. 控制是一种变化性的活动　　　　B. 控制是一种有目的的活动
　　　C. 控制是一种整体性的活动　　　　D. 控制是一种动态性的活动
2. 按控制的环节分类，控制可分为（　　）。
　　　A. 前馈控制　　　　B. 间接控制　　　　C. 现场控制　　　　D. 反馈控制
3. 按控制的主体分类，控制可分为（　　）。
　　　A. 前馈控制　　　　B. 反馈控制　　　　C. 直接控制　　　　D. 间接控制
4. （　　）是控制过程的三要素。
　　　A. 控制标准　　　　B. 预算控制　　　　C. 衡量绩效　　　　D. 纠正措施
5. 下列属于预算涉及的内容有（　　）。
　　　A. 收入预算　　　　B. 支出预算　　　　C. 现金预算　　　　D. 资产负债预算
6. 支出预算是针对（　　）编制的。
　　　A. 直接材料预算　　B. 直接人工预算　　C. 附加费用预算　　D. 资产负债预算
7. 下列属于资金支出预算的有（　　）。
　　　A. 生产设施的支出　　　　　　　　　B. 完善产品性能支出
　　　C. 广告宣传支出　　　　　　　　　　D. 行政管理支出
8. 比率分析常用的比率类型有（　　）。
　　　A. 负债比率　　　　B. 财务比率　　　　C. 流动比率　　　　D. 经营比率

9. 下列属于常用的盈利比率的有（　　）。
   A. 流动比率　　　B. 销售利润率　　　C. 资金利润率　　　D. 投资报酬率
10. 审计分为3种类型，即（　　）。
    A. 外部审计　　　B. 结构审计　　　C. 内部审计　　　D. 管理审计

三、判断题

1. 控制是一次管理循环过程的终点。（　）
2. 控制又是新一轮管理循环活动的终点。（　）
3. 控制是完成计划任务、实现组织目标的准备。（　）
4. 反馈控制是指在活动开展之前进行的控制。（　）
5. 直接控制是通过提高管理人员的素质和领导水平，从而消除或减少由于管理不善造成偏差的一种控制。（　）
6. 没有控制标准，就无法衡量实际工作。（　）
7. 预算是以文字形式表示的计划。（　）
8. 支出预算是指编制企业在生产经营活动中的各种支出预算。（　）
9. 直接材料预算是指企业为了实现销售收入，而对所需人工的数量和种类进行的预算。（　）
10. 现金预算通常由决策部门编制。（　）
11. 资产负债预算是对企业会计年度初期的财务状况进行预测。（　）
12. 预算编制为企业的各项活动确立了财务标准。（　）
13. 负债比率是指企业总负债与销售收入之比。（　）
14. 投资报酬率是指一定时期内营业利润和该期投资占用额的比例关系。（　）
15. 外部审计的优点是审计人员与经营管理者没有行政上的依附关系，能够保证审计的独立性和公开性。（　）

四、思考题

1. 什么是控制？有人说控制会限制员工的主动性和积极性，你怎样理解？
2. 控制与计划的关系是什么？
3. 控制过程一般有哪些步骤？

五、案例思考题

戴尔公司对计算机显示屏供应商的管理

戴尔公司由迈克尔·戴尔创建于1984年，是美国一家以直销方式经销个人计算机的电子计算机制造商，其经营规模已发展到近千亿美元的水平。戴尔公司是以网络型组织形式来运作的，它联结了许多为其供应计算机硬件和软件的厂商。有一家供应商的计算机显示屏做得非常好，戴尔公司先是花很大的投资使这家供应商做到每百万件产品中只能有1 000件瑕疵品，并通过绩效评估确信这家供应商达到要求的水准后，才完全放心地让他们的产品直接打上"Dell"商标，并取消了对这种供应品的验收、库存。类似的做法也发生在戴尔其他外购零部件的供应中。

通常情况下，供应商将供应的零部件运送到买方那里，开箱、触摸、重新包装，经验收合格后，产品组装商便将其存放在仓库中备用。为了确保供货不出现脱节，公司往往要储备未来一段时间内可能需要的各种零部件，这是一般的商业惯例。因此，当戴尔公司对这家计算机显示屏供应商表示"这种显示屏我们今后会购买400万到500万台左右，贵公司为什么不干脆让我们的人随时需要、随时提货"的时候，商界人士无不感到惊讶，甚至以为戴尔公司疯了。戴尔公司的经理们则这样认为，开箱验货和库存零部件只是传统的做法，并不是现代企业运营所必需的步骤，遂将这些"多余的"环节给取消了。

戴尔公司的做法就是，当物流部门从电子数据库得知公司某日将从自己的组装厂提出某型号计算机××部时，便在早上向这家供应商发出配额多少数量显示屏的指令信息，这样等到当天傍晚时分，一组组计算机便可打包完毕分送到顾客手中。如此，不但节约了检验和库存成本，也加快了发货速度，提高了服务质量。

思考题：
（1）戴尔公司对计算机显示屏供应商是否采取了控制方式？这与传统的控制方式有何不同？
（2）控制作为管理的一项基本职能，是管理的最后一道重要环节，它有何作用？

六、实训项目

测试自己的预算控制能力

（1）实训目标
①通过测试，让学生了解自己的预算控制能力。
②能够为自己制订一个合理的预算控制方案。

（2）实训内容与方法
每位学生按照下面的表述进行答题，测试自己的预算控制能力。
①父母给的生活费一到手就花光。
②每月月初，都要列出本月的全部固定支出。
③每年年末，没有钱结余下来。
④能够支付日常花销，但没有多余的钱娱乐。
⑤用信用卡透支。
⑥日常花销全部用现金支付。
⑦同学和朋友缺钱时，我会借钱给他们，这样做会使我的现金告急。
⑧从来不向同学和朋友借钱。
⑨每个月都入不敷出。
⑩每个月存一点钱，以备急需。

说明：对①③⑤⑦⑨题回答"是"，说明预算习惯非常不好；对②④⑥⑧⑩题回答"是"，说明具有很好的预算习惯。

（3）实训要求
①每个学生根据自己的测试结果，制订一个预算控制方案。
②预算控制方案中应体现控制标准、目标、步骤与方法。
③随机抽取个别学生在班级交流。

（4）实训检测
教师根据每个学生上交的预算控制方案，从知识的完整性和可行性方面，给出成绩。

项目 12

绩 效 评 估

> **知识目标：**
> - 了解绩效评估的概念；
> - 熟悉绩效评估的主要内容；
> - 掌握绩效评估的方法；
> - 理解绩效评估的反馈工作。
>
> **能力目标：**
> - 能够应用绩效评估的方法进行有效的绩效评估；
> - 能够根据所学知识进行绩效评估方案设计。
>
> **素质目标：**
> - 培养学生爱岗敬业精神。

12.1 案例导读

他们的绩效评估怎么了

新华公司王总经理参加了一场关于绩效管理的培训讲座。听完讲座后，王总经理认为绩效评估是一个好东西，一定要在全公司试行。实际上，该公司现在实行的是定岗定酬，不同岗位工资不同，相同岗位的工资都一样。这样大家就觉得，干好干坏一个样，工作积极性不高。

回来后，王总经理就要求人力资源部经理老张组织员工学习绩效管理，并迅速在公司推行绩效考核。老张听了以后，心里有点犯嘀咕。私下里，他向王总经理表达了自己的看法，认为目前公司各项工作都不完善，也没有一种良好的绩效氛围，不宜推行绩效评估。即使要开展绩效评估，也一定要逐步推进，比如聘请外部咨询管理公司或者人力资源部门组织一次全员绩效评估的动员大会和培训，请各部门经理详细讨论绩效评估方案；经过层层铺垫之后，当公司上下形成一种良好的绩效评估氛围后再正式实行。

但王总经理根本听不进去，他是一个说做就做的人。没有开会，没有统一思想，就决定全面试行绩效评估。在此情况下，老张制定了一个系统的绩效管理方案给总经理审批。他提出的思路是既然要试行绩效评估方案，那不要给员工造成一种扣工资的想法，给每位员工增加 100～300 元，再把工资总额的 40% 作为绩效考核标准工资。绩效考核分数达到 80 分才能拿到现有工资，做得越好工资越高。

但王总经理看了考核方案后，没说同意，也没说不同意，特别是看到工资涨了，就一拖再拖。后来，生产部又拿了一个新的评估方案被总经理批准了。随着评估面的扩大，矛盾出现了：有些部门经理认为下属员工不容易，不管工作业绩如何，分数都打很高；而有些部门经理抓得很严，分数很低。这样，分数低的人看到人家做得不好也得了高分，心里不是滋味。而分数高的人想，反正领导好，不会怎么扣，做好做坏一个样。

而人力资源部经理老张，因为公司一直没开展过绩效分析工作，又有好几个绩效评估方案没有明确具体职责，因此也不好说部门经理评分有问题，觉得没必要得罪他们。最终，通过绩效评估，变相地增加了部分员工的工资。

通过绩效评估，员工觉得公司更加不公平。就这样，绩效评估"评跑"了员工的信心和激情，公司处于一个进退两难的境地。

思考题：
(1) 新华公司的绩效评估问题到底出在哪里？
(2) 你认为绩效评估的基础是什么？

绩效既是管理追求的目标，又是衡量管理效能的尺度。因此，对绩效进行科学的分析评价，是控制的关键性内容，具有极为重要的意义。绩效评估是组织中管理者与员工之间的一项管理沟通活动，能够为组织决策和员工潜能评价及相关的人事调整提供依据。

12.2 理论与实务知识

12.2.1 绩效评估的含义

绩效评估又称绩效考评，是一种对员工的评估制度，也是人力资源开发与管理中一项重要工作。它是按照绩效标准，采用科学的方法，评估员工工作目标的完成情况、员工工作职责履行的程度等，并将评估的结果反馈给员工的过程。绩效评估的结果可以直接影响员工的薪酬调整、奖金发放及职务升降等切身利益。绩效评估可以从以下几个方面进行理解。

①绩效评估是评价员工的工作表现，评估的是员工在责任职位上的业绩、工作素质和能力，它是员工行为的导向。评估本身不是目的，而是一种手段。

②绩效评估是有目的、有组织地对日常工作中的人员进行观察、记录、评价，可以作为薪酬调整、奖金发放及职务升降的客观评价依据。

③绩效评估的内容不要涵盖该岗位上的所有工作内容，为了提高评估的效率、降低成本，应该让员工清楚工作的关键点，应该选择岗位工作的主要内容进行评估，不要面面俱到。

④绩效评估是对员工的工作考评，对不影响工作的其他任何事情都不要进行考评。

12.2.2 绩效评估的主要内容

具体概括起来绩效评估的主要内容包括工作业绩、工作态度和工作能力 3 个方面。

（1）工作业绩

工作业绩是指一名员工在其工作岗位的职责范围内，完成工作任务的数量、质量、工作效率。在组织中，岗位、责任不同的人，其工作业绩的评估重点也应有所侧重。工作业绩的评估是对员工绩效评估的核心。

（2）工作态度

工作态度是指一名员工对工作所持有的评价与行为倾向，包括工作的认真度、责任度和努力程度等。由于这些因素较为抽象，因此通常只能通过主观性评价来评估。

（3）工作能力

工作能力是指一名员工在从事本职工作时，其自身能力的适应程度。工作能力包括知识水平、专业技能、独立工作的能力、分析解决问题的能力、判断力和表现力等。员工的工作能力与工作业绩呈正相关关系。评估工作能力不是评估能力的绝对值，而是评估能力提高的速度和幅度的相对值。通过评估，使员工在原有的基础上快速、大幅度地提高工作能力。

12.2.3 绩效评估的方法

员工的工作成果由绩效评估结果体现，绩效评估是需要按一定的方法进行的。绩效评估的具体方法有以下几种。

1. 排序法

排序法是指根据被评估员工的工作绩效进行比较，以确定每一位员工的相对等级或名次。等级或名次可从优至劣或由劣到优排列。比较的标准可根据员工绩效的某一方面（如出勤率、事故率、优质品率等）确定，一般情况下是根据员工的总体工作绩效进行综合比较。此种方法一般由员工的直属上司执行。排序法分为简单排序法和交替排序法。

（1）简单排序法

简单排序法是指管理者把本部门的所有员工从绩效最高者到绩效最低者进行排序。

（2）交替排序法

交替排序法是指管理者从被评估的员工中找出工作绩效最好的员工列为第一名，并将其名字从名单上划去；然后从剩下的名单中找出工作绩效最差的员工排为最后一名，也把其名字从名单中划去；随后，管理者在剩下的员工中再找出一名工作绩效最好的员工将其排为第二名，找出最差的员工列为倒数第二名，以此类推，直到将所有的员工排序完。

优点：操作简单，比较容易识别员工绩效的好与差。如果按照要素细分进行评估，可清晰地看到每个员工在某方面的不足。此方法适合人数较少的组织。

缺点：如果需要评估的人数较多，排序工作就比较烦琐。尤其是按照要素进行细分时，严格的名次容易对员工造成心理压力。

2. 两两比较法

两两比较法是指在某一绩效的标准的基础上，把每个员工同其他员工相比较，记录每个员工与他人比较时被认为"好"的次数，根据次数的高低给员工排序。

优点：每个员工与其他员工绩效的比较更加客观。

缺点：如果需要评估的人数较多，工作量就会很大，当评估中出现循环现象时，无法自圆其说。

请将表12-1用两两比较法进行填写，并将最终工作数量由高至低进行排列。

表 12-1　两两比较法对工作数量的评估

对比对象	就"工作数量"所做的比较				
	被评估员工的姓名				
	甲	乙	丙	丁	戊
甲	—	-	+	-	+
乙		—	+	+	+
丙			—	-	+
丁				—	+
戊					—
得分					

评估结果见表 12-2。

表 12-2　两两比较法对工作数量的评估填写表

对比对象	就"工作数量"所做的比较				
	被评估员工的姓名				
	甲	乙	丙	丁	戊
甲		-	+	-	+
乙	+		+	+	+
丙					
丁	+	-	+		+
戊					
得分	2	0	3	1	4

工作数量评估由高至低是戊、丙、甲、丁、乙。

3. 等级分配法

等级分配法也称强制分配法,是指将员工的绩效分成若干等级,并在各等级设定固定的比例分配,然后将每个员工分配到不同的绩效等级,具体见表 12-3。

表 12-3　员工绩效分布评估表

员工姓名	优秀（10%）	良好（30%）	合格（40%）	较差（10%）	差（10%）
A	√				
B		√			
C		√			
D		√			
E			√		
F			√		
G			√		
H			√		
I				√	
J					√

优点:适用于评估对象多,工作绩效难以通过数量衡量的工作;由于每个等级强制一个

百分比，能够避免评估中宽大化、中心化、严格化倾向；不需要设计复杂的表格，使用成本较低，在实际运用中方便。

缺点：虽然各等级的百分比可以根据绩效情况确定，但各等级之间差异的内涵不清楚，会使评估的结果具有主观性；如果一个部门的员工都很优秀，强制划分等级，可能会带来很多方面的弊端。

4. 要素评定法

要素评定法是指根据绩效评估的目的设立多个评估要素，再把各个要素分成若干等级，并给每个评估要素一个权重，最后把各项得分加权汇总，得出每个人的绩效成绩。例如，评估一个员工的工作绩效时，一般制定的评估要素有知识技能、责任心、控制能力、组织能力、沟通能力、应变能力等。对每个要素设立评分标准，最后把各要素得分加权汇总，就得出每个员工的绩效成绩。表 12－4 是一张空白要素评估表。

表 12－4 要素评估表

被评估者姓名：　　　　　　　　　　　　评估日期：
评估者姓名：　　　　　　　　　　　　　评估期限：

评估因素及权数	差	较差	一般	较好	好
知识技能（20）	1	2	3	4	5
责任心（20）	1	2	3	4	5
控制能力（15）	1	2	3	4	5
组织能力（15）	1	2	3	4	5
沟通能力（20）	1	2	3	4	5
应变能力（10）	1	2	3	4	5

例如评估的结果是：甲员工的上述各要素的得分分别为 3 分、2 分、4 分、2 分、4 分、5 分，则甲的绩效得分为 320 分（$3 \times 20 + 2 \times 20 + 4 \times 15 + 2 \times 15 + 4 \times 20 + 5 \times 10$）；乙员工的上述各要素的得分分别为 5 分、4 分、4 分、3 分、3 分、2 分，则乙的绩效得分为 365 分（$5 \times 20 + 4 \times 20 + 4 \times 15 + 3 \times 15 + 3 \times 20 + 2 \times 10$）。乙员工的绩效比甲员工的绩效高。

优点：依照绩效评估要素和标准确定等级，比较规范，也比较容易操作，故应用非常普遍；由于考虑多种绩效因素，所以通过评估，可以发现被评估者在哪方面做得好或不足，以便扬长避短。

缺点：各要素的权数设置很难符合实际，故区分度难以拉开；主管和同事碍于情面，常常将被评估者评定为较高的等级，造成评估结果没有明显差别。

5. 目标管理法

目标管理法是指由管理人员和员工共同协商制定工作目标，在工作中实行自我控制，定期检查完成目标的进展情况，并努力完成工作目标的一种管理方法。

优点：有利于改进组织的职责分工；可以调动员工的主动性、积极性和创造性；可以促进意见交流和相互了解，改善了人际关系。

缺点：组织内的许多目标难以定量化、具体化，目标难以制定；没有在不同部门、不同员工之间设立统一目标，因此难以对员工和不同部门之间的工作绩效进行横向比较，不能为以后的晋升决策提供依据。

6. 关键事件法

知识链接 12-1

关键事件法又称关键事件技术法，是指通过确定关键的工作任务以获得工作上的成功。关键事件法要求分析人员、管理人员、本岗位人员，将工作过程中的"关键事件"详细地加以记录，并在大量收集信息后，对岗位的特征和要求进行分析研究的一种方法。关键事件是指使工作成功或失败的行为特征或事件（如成功与失败、盈利与亏损、高效与低产等）。

优点：对员工关键事件的行为观察客观准确；能够及时反映优劣，有利于提高员工的绩效。

缺点：评估者需要花费大量的时间记录关键事件，耗时耗力；由于对关键事件的定义不明确，导致对关键事件的把握和分析可能存在某些偏差。

【课堂案例讨论】

关键事件的处理

某塑化公司生产的胶带全部出现了质量问题，发送出去的货物都被退回来了。

负责分管生产的副总张先生看到被退回来的一箱一箱的不合格产品，皱了皱眉头，依然开着车子走了，他想等明天上班再说。负责分管技术的总工黄先生立即拆开一箱被退的货物，进行研究，寻找原因，黄先生一直工作到晚上 10 点钟，终于找出原因所在。第二天上班时，他迅速指导工人解决了问题，恢复了公司的信誉。此事被总经理柯先生看在眼里，他做了以下两张关键事件记录表，如表 12-5 和表 12-6 所示。

表 12-5 关键事件记录表 A

行为者　张××　　　　　　　行为发生时间　2020.6.20
地点　　　　　　　　　　　　观察者　柯××

事件发生过程及现象：
5 月 15 日发送给 A 公司的胶带被退回来，A 公司称胶带不合格，退货的负责人愤愤离去。
张先生未对该事件做任何表示，开车离开了公司。

行为者的行为结果：
未能及时处理事件。

分析与解释：
张先生可能想在明天上班再来解决退货事件，但这可能导致公司员工的窝工和公司经济、信用的损失。
张先生责任心不够强。

　　　　　　　　　　　　　　　　　　　　　记录者　柯××
　　　　　　　　　　　　　　　　　　　　　记录时间　2020.6.20

表 12-6 关键事件记录表 B

行为者　黄××　　　　　　　行为发生时间　2020.6.20
地点　公司的某车间　　　　　观察者　柯××

事件发生过程及现象：
5 月 15 日发送给 A 公司的胶带被退回来，A 公司称胶带不合格，退货的负责人愤愤离去。
黄先生拆开其中一箱胶带，立即研究和分析，工作至当晚 10 时，找出了产品不合格的原因。次日，黄先生指导员工纠正错误，维护了公司的信誉，并使公司的经济损失降到最小。

分析与解释：
黄先生考虑到自己的责任，同时预计到明天的工作安排与今晚的原因排查有关，责任心和工作计划强。

　　　　　　　　　　　　　　　　　　　　　记录者　柯××
　　　　　　　　　　　　　　　　　　　　　记录时间　2020.6.20

讨论：

（1）针对公司胶带出现的问题，张副总和黄总工分别是怎样处理的？你认为哪种做法正确？

（2）总经理柯先生做的两张关键事件表有什么作用？

（3）你认为关键事件法的优缺点是什么？

7. 360度绩效评估法

360度绩效评估法也称全方位评估法，它是指从不同的角度获取组织成员工作表现的资料，然后对获取的资料进行分析评估的一种方法。具体包括来自上级、同事、下属和员工自己的评估。

优点：方法简便，可操作性强；由于是比较全面的评价，评估结果比较公正；可以看出不同评估者对同一被评估者的看法；该方法实际上是员工参与管理的方式，在一定程度上增加了他们的自主性和对工作的控制，员工的积极性会更高，对组织会更忠诚，提高了员工的工作满意度。

缺点：由于是多方面评估，所以工作量比较大；参与面广，每个个体会带有主观性；评估时会出现某些小团体行为，使绩效评估失去公正性。

案例分析

ABC公司是一家在全国各一级城市均有分公司的集团性国有企业，总部设在北京，且有多个职能部门。年终，ABC公司对中层管理人员（部门级负责人）进行绩效考评，考评方案的主要内容如下：

1. 考评目的。根据考评结果，对公司管理人员进行奖罚、调整和聘免等。

2. 考评内容。主要涉及德、能、勤、绩和廉5个方面，考评结果分优秀、称职、基本称职、不称职4个档次。

3. 考评方法。从全公司范围内的上级、同级、下级3个角度进行匿名打分评价，具体的评价者及评价权重如表12-7所示。

表12-7 评价者和评价权重

评价类别	上级评价	同级评价		下级评价	
评价者	公司领导	区域公司负责人	分公司负责人	本部门员工	其他部门员工
权重	40%	20%	15%	15%	10%

4. 考评实施。人力资源部召集、组织所有参加的考评人员聚集在一起，将考评表下发给大家。考评人员填写完考评表后，将其投入考评箱。

但是，公司领导在面对考评结果时却遇到了麻烦，因为有些员工反映这种考评很不公平，理由概括起来为以下两点：

①打分评价的方式本身就具有很强的主观性，据此得出的统计结果只能主观反映被评价者的人际关系情况，不能对工作能力、工作行为、工作绩效等进行全面、客观的反映。

②考评得分低的不一定全是工作能力、工作业绩低的员工，因为公司工作氛围比较差，人际关系较复杂，那些坚持原则工作的员工更容易得罪人，考评得分也可能比较低。考评得分比较高的不一定全是工作能力、工作业绩高的员工，做事圆滑的员工考评得分也可能比较高。

从绩效管理的角度来看，员工提出"不公平"问题的关键点是：由于受人的主观因素的影响，与不做事的"人际关系型"员工相比，考评结果对在工作过程中容易得罪人的"事业型"员工不公平。出现这种不公平现象的原因主要在于以下3个方面。

①评估主体的选取缺乏针对性。案例中人人都是匿名评估主体，虽然用权重对他们进行了区分，但这种依照等级"一刀切"区分没有多少实际意义。但很多评估主体对被评估者的工作标准和工作效果等情况并不是十分清楚，只能凭借个人的主观判断对被评估者做出评价，自然而然"人际关系型"员工会获得较高的评分。

②评估指标的设计过于笼统。案例中对所有的评估对象都从德、能、勤、绩、廉5个角度进行全面评估，这种看似全面实则平均的传统评估指标显然不合适：一是评估标准难以客观量化，评估者不得不予以主观判断；二是不同的评估对象因工作内容和性质不同，考评指标应有所侧重。例如，市场人员的"绩"更能体现工作成效，而行政人员的"能"可能更重要。

③评估实施的过程太随意。案例中的评估者被集中在一个会议室，由评估组织者宣读注意事项并发放考评表，开始评估后会有人陆续上交评估表。但当评估者的评估速度远远超过正常人的阅读速度时，评估过程就被很多考评者简化为一种根据个人对考评标准的理解任意画钩的游戏。其结果不言而喻，评估组织者精心设计的评估标准几乎成了摆设，这种评估过程得到的结果根本代表不了一个人的真实绩效。

12.2.4 绩效评估的反馈

绩效评估的反馈，就是将绩效评估的结果反馈给被评估对象，并对被评估对象的行为产生影响。绩效评估的反馈是绩效评估工作的最后一个环节，也是最关键的一个环节，能否达到绩效评估的预期目的，取决于绩效评估反馈的实施效果。

1. 绩效评估的反馈方法

对员工进行绩效评估后，就要选择一个方法进行反馈运用。反馈的过程实际上是一个沟通的过程。在反馈时可以采用正式反馈，也可以采用非正式反馈。

（1）正式反馈

正式反馈，是指在人力资源部门的统一安排下，按照规定的评估步骤把得到的评估结果传达给被评估者或相关人员。

正式反馈包括面谈式反馈、集体讨论式反馈和网络电子信函式反馈3种。其中以面谈式反馈为主，另外两种反馈形式为补充。

①面谈式反馈。面谈式反馈是正式反馈的核心。面谈的内容应围绕员工的绩效工作展开，一般包括以下4个方面的内容。

第一，谈工作业绩。工作业绩的综合完成情况是进行绩效面谈时最为重要的内容，在面谈时应将评估结果及时反馈给下属，如果下属对绩效评估的结果有异议，要耐心、详细地向下属介绍绩效评估的理由。通过对绩效结果的反馈，总结绩效达成的经验，找出绩效未能有效达成的原因，为以后更好地完成工作打下基础。

第二，谈行为表现。除了绩效结果以外，还应关注下属的行为表现，如工作态度、工作能力等，对工作态度和工作能力的关注可以帮助下属更好地完善自己，并提高员工的技能。

第三，谈改进措施。绩效管理的最终目的是改善绩效。在面谈过程中，针对下属未能有效完成的绩效计划，应该和下属一起分析绩效不佳的原因，并帮助下属提出具体的绩效改进措施。

第四，谈新的目标。绩效面谈作为绩效管理流程中的最后环节，应在这个环节中和下属一起提出下一个绩效周期中的工作目标和工作标准，帮助下属一起制订新的绩效计划。

②集体讨论式反馈。是指将绩效评估的结果放到一定群体中进行讨论，纠正一些主观错误或者由于评估者因素而产生的误差，明确某些考核指标对员工的重要性，以便在日后的工作中加以改正。在集体讨论式反馈中，要注意以下几个问题：第一，要选择合适的群体进行讨论，如同一部门的员工、不同部门同一层次的员工等；第二，选择一个能够创造轻松、融洽气氛的讨论主题，并能起到鼓励和控制的作用；第三，努力达成一个好的结果，使被反馈的员工无怨言；第四，讨论后的结果存入档案，以便备用。

③网络电子信函式反馈。网络电子信函式反馈就是评估者把员工的评估结果通过网络发送到员工个人的电子信箱，让员工了解评估结果，并让员工对自己的评估结果写一份总结报告，以电子邮件的方式发送到人力资源部的网页或邮箱中。双方可以进行沟通，做好反馈的工作。

人力资源部门还可以利用局域网，专门开辟一个讨论版，让员工把对自己不满意的评估结果或认为不准确的信息在讨论版上表达出来，让所有的员工都参加讨论。同时人力资源部门也要对网上员工的要求或意见做出回应。

（2）非正式反馈

对一些特殊员工，通过以上3种正式反馈方法都很难达到既定的目的，这时可以采用一些非正式的反馈方法。例如，在饭桌上、休闲场所闲聊，来完成反馈的目的。由于这种方法采用的是领导式的关怀，员工容易接受，两者也能心平气和地进行沟通。虽然采用了不正式的方法，但可以为正式的反馈做好铺垫，创造条件。

2. 绩效评估反馈的目的

绩效评估反馈是绩效管理的一个重要环节，通过正式反馈和非正式反馈，可以达到以下目的。

①让员工认识到自己所取得的成果和优点，鼓励他们取得更好的成绩。
②找出员工在工作中有待改进的地方，向他们提出建设性的意见。
③与员工共同探讨改进绩效的方案，制订绩效改进计划。
④确定下一个绩效管理周期的绩效目标和标准。

知识拓展：
薪酬

有效的绩效评估反馈不仅可以使员工获得有关绩效评估的信息，还可以消除绩效反馈过程中可能产生的矛盾和员工的不满情绪。

12.3 思考和实训

一、单项选择题

1. （　　）是一种对员工的评估制度，也是人力资源开发与管理中的一项重要工作。
 A. 绩效评估　　　B. 计划评估　　　C. 态度评估　　　D. 效率评估
2. （　　）是指一名员工对工作所持有的评价与行为倾向。
 A. 工作业绩　　　B. 工作能力　　　C. 工作水平　　　D. 工作态度
3. （　　）是指根据被评估员工的工作业绩进行比较，以确定每一位员工的相对等级或名次。

A. 两两比较法　　　B. 等级分配法　　　C. 排序法　　　D. 目标管理法
4. （　）的缺点是各要素的权数不宜设置，且很难符合实际。
   A. 等级分配法　　　B. 要素评定法　　　C. 两两比较法　　　D. 目标管理法
5. （　）是指通过确定关键的工作任务以获得工作上的成功。
   A. 两两比较法　　　B. 排序法　　　C. 目标管理法　　　D. 关键事件法

二、多项选择题

1. 绩效评估的主要内容包括（　）。
   A. 工作水平　　　B. 工作业绩　　　C. 工作态度　　　D. 工作能力
2. 下列属于绩效评估方法的有（　）。
   A. 排序法　　　　　　　　　　　B. 等级分配法
   C. 要素评定法　　　　　　　　　D. 360度绩效评估法
3. 排序法分为（　）。
   A. 简单排序法　　　B. 复杂排序法　　　C. 交替排序法　　　D. 变换排序法
4. 绩效评估的反馈包括（　）。
   A. 员工反馈　　　B. 正式反馈　　　C. 领导反馈　　　D. 非正式反馈
5. 面谈的内容应围绕员工的绩效工作展开，一般包括（　）。
   A. 谈新的目标　　　B. 谈工作业绩　　　C. 谈改进措施　　　D. 谈行为表现
6. 正式反馈包括（　）。
   A. 面谈式反馈　　　　　　　　　B. 交流式反馈
   C. 集体讨论式反馈　　　　　　　D. 网络电子信函式反馈

三、判断题

1. 评估本身不是目的，而是一种手段。（　）
2. 评估的内容应该面面俱到。（　）
3. 工作能力的评估是员工绩效评估的核心。（　）
4. 工作业绩是指一名员工在从事本职工作时，其自身能力的适应程度。（　）
5. 简单排序法是指管理者把员工从绩效最低者到绩效最高者进行排序。（　）
6. 交替排序法适合于人数较少的组织。（　）
7. 两两比较法使每一个员工与其他员工绩效的比较更加模糊。（　）
8. 等级分配法适用于评估对象少、工作绩效难以通过数量来衡量的工作。（　）
9. 360度绩效评估法实际上是员工参与管理的方式。（　）
10. 在休闲场所闲聊属于正式反馈。（　）

四、思考题

1. 如何理解绩效评估的内涵？
2. 排序法分为几种？请举例说明。
3. 为什么说360度绩效评估法是一种全方位的评估法？
4. 简述绩效评估的反馈方法。

五、案例思考题

华瑞公司的绩效管理

在华瑞公司总部会议室里，王总经理正在听取本年度公司绩效评估执行情况的汇报。其中有两项决策让他左右为难，一个是年度评估结果排在最后的几名员工却是平时干活最多的人，这些人是否按照原有的评估方案降职或降薪？另一个是下一阶段评估方案如何调整才能更加有效？

华瑞公司成立仅4年，为了更好地激励和评价各级员工，在引入市场化用人机制的同时，建立了一套新的绩效管理制度，它不但明确了评估的程序和方法，还细化了"德、能、勤、绩"等项指标，并分别做了定性的描述，评估时只需对照被评估人的实际行为，即可得出评估的最终结果。但评估中却出现了以下问题：工作比较出色和积极的员工，评估成绩却排在后面，而一些工作业绩平平或者很少出错的员工被排在前面，特别是一些管理人员对评估结果大排队的方式不理解，存在抵触心理。

为了弄清楚这套新制度存在的问题，王总经理深入调查，亲自了解到以下情况。

车辆设备部李经理快人快语："我认为本评估方案需要尽快调整，评估指标虽然十几个，却不能真实反映我们工作的实际，我部总共有20个人，却负责公司60台大型设备的维护工作，为了确保它们安全无故障地运行，检修工需要按计划分散到基层各个站点上进行设备检查和维护，在工作中不能有一点违规和失误，任何一次失误都会带来不可估量的生命和财产损失。"

财务部韩经理更是急不可待："财务部门的工作基本上都是按照会计准则和业务规范来完成的，凭证、单据、统计、核算、记账、报表等项工作要求万无一失，但这些工作无法与'创新能力'这一指标及其评定标准对应，如果我们的工作没有某项指标规定的内容，在考评时是按照最高还是按照最低成绩打分？此外，在考评中沿用了传统的民主评议方式，我对部门内部人员参加考评没有意见，但让部门外的其他人员打分是否恰当？财务工作经常得罪人，让被得罪过的人考评我们，能保证公平公正吗？"

听了大家的各种意见反馈，王总经理陷入了深深的思考之中。

思考题：
(1) 华瑞公司在绩效管理中主要存在哪些亟待改进的问题？
(2) 请针对该公司绩效管理存在的诸多问题，提出具体对策。

六、实训项目

制订评估方案

(1) 实训目标
①增强对绩效评估的感性认识。
②掌握绩效评估的实施要领。
(2) 实训内容与方法
①根据本班的实际情况，为班级的奖学金发放设计一套合适的方案。
②每名学生制订一个方案。
③选取部分学生在全班进行交流与评价。
(3) 实训要求
①从德、智、体三方面进行方案的设计。
②明确方案的目的、内容、程序与方法。
③方案作为一次作业。

(4) 实训检测
①根据方案的完整性、规范性、实用性等进行评分。
②由部分学生对交流学生的方案进行评估。
③教师进行最后点评,确定成绩。

模块 5

创新职能

CHUANGXIN ZHINENG

创新职能是指在新的思维模式指导下不断调整管理在系统活动中的内容和目标，以适应环境变化要求的管理活动。创新是组织发展的基础，是组织获取经济增长的源泉。

创新职能的主要内容：
- 创新是一个整体性的工程；
- 创新方法是提高创新能力的有效工具；
- 管理创新模式；
- 企业国际化管理。

项目 13

创　　新

> **知识目标：**
> - 掌握创新的含义；
> - 理解创新的类型；
> - 熟悉创新的过程；
> - 掌握创新的内容；
> - 掌握创新的几种方法。
>
> **能力目标：**
> - 能够开展创新思维活动；
> - 能够用创新方法解决新问题。
>
> **素质目标：**
> - 培养学生开拓创新能力。

13.1　案例导读

"生鱼片"理论

在竞争激烈残酷的电子产品市场，今日高价热卖的"宠儿"很可能在短短数月内就沦落为低价售卖的过时"黄花"，这是谁也无法改变的市场法则。谈及三星如何维持高利润时，三星 CEO 尹钟龙做了一个生动的比喻：新产品就像生鱼片一样，要趁着新鲜赶快卖出去，不然等到它变成"干鱼片"，就难以脱手了。

所谓的"生鱼片"理论，指的是一旦抓到了鱼，在第一时间内就要将其以高价出售给第一流的豪华餐馆，如果不幸难以脱手，就只能在第 2 天以半价卖给二流餐馆了，到了第 3 天，这样的鱼就只能卖到原来 1/4 的价钱。而此后，就是不值钱的"干鱼片"了。鲜鱼一旦捕获后，每天跌一半的价，而电子产品的开发与推向市场，也是同样的道理。

但是，很多人误读了其中的真正含义，只是把它当作领先一步的另一种说法。在尹钟龙的眼里，"速度经营"不只是领先一步那么简单，而代表着一种新的游戏规则。在一次接受采访时，尹钟龙表示，"在数字时代，你可以无限地扩张产品线"，但关键是如何在体积变大的同时，保持敏捷的身手。"在模拟的时代，知识和技术的积累及勤勉才是制胜之道；而在数字时代，最重要的是创新和速度。"

思考题：
(1)"生鱼片"理论的真正含义是什么？
(2)在数字时代，为什么最重要的是创新和速度？
(3)创新有哪些必要性？

创新可以增强企业的核心竞争力，是知识经济和现代科学技术的要求，是市场竞争的要求，创新可以帮助企业实现追求利润最大化的目标。

13.2 理论与实务知识

13.2.1 创新概述

1. 创新的含义

创新是指通过新产品的生产、新市场的开发、新的组织和管理方法的应用，使企业产生更大的经济效益的过程。

管理学中创新的概念，来源于美籍奥地利经济学家约瑟夫·熊彼特。1912年，熊彼特在《经济发展理论》一书中提出了"创新理论"，论证了"创新"在经济发展过程中的重要作用。他提出，创新是资本主义经济增长和发展的动力，没有创新就没有资本主义的发展。

熊彼特将创新定义为"建立一种新的生产函数"，即"企业家对生产要素的重新组合"。企业家通过对生产要素的重新组合，建立一种新的生产函数，实现生产要素和生产条件的一种从未有过的"新组合"。

熊彼特的创新概念包括以下5种情况。

①引入一种新的产品，即消费者还不熟悉的产品或一种产品的新特性。
②采用一种新的生产方法，即在有关的制造部门中尚未采用过的方法。
③开辟一个新的市场，即让产品进入以前没有进入过的市场。
④获得一种新的原材料或半成品的供应来源。不管这种来源是已经存在的，还是第一次创造出来的。
⑤实现一种新的工业组织形式，即建立一种垄断地位或打破一种垄断地位。

后来管理学家将他这一段话归纳为5个创新，依次对应为产品创新、技术创新、市场创新、资源配置创新、组织创新，而这里的组织创新也可以看成是狭义的制度创新。

2. 创新的特征

（1）目标性

任何创新活动都是有目标的，这个特性贯穿创新过程的始终。确立的创新目标正确与否，决定着创新活动的成败。在确立创新目标的过程中，只有遵循正确的确立原则并以其为指导，其目标才会具有时效性。

(2) 变革性

创新是对已有活动内容的改革和革新，是一种深刻的变革。变革是一个复杂的系统工程，涉及的因素很多，其中任何一个因素都可能影响到变革的成败。一般而言，变革的关键成功因素可以归纳为变革的必要性、可行性、认同性和阻力的化解等。

(3) 新颖性

创新是对现有的不合理事物的扬弃，革除过时的内容，确立新事物。创新的新颖性包括3个层次：绝对新颖性、局部新颖性、主观新颖性。

(4) 超前性

创新以求新为灵魂，具有超前性。这种超前是从实际出发、实事求是的超前。事物的发展变化都有它的延续性，创新可以利用这些事物发展中的惯性现象，抓住事物的发展趋势去进行超前思维；也可以抓住事物的因果关系进行超前思维。事物的因果关系是普遍存在的，只要弄清了原因与结果之间的内在联系就能正确地进行超前思维。

(5) 价值性

创新具有明显、具体的价值，对经济社会具有一定的效益。一切创新最终都将落实到价值创造上来。不能说任何一种变化都是创新，只有能增加价值的那种变化才可能是创新。

知识链接 13-1

3. 创新的类型

(1) 按创新的规模分类

按创新的规模分类，创新可以分为局部创新和系统创新。

局部创新是指在组织的目标与性质不变的前提下，对组织内部的某些内容、某些生产要素的组合方式、某些技术等进行的创新或改造。局部创新具有风险小、见效快的特点，所以企业对其较为重视。局部创新的结果表现为现有活动内容的不断完善。

系统创新又称全面创新，是指对组成系统的各个要素之间的关系、结构、流程等进行全面组织的过程，以促进系统整体功能不断升级优化。系统创新具有风险大、见效慢的特点。系统创新的结果表现为更新活动内容的推出。

(2) 按创新发生的时期分类

按创新发生的时期分类，创新可以分为初建期的创新和运行中的创新。

初建期的创新是指在活动内容创建时在目标、结构和运行规划等方面提出新的思想和意识，创造一个新的系统，并以最合理的方式组合，使系统进行活动。

运行中的创新是指在系统运行的活动中寻找、发现和利用新的机会，更新系统的内容，调整系统的结构，扩展系统的规模。

(3) 按创新的组织程度分类

按创新的组织程度分类，创新可以分为自发创新和有组织的创新。

自发创新是指单个组织针对自身组织的现状而进行的自发调整活动，其特征是单一的活动。自发创新包括两方面的含义：一方面是指组织自发地应对组织所处的环境，并对环境的变化做出自发的反应，因而进行的创新；另一方面是指组织内部的团体或个人根据自己的意愿进行的创新，主要是指没有受到组织的指令而进行的创新。

自发创新通常是小范围的，并且极有可能遭到保守势力的反对和扼杀而失败，同时由于缺乏组织，自发创新的进程、程度和影响难以控制，这会使创新结果充满不确定性。

有组织的创新是指组织内部管理人员通过创新活动的制度化，有组织、有计划地进行的创新活动。有组织的创新容易得到其他部门及组织领导的支持、配合与协作，进而减少了变革过程中的阻力，使其容易取得成功。因此，管理者的职责之一就是及时意识到变革的必要性，对出现的创新积极予以支持，使自发创新变为有组织的创新。

(4) 按创新的环境分类

按创新的环境分类，创新可以分为消极防御型创新和积极攻击型创新。

消极防御型创新是指由于外部环境的变化对系统的存在和运行造成了某种程度的威胁，为了避免威胁或由此造成的系统损失扩大，系统在内部展开的局部或全局性调整。

积极攻击型创新是指在观察外部世界运动的过程中，敏锐地预测到未来环境可能提供的某种有利机会，从而主动地调整系统的战略和技术，以积极地开发和利用这种机会，谋求系统的发展。

(5) 按创新的新颖程度分类

按创新的新颖程度分类，创新可以分为渐进式创新和激进式创新。

渐进式创新是指通过调整或改进现有产品及流程而获得新产品与新流程。这种创新通常系统本身未发生改变，只是在产品的某些性能上做改进或者在营销策略上创新。

激进式创新是指创造全新的产品与流程。这种创新是针对新技术、新营销策略与新管理方法进行根本性研究，它会创造一个新市场或新行业。这种创新相对较少。

案例思考

丰田集团的系统创新模式

丰田集团系统创新模式的主要特点和成功之处在于：专门的技术创新的人员多，除了海外创新人员，在丰田总部有 1.15 万名工程师和研究人员；设置专门为整个丰田创新服务的单独的控股企业——中央研究开发实验室，为企业的创新提供支持；每周都举行例会，广泛交流，加强组织之间的信息交流和知识共享；通过频繁的出差和电视会议使丰田创新系统连成一体，强化丰田世界各地各个部门的创新交流；丰田的卫星式结构的创新系统兼顾了创新和项目管理，丰田把一些非核心的组织和业务分包出去，形成一个个围绕企业核心的卫星；多重汇报系统有利于员工的创新信息传播，鼓励了知识信息的扩散，使得创新得到最大限度的应用，也缩短了创新创造效益的时间；丰田有强大的销售组织，国内有 5 200 个销售和服务商店，国外有 7 187 个销售点。

丰田集团能通过销售网络及时搜索市场信息，获得顾客每个具有创新性的意见，并把其及时反馈到企业内部，实现顾客参与创新；培训和职位轮换使每个员工都要面对顾客，丰田规定 10 年之内每人都要变换岗位；其有效推广在原来岗位上的创新，并使员工从整体战略上认识企业，而不局限于一部分，实现创新整体效益最大化；领导在创新中起着至关重要的作用，其掌握了专有技术，有权威、有领导能力及想象力，其能形成创新的文化氛围，支持各种创新，并积极推广创新成果；对竞争对手的创新时时关注，并进行某些"抄袭"和模仿，不断跟进世界一流的创新。

思考：

(1) 丰田集团的系统创新模式体现在哪里？

(2) 丰田集团为了实现创新整体效益最大化，实施了哪些举措？

(3) 创新的特征有哪些？

13.2.2 创新的过程

创新是对旧事物的否定，对新事物的探索，是人类智能活动的最高体现。一般认为，成功的创新要经历以下几个阶段,即准备阶段、寻找机会、提出构想、迅速行动和坚持不懈。

(1) 准备阶段

创新不是偶然,而是一些因素的共同作用。创新需要具备一定的前提条件,知识和经验的积累是创新的基本条件。创新不是无中生有,而是在已有知识与经验基础上的升华。只有把不同领域的知识进行重组,才能获得创新的灵感。创新的动机来源于对现状的不满,如果没有创新的主动性和积极性就不会有创造性,敢于推陈出新的心理勇气是创新者必须具备的心理条件。

(2) 寻找机会

创新是对原有秩序的破坏,原有秩序之所以要打破,是因为其内部出现了某些不协调的现象。这些不协调现象主要有生产经营中遭遇瓶颈、企业意外的成功和失败等,它们为系统的发展提供了有利的机会。创新活动正是从发现和利用旧秩序内部的不协调现象开始的,不协调为创新提供了契机。这些契机包括技术的变化、人口的变化、宏观经济环境的变化、文化与价值观念的转变等。

(3) 提出构想

当组织观察到不协调现象后,还要透过现象研究原因,分析和预测不协调现象的未来变化趋势,估计它们可能给组织带来的后果,在此基础上,努力利用各种方法和手段,提出消除不协调现象的创新构想。

(4) 迅速行动

创新成功的秘密在于迅速行动,提出的构想可能还不完善,但这些不完美的构想必须付诸实施才有意义。创新的构想只有在不断尝试中才能逐渐完善,如果追求过分完美有可能丧失良机,只有迅速行动才能有效地利用不协调提供的机会。

(5) 坚持不懈

创新构想只有经过尝试才能成熟,而尝试是有风险的,任何创新都不可能一帆风顺。创新的过程就是一个不断尝试、不断失败和不断提高的过程。因此,创新一旦开始,必须坚定不移地继续下去,否则有可能前功尽弃。

13.2.3 创新的内容

创新内容非常广泛,它涉及管理工作的各个方面。这些方面相互联系、相互作用,共同构成了一个整体性的创新工程。创新内容主要包括观念创新、产品创新、技术创新、制度创新和市场创新。其中观念创新是创新的源泉,产品创新是创新的载体,技术创新是创新的关键,制度创新是创新的基础,市场创新是创新的最终目的。

1. 观念创新

观念创新又称理念创新,是指运用现代的新思想和新方法改变人们对某些问题过时的、不利于实践的思维模式,得出一个新观点的过程。思路决定出路,没有创新的理念就没有创新的方法,没有创新的方法就不可能解决新问题。20世纪80年代以来,国外许多优秀企业家提出了一些新的管理观念,如知识增值观念、知识管理观念、全球经济一体化观念、战略管理观念和持续学习观念等。在我国,许多企业的经营观念还存在一些问题,如经营不明确、理念不恰当和缺乏时代创新精神等。因此,企业应该尽快适应现代社会的需要,结合自身条件,构建自己独特的经营管理理念,促进企业快速发展。

知识链接 13-2

观念创新是创新的重要内容，它是创新的源泉，是推动创新最直接的动力。它同其他创新相比，具有以下不同的特点。

（1）观念创新需要组织管理者战胜自己

组织的观念是组织管理者思想的体现，组织能否摒弃落后的思想而重新建立一种新思想，组织管理者思想更新的程度是关键。组织管理者对原有思想进行修正并接纳新思想的过程是很艰难的，这就需要管理者和全体员工积极配合，有效地战胜自己，否则观念创新只能是空谈。

（2）观念创新需要在学习的基础上产生超前的观念

在观念创新这个过程中，学习是基础。这里的学习不仅包括对前人、别人的思想和经验的学习，还包括创新主体本身在实践中的思考和学习。但是，学习只是基础，不是创新本质，更重要的是在学习的基础上产生超前的观念，实现对原有观念的突破。

（3）观念创新必须改变现有的利益格局

观念创新的本质是不满足于现状，是要改变过去已经习惯的工作思维，在改变的过程中必然会与一些人的利益发生冲突，对他们的利益造成损失，改变现有的利益格局。这种阻力可能来源于个体、群体，也可能来源于组织本身，其阻力和困难可想而知。只有打破这种旧的平衡，才能建立更新的平衡。

（4）观念创新面临着风险

每一种创新都有风险，观念创新也不例外。观念创新面临的风险主要包括两个方面：一方面，观念创新的新思想是否能被组织和社会接受，如果遭受组织、社会的排斥和打击，就要付出代价；另一方面，创新者首次提出的新思想是否符合组织和社会发展的需要，其观念的正确性和合理性会遭到质疑。

总之，进行观念创新，需要有大无畏的开拓精神和挑战自我的勇气，更需要有实事求是的科学精神。观念创新主要包括经营思想的创新、经营理念的创新、经营方针和经营战略的创新等。

2. 产品创新

产品创新是相对于老产品而言的。到目前为止，各国对新产品的说法不统一。我国对新产品的定义：新产品必须是在结构、性能、材质和技术等特征的某一方面或某几方面比老产品有显著提高和改进，或有独创性、先进性和实用性，能提高经济效益、具有推广价值，在一省、市、自治区范围内是第一次试制成功的产品，并经过有关部门鉴定确认。

案例分析

从"创新产品"到"创新生活"

海尔在成长过程中，是靠什么获取比对手更多的用户资源呢？靠的是从"创新产品"到"创新生活"的转变。海尔卡萨帝意式三门冰箱就是进行全球资源整合后满足不同市场的创新产品。这款冰箱的研发创意来自欧洲家庭的厨房。在欧洲消费者眼中，厨房是最能显示身份的地方，这也是欧洲消费者总会为自己的厨房不遗余力的原因。同时，欧洲厨房的设计师完成了对意式三门冰箱的所有设计。上市后即获得世界著名的"红点至尊设计奖"，这是对这款冰箱卓越设计的公正评价。此后，这款产品在法国第二大超市成为最畅销的型号。突出的市场效果是对海尔冰箱全球资源整合能力的有力认可。

现在，这款具有欧式时尚的卡萨帝意式三门冰箱已经进入我国。对我国消费者而言，这款冰箱带来的欧式生活方式——外观时尚大方，非常符合中国人消费欧式生活的理念；欧洲人喜爱的抽屉式设计也给中国用户带来了"一拉到位"的使用方式；浪漫的视频留言令家庭生活更温馨；同时，比国内同容量冰箱的空间更深、更高而带来占地小的特点，更为海尔冰箱赢得中国消费者的心增添了砝码。换而言之，拥有这样一款产品就会享受到新的生活。这就是海尔冰箱通过创新产品来为消费者创新生活，并由此获取到更多的用户资源。

海尔卡萨帝意式三门冰箱的创新设计，满足了不同市场、不同消费者的需求。产品创新是从对新产品的构思开始以新产品的销售和交货为终结的探索性活动。通过产品创新，可以提升产品的竞争力，拓宽市场，树立良好的品牌。

（1）创新产品的特征

①创新性。新产品在一定程度上运用了新的科学知识，体现了新的技术成果，或采用了新材料、新工艺，或有新的用途和功能。

②效益性。新产品不仅能给组织带来好的收益，而且也会给消费者、社会带来更高的经济效益和社会效益。例如，小排量的汽车不仅能为消费者节省日常开支，而且也能减少环境污染。

③实用性。开发的新产品，必须具有实用性。新产品如果没有实用价值或不符合消费者的需求，就不会被消费者接受，更不会取得成功。例如，香港一家日用品制造商，用了很多研发资金研制出了一种柠檬香皂，形状、大小、色调等都与真正的柠檬相仿，价格适中，但试销中不受欢迎，原因是香皂在使用中遇水以后非常滑。

④风险性。新产品的风险包括投资风险、技术风险和市场风险等。新产品开发需要投入资金，能否收回投资并且盈利，具有投资风险；新产品开发过程中可能会遇到一些技术问题而无法解决，造成新产品开发失败，存在技术风险；由于市场竞争，新产品是否适应市场需求，具有很大的不确定性，因此具有市场风险。据美国一项最新研究发现，新产品上市后的失败率情况分别为：消费品达40%，工业品达20%，如果是全新产品，失败率更高。

（2）创新产品的设计趋势

①健康型产品。现代人工作节奏快、心理压力大，对健康的关注度高，因此创新设计健康型产品是重要趋势。

②智能化产品。随着生活水平的不断提高，人们对生活质量的需求也不断提升。以智慧为附加值的智能化产品将成为产品创新设计的一个重要趋势。

③个性化产品。消费者对个性、时尚的需求已逐步取代对产品实用性的重视，这是一种潮流和趋势。个性化的创新产品设计，要求品种多、批量小、性能高和功能多等。

④人性化产品。创新产品设计必须以人为出发点，产品的开发设计要考虑消费者的具体情况，如消费者的身高、使用环境和教育背景等。只有这样，才能体现出人与产品之间的和谐。

（3）产品创新的途径

①内部研发。内部研发是指组织通过自己的力量研制新技术、开发新产品，具体包括以下4个方面。

自主创新是指由组织自己研发新产品或对老产品进行改良。目前，大多数组织都有自己的科研部门，从事相关产品的基础研究和应用开发，能够积极参与市场的新潮流。

逆向研制又称技术破解，是指组织对其他组织的产品性能、构造等方面进行研究，从中破解其制造工艺和技术配方，以期仿制和改进。

委托创新是指组织把开发新产品的工作通过契约的形式交由组织外部的人员或机构去完成。产学研相结合,是国家大力提倡的科技创新方式。目前许多组织都将某一新产品项目或课题委托给高校或专门的科研机构进行研究开发。

联合创新是指组织之间将资金、技术力量等资源联合起来,共同攻克技术难关,共同分享研发成果。对于大型的研发项目,联合创新可以解决单一企业无法实现的技术突破。

②外部获取。外部获取是指组织不通过自己的研究和开发,而直接从组织外部获取某种新技术、新工艺的使用权或某种新产品的生产权和销售权。具体包括以下3个方面。

创新引进是指组织直接购买新技术或者购买新产品的生产和销售权。我国在引进技术方面提倡"一学、二用、三改、四创"的原则,即在学习和运用的基础上,对引进的技术进行改造,使之更适应本国的生产和市场条件,在积累了足够的技术经验之后,实现技术和产品创新,创造独立自主的知识产权。

企业购并是指企业收购或兼并其他公司的股权,这样就可以顺理成章地取得对该公司的新技术和新产品的占有权、使用权和控制权。

授权许可是指组织从其他组织获得生产和销售某种产品的许可,这种方式不涉及技术所有权的易手。授权协议通常规定授权的范围和期限,在此之外,授权方仍然有权利对其他组织发放同样的授权许可。

外部获取策略的好处在于:组织不必花费巨大资金开发新产品,节省了研发资金,并争取了迅速参与新市场的时间。

3. 技术创新

技术创新是指从新产品或新工艺设想的提出,经过研究与开发,到实现产业化、商业化生产,而且在市场上获得成功的全过程,是技术与市场的有机结合。技术创新可以由企业单独完成,也可以由高校、科研院所和企业协同完成。

(1) 技术创新的特点

技术创新不同于组织日常的生产经营活动,与其他创新活动相比较,具有一些不同的特点。

①滞后性。技术创新的来源是技术发明,由于实际技术的可行性问题和科学管理评估等原因导致从技术发明到技术创新的实现需要一段时间,这就客观上造成了技术创新存在一定程度的滞后性。

②周期性。技术创新的周期通常包括从发明创造到技术转化,从创新设想到实现商业化的开发,从技术创新进入市场到退出市场,以及技术创新被广泛采用,周期性特征十分明显。一次技术创新经过发明到市场实现的各个环节以后,会根据市场的需求,开拓一轮新的创新,形成螺旋上升的连锁创新。

③创造性。技术创新提供的是新产品或新服务,具有的创造性比较广泛。从技术创新的结果来看,无论创新的程度如何,所有的技术创新都具有一定程度的独创性,或是创造出全新的功能,或是对原有功能和价值的增加或革新。

④效益性。每一次成功的技术创新都会给组织带来一定的效益,这也是组织进行技术创新活动的根本动力。从更高的角度来讲,它还可以带来一定程度的社会效益和宏观的经济效益。

⑤风险性。技术创新具有许多不确定的因素,这些因素有的是可控的,但有一些是不可控的。技术创新的风险主要有3个方面:一是技术性风险,如技术上的不成熟;二是市场风

险，如消费者的偏好发生变化；三是社会风险，如自然风险和政策性风险。

（2）技术创新的过程

从我国技术创新运行过程的实际情况来看，可以把技术创新过程划分为以下6个阶段。

①创意思想的形成阶段。创意的形成主要表现在创新思想的来源和创新思想形成环境两个方面。创意思想可能来自科学家或从事某项技术活动的工程师的推测或发现，也可能来自市场营销人员或用户对环境或市场需要或机会的感受，但是这些创意要变成创新还需要很长时间。

②研究开发阶段。该阶段是根据技术、商业、组织等方面的可能条件对创新构思阶段的计划进行检查和修正。通常根据本企业的技术、经济和市场需要，敏感地捕捉各种技术机会和市场机会，探索应用的可能性，并把这种可能性变为现实性。研制出可供利用的新产品和新工艺是研究开发的基本内容。

③中试阶段。中试阶段的主要任务是完成从技术开发到试生产的全部技术问题，以满足生产需要。小型试验在不同规模上考验技术设计和工艺设计的可行性，解决生产中可能出现的技术问题和工艺问题，是技术创新过程不可缺少的阶段。

④批量生产阶段。按商业化规模要求把中试阶段的成果变为现实的生产力，生产出新产品或新工艺，并解决大量的生产组织管理问题和技术工艺问题。

⑤市场营销阶段。该阶段通常包括试销和正式营销两个阶段。试销具有探索性质，探索市场的可能接受程度，进一步考验其技术的完善程度，并反馈到以上各个阶段，进行不断改进与完善。市场营销阶段实现了技术创新所追求的经济效益，完成了技术创新过程中质的飞跃。

⑥创新技术扩散阶段。即创新技术被赋予新的用途，进入新的市场。

在实际的创新过程中，各阶段的划分不一定十分明确，各个阶段的创新活动也不仅仅是按线性序列递进的，有时存在过程的多重循环与反馈，以及多种活动的交叉和并行。

（3）技术创新与产品创新的关系

技术创新和产品创新有着密切的关系。一般来说，新技术的诞生可以带来全新的产品，技术研发往往对应于产品或者着眼于产品创新，而新产品的构想往往需要新的技术才能实现。运用同样的技术可以生产不同的产品，生产同样的产品可以采用不同的技术。

技术创新和产品创新也有不同之处：产品创新侧重于商业和设计行为，具有成果的特征，是外在的表现；技术创新具有过程的特征，是内在的表现。产品创新可能包含技术创新的成分，还可能包含商业创新和设计创新的成分。

技术创新可能不会使产品改变，但却能降低成本，提高劳动效率。例如，改善生产工艺、优化作业过程，从而减少资源消费、能源消耗、人工耗费或者提高作业速度。

4. 制度创新

制度创新是从社会经济角度对组织的运行方式和成员间的正式关系的调整和变革。制度创新是支配人们行为和相互关系的规则的变更，是组织与其外部环境相互关系的变更，其直接结果是激发员工的创造性和积极性，促使不断创造新的知识和资源的合理配置，最终推动组织向前发展。

制度创新是企业发展的基础，现代企业制度创新是为了实现管理目的，将企业的生产方式、经营方式、分配方式和经营观念等进行规范化的设计与安排的创新活动。它是管理创新的最高层次，是管理创新实现的根本保证。其主要内容包括产权制度创新、经营制度创新和管理制度创新。

(1) 产权制度创新

产权制度是组织最根本的制度，它规定着企业最重要的生产要素的所有者对企业的权力、责任和利益。生产资料是企业生产的首要因素，产权制度主要是企业生产资料的所有制。目前存在两种所有制形式——私有制和公有制，在实践中私有制正越来越多地渗入公有制，公有制则或多或少地添入私有制。企业产权制度创新应朝着寻求生产资料的社会成员个人所有与共同所有的最适度组合的方向发展。

(2) 经营制度创新

经营制度是有关经营权的归属及其行使条件、范围、限制等方面的原则规定。它表明了企业的经营方式，确定了谁是经营者，谁来组织企业生产资料的占有权、使用权和处置权，谁来确定企业的经营方向、经营内容和经营形式。经营制度的创新方向是不断寻求企业生产资料最有效利用的方式。

(3) 管理制度创新

管理制度是行使经营权、组织企业日常运作的各种具体规则的总称，包括对材料、设备、人员及资金等各种要素的取得和使用的规定。在管理制度的众多内容中，分配制度是极其重要的内容之一，合理的分配制度可以有效地激发员工的工作热情和工作效率，对企业的发展有着非常重要的意义。分配制度的创新方向应是不断追求和实现报酬与贡献的更高层次上的平衡。

5. 市场创新

市场创新是指在市场经济条件下，作为市场主体的企业和企业家，通过引入并实现各种新市场要素的商品化和市场化，开辟新市场，促进企业生存与发展的新市场研究、选择、开发、组织与管理的活动。市场创新通常是随着技术创新和组织管理创新进行的。

(1) 市场创新的特征

①企业是市场创新的主体。市场创新是一种市场开发行为，具有明显的商业目的。在市场经济条件下，企业是创新的主体，即企业是市场创新决策、投资、组织、获得收益和承担风险的主体。

②开辟新市场是市场创新的主要目标。市场创新要有新的市场要素和组合方式，即新的生产技术、新的广告创意、新的促销手段、新的销售渠道、新的市场定位和不同的市场发展方向。

③市场创新是一项系统工程。市场创新涉及企业的所有资源，这就需要相关部门统筹安排才能进行创新活动。创新不仅仅是企业研发部门的任务，也是企业其他部门的整体工作，只有全体员工共同努力，才能顺利实现创新目标。

④市场实现度是市场创新成功的重要标准。市场技术发明与创造的成功，不等于市场创新的成功，它只能是市场创新的一个前提条件。市场创新成功与否，取决于市场实现度，创新给企业带来经济效益的程度是市场实现度的直接体现。

(2) 市场创新的内容

①产品创新。产品创新可以从产品功能、产品质量、产品设计、产品品牌、产品价格和产品服务等方面进行创新。

产品功能创新。产品功能体现了产品的价值所在，反映了顾客购买产品的"核心利益"。产品功能创新是对产品的根本性创新，其来源可能是科研院所的发明创造、营销人员工作中的信息反馈和消费者在生活中的偏好等。

产品质量创新。产品竞争有3个阶段：价格竞争、质量竞争和品牌竞争。在产品供给达到一定程度之后，质量竞争不可避免。企业为了生存与发展，就必须进行相应的产品质量创新。

产品设计创新。产品设计属于附加产品的范畴。随着产品的日益丰富，产品同质化也日渐严重，而产品设计创新为实现差异化提供了一条有效的途径。

产品品牌创新。产品品牌是企业为了使自己的产品或服务区别于其他企业而推出的无形卖点。品牌反映了供应商、制造商、经销商和顾客等对产品的认知程度。企业在发展过程中为了适应市场的需要，需要进行适当的品牌创新。

产品价格创新。价格在营销组合中处于十分重要的地位。菲利普·科特勒曾说过："你不是通过价格出售产品，你是出售价格。"价格与其他产品要素一样，可以成为一个销售诉求，因此价格策略也需要创新。

产品服务创新。"任何一种业务都是提供服务"，这是今天许多优秀企业共识。所以，不管是生产型企业还是服务型企业，为了在激烈的竞争中占有优势，必须要进行服务创新。创新要以顾客为中心，以提高顾客满意度和忠诚度为目标，只有这样才能推动企业成长并使其走向成功。

②渠道创新。渠道创新包括渠道互惠、渠道交叉、渠道整合和渠道扁平化4个方面。

渠道互惠。是指企业运用原有的渠道销售新产品。例如，餐厅可以用已有的店面提供早餐，而不必另外拓展销售渠道。

渠道交叉。是指行业与行业之间，因产品外延相近而使销售渠道之间可以交叉使用。例如，某连锁零售企业将交通银行的服务终端引入超市，形成渠道交叉，实现了双赢。

渠道整合。是指将同一企业、同一行业的不同类别产品的销售渠道整改后组成体系。

渠道扁平化。是指企业简化销售过程，压缩销售成本，形成较大的利润空间。

③需求创新。进行需求创新，首先要改变消费观念，因为消费者的行为受其观念支配。其次，要善于发掘消费者潜在的需求。再次，要敢于创造需求。有些营销者认为"顾客一般是缺乏远见的"，顾客不知道他们自己需要什么，所以需要企业主动引导。最后，需求创新还必须考虑到政府的宏观调控和管理。因为政府可以影响人们的购买力，还可以制定相应的政策和法规引导、鼓励或限制某些产业和市场的发展。

④技术创新。技术创新就是将一种新产品、新工艺、新服务引入市场的过程。技术创新通常可以分为自主创新模式、模仿创新模式、协同创新模式、引进创新模式和外部创新模式等。技术创新模式的选择对于企业极为关键，选择不当，不但不利于企业的生存和发展，还会给企业带来不必要的损失。

案例分析

不创新才是华为最大的风险

华为从2万元起家，用25年时间，从名不见经传的民营科技企业，发展成为世界500强和全球最大的通信设备制造商，创造了中国乃至世界企业发展史上的奇迹！华为成功的秘密就是创新。创新无疑是提升企业竞争力的法宝，同时它也是一条充满风险和挑战的成长之路。尤其在高新技术产业领域，创新被称为一个企业的生存之本和一个品牌的价值核心。

"不创新才是华为最大的风险"。华为总裁任正非的这句话道出了华为骨子里的创新精神。"回顾华为20多年的发展历程,我们体会到,没有创新,要在高科技行业中生存下去几乎是不可能的。在这个领域,没有喘气的机会,哪怕只落后一点点,就意味着逐渐死亡。"正是这种强烈的紧迫感驱使着华为持续创新。

资料来源:http://www.c114.net/news/126/a763931.html

华为成功的秘诀是创新。创新是一个企业生存和发展的灵魂,企业只有通过不断的创新才能适应新环境的发展要求,以不变应万变。企业要抓住机遇紧跟时代脚步,就必须深刻认识到创新的重要性。

13.2.4 创新的方法

在信息技术日新月异的发展时代,创新成为一个永恒的主题,创新方法也层出不穷。创新方法是指人们在创造发明、科学研究和创造性解决问题的过程中总结、提炼出的有效方法和程序的总称。它是人类对创新规律基本认识的成果总结,是提高创新能力和创新成功率的有效工具。

创新方法一直为世界各国所重视,在美国被称为创造力工程,在日本被称为发明技法,在俄罗斯被称为创造力技术或专家技术。我国学者认为创新方法是科学思维、科学方法和科学工具的总称。创新方法包括以下几种。

1. 头脑风暴法

头脑风暴法又称脑力激荡法,它是美国BBDO广告公司负责人奥斯本在1938年首次提出的一种激发创造性思维的方法。头脑风暴法奠定了创新学的基础,奥斯本被人们尊称为创新学之父。

头脑风暴法是采用会议的形式,利用集体的思考,引导每一个参加会议的人围绕中心议题广开言论,激发灵感,在自己的头脑中掀起风暴,毫无顾忌,畅所欲言地发表独立见解的一种创造性思维的方法。头脑风暴法一般可以分为以下3个阶段。

(1)准备阶段

①选定基本议题。

②选定参加者,并挑选记录员。

③确定会议时间和场所。

④准备好海报纸、记录笔等记录工具。

⑤布置场所,将海报贴于黑板上,座位的安排以"凹"字形为佳。

⑥会议主持人应掌握该方法的一切细节问题,彻底了解该法的四大原则、实施要点等。

(2)头脑风暴阶段

①召开会议,主持人首先向参加者介绍该方法的大意和应注意的问题。

②让与会人员畅所欲言。

③记录员记录参加者激发出的灵感。

④结束会议。

(3)评价选择阶段

①将会议记录整理分类后展示给参加者。

②从效果和可行性两个方面评价各点子。

③选择最合适的点子,尽可能采用会议中激发出来的点子。

在具体操作头脑风暴法时应注意以下问题。

①会议的主题应在事先通知与会者，并附送必要的说明，以便与会者做好讨论的准备工作，收集确切的资料，按照正确的设计方向去考虑问题。

②与会者以 5～10 人为宜，尽量避免专家过多的情况，因为专家过多难免各抒己见，做出过早的评价，这样很难形成自由奔放的讨论气氛。

③会议记录员最好安排两名，以防遗漏讨论中的重要内容。记录下的原始设想往往是进行设计综合和改善方案的备用素材，所以可将与会者提出的设想抄写在大家都能看到的演示板上，必要时还应将所有的设想进行编号备用。

④对与会者提出的各种设想最好不要在同一天进行评价，因为在热烈的气氛下与会者往往难以冷静思考各种设想的可行性。可以反复进行，直至最后形成切实可行的设计方案。

2. 逆向思维法

逆向思维法是指从事物的反面去思考问题的思维方法。这种方法常常可以使问题获得创造性的解决。

（1）逆向思维方法的特点

逆向思维由于是反常规的思考，因而它具有与一般思考不同的特点。

①普遍性。逆向性思维在各种领域、各种活动中都有适用性。由于对立统一规律是普遍适用的，而对立统一的形式又是多种多样的，有一种对立统一的形式，相应地就有一种逆向思维的角度，所以逆向思维也有无限多种形式。例如，性质上对立的转换：软与硬、高与低等；结构上的互换：上与下、左与右等；过程上的逆转：气态变液态等。

②突破性。逆向思维的成果往往冲破传统观念和常规，常带有质变或部分质变的性质，因而能取得突破性的成就。

③新颖性。循规蹈矩的思维和按传统方式解决问题虽然简单，但容易使思路僵化，摆脱不掉习惯的束缚，得到的往往是一些司空见惯的答案。其实，任何事物都具有多方面属性。由于受过去经验的影响，人们容易看到熟悉的一面，而对另一面却视而不见。逆向思维能克服这一障碍，往往会给人一种出乎意料、耳目一新的感觉。

（2）逆向思维方法的类型

①反转型逆向思维法。反转型逆向思维法是指从已知事物的相反方向进行思考，产生发明构思的途径。

"事物的相反方向"常常从事物的功能、结构、因果关系3个方面进行反向思维。例如，市场上出售的无烟煎鱼锅就是把原有煎鱼锅的热源由锅的下面安装到锅的上面，这就是利用逆向思维对结构进行反转型思考的产物。

②转换型逆向思维法。转换型逆向思维法是指在研究问题时，由于解决这一问题的手段受阻而转换成另一种手段，或转换角度思考，以使问题顺利解决的思维方法。例如，历史上被传为佳话的司马光砸缸救落水儿童的故事，就是一个用转换型逆向思维法的例子。

③缺点逆向思维法。缺点逆向思维法是一种利用事物的缺点，将缺点变为可利用的东西，化被动为主动，化不利为有利的思维方法。该方法并不以克服事物的缺点为目的，相反，它是将缺点化弊为利，找到解决方法。例如，金属腐蚀是一种坏事，但人们利用金属腐蚀原理进行金属粉末的生产或进行电镀等，无疑是缺点逆向思维法的一种应用。

（3）逆向思维方法应注意的问题

①深刻认识事物的本质。逆向思维方法不是简单的、表面的逆向，而是真正从逆向中做

出独到的、科学的、令人耳目一新的超出正向效果的成果。

②坚持辩证方法统一。正向和逆向本身就是对立统一，不可截然分开，只有以正向思维为参照进行分辨，才能显示其突破性。

3. 综摄法

综摄法又称类比创新法，是指以外部事物或已有的发明成果为媒介，并将它们分成若干要素，对其中的元素进行讨论研究，综合利用激发出来的灵感，来发明新事物或解决问题的方法。该方法是由美国麻省理工学院教授威廉·戈登于1944年提出的。

知识链接13-3

（1）综摄法的步骤

第一步，准备阶段。

①确定会议室和会议时间。

②确定参加人员约10名，参加者可以为不同专业的研究人员，但必须是内行。

③指导员应具备使用该方法的一切常识及细节问题，如思考原则、模拟技巧、实施要点等。

第二步，实施阶段。

①主持人向与会者介绍该方法的大意及实施概要，以及模拟技巧、思考方式等。

②主持人先不公开议题，而介绍与研究课题有关的更广泛的资料，引导与会者进行讨论，启发他们的灵感。

③当讨论涉及解决问题时，主持人再明确提出来，并要求参加者按原则和模拟方法积极构思解决问题的方案。

④整理、综合各种方案，找出最佳方案。

（2）综摄法的原则

①异质同化，即"变陌生为熟悉"。这是综摄法的准备阶段，它是指对不熟悉的事物或问题要用熟悉的方法、原理和已有的知识进行分析，从而提出新设想。

②同质异化，即"变熟悉为陌生"。这是综摄法的核心，是指对熟悉的事物、问题、方法、原理和知识等，用不熟悉的态度去观察分析，从而启发出新的创造性设想。

（3）综摄法的技巧

为了加强发挥创造力的潜能，使人们有意识地活用异质同化和同质异化两大原则，威廉·戈登提出了4种具有实践性、具体性的模拟技巧。

①人格性的模拟。它是一种感情移入式的思考方法。先假设自己变成该事物以后，再考虑自己会有什么感觉、如何去行动，然后再寻找解决问题的方案。

②直接性的模拟。它是指以作为模拟的事物为范本，直接把研究对象范本联系起来进行思考，提出处理问题的方案。

③想象性的模拟。它是指充分利用人类的想象能力，通过童话、小说、幻想、谚语等来寻找灵感，以获取解决问题的方案。

④象征性的模拟。它是指把问题想象成物质性的，即非人格化的，然后借此激励脑力，开发创造潜力，以获取解决问题的方法。

（4）综摄法的方法

①拟人类比。进行创造活动时，人们常常将创造的对象加以"拟人化"。例如，挖土机可以模拟人体手臂的动作来进行设计，它的主臂如同人的上、下臂，可以左右上下弯曲；挖

土斗似人的手掌，可以插入土中，将土挖起。在机械设计中，采用这种"拟人化"的设计，可以从人体某一部分的动作中得到启发，常常会收到意想不到的效果。现在，这种拟人类比方法还被大量应用到科学管理中。

②直接类比。从自然界或者已有的成果中找寻与创造对象相类似的东西。例如，设计一种水上汽艇的控制系统，人们可以将它与汽车类比。汽车上的操纵机构和车灯、喇叭、制动机构等都可经过适当改选，运用到汽艇上去。

③象征类比。象征是一种用具体事物来表示某种抽象概念或思想、感情的表现手法。在创造性活动中，人们有时也可以赋予创造对象一定的象征性，使它们具有独特的风格，这叫象征类比。例如，设计纪念碑、纪念馆，需要赋予它们"宏伟""庄严""典雅"的象征格调。

案例思考

有一年，日本的南极探险队准备在南极过冬，他们用船从日本运来了汽油，准备用输油管道将这些汽油送到设在南极的基地里。可是，由于事先计划不充分，他们在实际操作中发现，从日本带来的输油管道总长度不够，根本无法从船上连接到基地。在南极，也没有备用的管子，如果现在再回日本运，时间最快也要两个多月。这可怎么办呢？这个问题真把人难住了，大家一时也想不出什么好办法来。队长向日本国内请示，并准备返程。有一名队员喝水的时候，无意中把水泼洒在一张卷成筒状的报纸上，在南极超低温的条件下，自然很快就结成了冰。另一名队员恰好拿起了这张报纸，发现它非常坚硬而且光滑。这位队员突然灵机一动，找到探险队队长说："我有办法找到备用的输油管了，我们用冰做管子吧！"最后探险队员利用绷带和铁管做成了输油管。

思考：

探险队员依据什么创新方法做成了输油管？

4. 检核表法

检核表法是指用一张一览表对需要解决的问题逐项进行核对，从各个角度诱发多种创造性设想的方法，以促进创造发明、革新或解决工作中的问题。该方法是 1941 年由美国创新过程之父亚历克斯·奥斯本提出的。

（1）检核表的构成

检核表的设计特点之一是多向思维，用多条提示引导人们去发散思考。奥斯本在检核表法中有 9 个问题，引导主体在创造过程中对照 9 个方面的问题进行思考，以便开拓思维想象空间，促进人们产生新设想，具体见表 13-1。

表 13-1 奥斯本的检核表法

序号	检查项目	含义
1	能否他用	现有的事物有无其他的用途，保持不变能否扩大用途，稍加改变有无其他用途
2	能否借用	能否引入其他的创造性设想，能否模仿别的东西，能否从其他领域、产品、方案中引入新的元素、材料、造型、原理、工艺、思路
3	能否改变	现有事物能否做些改变？如颜色 声音、味道、式样、花色、音响、品种、意义、制造方法，改变后效果如何

续表

序号	检查项目	含义
4	能否扩大	现有事物可否扩大适用范围,能否增加使用功能,能否添加零部件,延长它的使用寿命,增加长度、厚度、强度、速度、数量、价值
5	能否缩小	现有事物能否体积变小、长度变短、重量变轻、厚度变薄及拆分或省略某些部分(简单化)?能否浓缩化、省力化、方便化、短路化
6	能否替代	现有事物能否用其他材料、元件、结构、力、设备力、方法、符号、声音等代替
7	能否调整	现有事物能否变换排列顺序、位置、时间、速度、计划、型号、内部元件可否交换
8	能否颠倒	现有事物能否从里外、上下、左右、前后、横竖、主次、正负、因果等相反的角度颠倒过来用
9	能否组合	能否进行原理组合、材料组合、部件组合、形状组合、功能组合、目的组合

(2)检核表法的实施过程

运用奥斯本检核表法进行创新活动的实施步骤如下。

①根据创新对象明确需要解决的问题。

②根据需要解决的问题,参照表中列出的问题,运用丰富的想象力,强制性地一个个核对讨论,写出新设想。

③对新设想进行筛选,将最有价值和创新性的设想筛选出来。

检核表法实施过程的注意事项如下。

①要联系实际一条一条地进行核检,不要有遗漏。

②多核检几遍,效果会更好,或许会更准确地选择出所需创新、发明的方面。

③在检核每项内容时,要尽可能地发挥自己的想象力和联想力,产生更多的创造性设想。进行检核思考时,可以将每大类问题作为一种单独的创新方法来运用。

④核检方式可根据需要,一人核检也可以,三至八人共同核检也可以。集体核检可以互相激励,产生头脑风暴,更有希望创新。

【课堂案例讨论】

检核表法在手电筒创新中的应用
手电筒的创新思路

序号	检查项目	引出的发明
1	能否他用	其他用途:
2	能否借用	增加功能:
3	能否改变	改一改:
4	能否扩大	延长使用寿命:
5	能否缩小	缩小体积:
6	能否替代	代用:
7	能否调整	换型号:
8	能否颠倒	反过来想:
9	能否组合	与其他组合:

讨论：

用检核表法对手电筒的创新进行新设想。

5. 组合创新法

组合创新法是指按照一定的技术原理，通过将两个或多个功能元素合并，从而形成一种具有新功能的新产品、新工艺、新材料的创新方法。组合创新是一种极为常见的创新方法，目前大多数创新成果都是通过这种方法取得的。组合创新的形式主要有以下几种。

（1）功能组合

功能组合就是把不同物品的不同功能、不同用途组合到一个新的物品上，使之具有多种功能和用途。例如，按摩椅就是按摩功能和椅子功能的结合体，具有计算功能的闹钟也是一种新的组合。

（2）意义组合

这种组合功能不变，但组合之后赋予了新的意义。例如，在文化衫上印上旅游景点的标志和名字，就变成了具有纪念意义的旅游商品。

（3）构造组合

把两种东西组合在一起，它便有了新的结构并带来新的实用功能。例如，房车就是房屋与汽车的组合，它不仅可以作为交通工具，还可以作为居住的场所。

（4）成分组合

两种物品成分不相同，组合在一起后就构成了一种新的产品。例如，柠檬和红茶组合在一起，就开发出了柠檬茶。

（5）原理组合

把原理相同的两种物品组合在一起，产生一种新产品。例如，将几个相同的衣服架组合在一起，就可以构成一个多层挂衣架，以分别挂上衣和裤子，从而达到充分利用衣柜空间的目的。

知识拓展：
TRIZ 理论

（6）材料组合

不同材料组合在一起，不仅可以改善原物品的功能，还能带来新的经济效益。例如，现在电力工业使用的远距离电缆，其芯用铁制造，而外层则用铜制造，由两种材料组合制成的新电缆，不仅保持了原有材料的优点，还大大降低了输电成本。

13.3　思考和实训

一、单项选择题

1. （　　）是指通过新产品的生产、新市场的开发、新的组织和管理方法的应用，使企业产生更大的经济效益的过程。

　　A. 生产　　　　　B. 开发　　　　　C. 创新　　　　　D. 应用

2. 管理学中创新的概念来源于奥地利经济学家（　　）。

　　A. 约瑟夫·熊彼特　　　　　　　B. 彼得·德鲁克

　　C. 波特·劳勒　　　　　　　　　D. 马克斯·韦伯

3. （　　）是指单个组织针对自身组织的现状而进行的自发调整活动。

A. 自发创新　　　　B. 有组织的创新　　C. 初建期的创新　　D. 运行中的创新
4. （　　）是指组织内部管理人员通过创新活动的制度化，有组织、有计划地进行的创新活动。
　　　A. 自发创新　　　　B. 局部创新　　　　C. 有组织的创新　　D. 系统创新
5. 创新过程的第一个阶段是（　　）。
　　　A. 寻找机会　　　　B. 提出构想　　　　C. 坚持不懈　　　　D. 准备阶段
6. （　　）是创新的重要内容，它是创新的源泉，是推动创新最直接的动力。
　　　A. 技术创新　　　　B. 观念创新　　　　C. 产品创新　　　　D. 管理创新
7. 远程遥控热水器属于（　　）。
　　　A. 人性化产品　　　B. 健康型产品　　　C. 智能化产品　　　D. 个性化产品
8. （　　）可以由企业单独完成，也可以由高校、科研院所和企业协同完成。
　　　A. 产品创新　　　　B. 观念创新　　　　C. 技术创新　　　　D. 市场创新
9. （　　）是从社会经济角度对组织的运行方式和成员间的正式关系的调整和变革。
　　　A. 观念创新　　　　B. 制度创新　　　　C. 产品创新　　　　D. 市场创新
10. （　　）是指从事物的反面去思考问题的思维方法。
　　　A. 头脑风暴法　　　B. 综摄法　　　　　C. 逆向思维法　　　D. 检核表法
11. 在文化衫上印上旅游景点的标志和名字是（　　）。
　　　A. 意义组合　　　　B. 功能组合　　　　C. 原理组合　　　　D. 材料组合

二、多项选择题

1. 下列属于创新特征的有（　　）。
　　　A. 价值性　　　　　B. 超前性　　　　　C. 目标性　　　　　D. 新颖性
2. 变革的关键成功因素可以归纳为（　　）。
　　　A. 必要性　　　　　B. 可行性　　　　　C. 认同性　　　　　D. 阻力的化解
3. 按创新的规模分类，创新可以分为（　　）。
　　　A. 自发创新　　　　B. 有组织创新　　　C. 局部创新　　　　D. 系统创新
4. 按创新发生的时期分类，创新可以分为（　　）。
　　　A. 局部创新　　　　B. 初建期的创新　　C. 系统创新　　　　D. 运行中的创新
5. 按创新的组织程度分类，创新可以分为（　　）。
　　　A. 渐进式创新　　　B. 自发创新　　　　C. 有组织的创新　　D. 激进式创新
6. 按创新的环境分类，创新可以分为（　　）。
　　　A. 消极防御型创新　　　　　　　　　　B. 积极攻击型创新
　　　C. 局部创新　　　　　　　　　　　　　D. 系统创新
7. 按创新的新颖程度分类，创新可以分为（　　）。
　　　A. 局部创新　　　　B. 系统创新　　　　C. 渐进式创新　　　D. 激进式创新
8. 下列属于创新过程经历的阶段有（　　）。
　　　A. 准备阶段　　　　B. 寻找阶段　　　　C. 提出构想　　　　D. 迅速行动
9. 创新的内容主要包括（　　）。
　　　A. 观念创新　　　　B. 产品创新　　　　C. 组织创新　　　　D. 市场创新
10. 产品创新的途径有（　　）。
　　　A. 内部研发　　　　B. 外部获取　　　　C. 功能设计　　　　D. 设计改进

11. 下列属于技术创新特点的有（　　）。
    A. 滞后性　　　　　B. 创造性　　　　　C. 效益性　　　　　D. 风险性
12. 制度创新的主要内容包括（　　）。
    A. 产权制度创新　　　　　　　　　B. 经营制度创新
    C. 管理制度创新　　　　　　　　　D. 研发制度创新
13. 下列属于创新的方法有（　　）。
    A. 头脑风暴法　　　B. 逆向思维法　　　C. 综摄法　　　D. 检核表法
14. 组合创新的形式主要有（　　）。
    A. 功能组合　　　B. 构造组合　　　C. 成分组合　　　D. 材料组合

三、判断题
1. 创新可以增强企业的核心竞争力。（　　）
2. 创新的超前性是从计划出发、实事求是的超前。（　　）
3. 一切创新最终都将落实到价值创造上来。（　　）
4. 局部创新具有风险大、见效快的特点。（　　）
5. 系统创新具有风险大、见效慢的特点。（　　）
6. 自发创新是大范围的。（　　）
7. 渐进式创新只是在产品的某些性能上改进或营销策略上创新。（　　）
8. 观念创新需要组织管理者战胜自己。（　　）
9. 产品的创新是从新产品的销售开始的。（　　）
10. 创意思想的形成阶段是技术创新过程的第一个阶段。（　　）
11. 企业是市场创新的客体。（　　）
12. 检核表法是一种利用外部事物启发思考、开发创造潜力的方法。（　　）
13. 检核表法中有8个问题。（　　）

四、思考题
1. 熊彼特的创新概念包括哪些内容？
2. 创新有哪些类型？
3. 应用逆向思维方法创新时应注意哪些问题？

五、案例分析题

吉利的创新之路

浙江吉利控股集团是中国汽车行业十强企业。总部设在杭州，在浙江临海、宁波、路桥和上海、兰州、湘潭、济南、成都等地建有汽车整车和动力总成制造基地，在澳大利亚拥有DSI自动变速器研发中心和生产厂。1997年进入轿车领域以来，吉利凭借灵活的经营机制和持续的自主创新，取得了快速的发展，现资产总值超过1 000亿元，连续九年进入中国企业500强，连续七年进入中国汽车行业十强，被评为首批国家"创新型企业"。

目前，吉利已经拥有国内先进、世界一流的汽车研究院，并形成了5大技术平台、15大产品平台，帝豪、全球鹰、英伦等品牌42款车型的产品规划体系。吉利目前已申请各项专利近1 500项，已授权500余项，并且获得了国家级企业技术中心、浙江省专利示范企业等称号。

吉利收购了沃尔沃，首次实现了一家中国企业对一家外国企业的全股权收购、全品牌收购和全体系收购。吉利收购沃尔沃后，一方面可以利用沃尔沃原有的欧美市场，加强吉利在国际市场的销售；另一方面，沃尔沃可以利用吉利的销售渠道，大力开拓中国、印度等新兴市场。

吉利收购沃尔沃，可以借助沃尔沃提升自主品牌汽车在公务车市场的品牌价值和竞争力。沃尔沃国产化后，价格下调是情理之中的事，同奥迪等相比，价格优势将会非常明显。再加上沃尔沃是全资收购的企业，有着政治上的优势，势必能在公务车市场为自主品牌杀出一条血路来，甚至有可能成为国内公务车市场老大。有了国产的售价优势和"官车效应"的带动，吉利将有望打开商务和家用轿车市场。除了在中国市场大力开拓之外，俄罗斯、印度等市场也需要大力推广和开拓。

吉利特色教育平台现在已经发展成为拥有浙江汽车职业技术学院、北京吉利大学、海南大学三亚学院和中国第一所重点培养汽车车辆工程博士与硕士的研究生院——浙江汽车工程学院的全员教育平台，形成了从技工技师培训到大学教育、研究生教育、博士后工作站的全系列人才培养体系（GM1000），为中国汽车工业提供了源源不断的本土汽车人才。

2010年年初，吉利勇敢地给自己开刀，启动了"百日提升计划"，聘请著名战略咨询顾问公司罗兰贝格对企业营销、研发、成本等各流程进行变革，引进IBM技术进行人力资源管理提升，邀请德勤对公司内控和风险控制建立体系……这一系列行动，目标是建立有吉利特色的有效管理模式，并与国际接轨。管理提升给广大员工提供了更多的实践和学习机会，在实践中发现人才，想方设法地从广大员工中发现和培养业务骨干，从而提升企业竞争力。

作为一家民营汽车企业，吉利是国内唯一拥有汽车核心技术完全知识产权的自主品牌，吉利每年都会将销售收入的8%～10%投入汽车相关产业研发。吉利的技术创新一直处于国内自主品牌汽车生产厂家的前列。在首届中国国际零部件展上，吉利展出了填补相关领域空白的"三大发明"：CVVT-JL4G18发动机、（四速）自动变速器和（第六代）EPS。发动机是吉利除整车外最先获得重大突破的项目。目前，吉利生产的八大系列发动机均达到相当高的水平，尤其是CVVT-JL4G18发动机，顺利通过行业技术专家组鉴定，其技术被称为"世界先进、中国领先、填补了国内空白"。

吉利在油电混合动力、替代燃料汽车和电子平衡动力总成技术研发方面也取得了重大进展。吉利远景轿车以C-NCAP 42.2分的良好表现，成为我国首个获得四星碰撞安全评价的自主品牌汽车；吉利熊猫以C-NCAP 41.5分的高分，成为国内轿车市场上最安全的小型车。

思考题：
（1）吉利创新的内容有哪些？这些创新给吉利带来了什么益处？
（2）根据吉利的创新之路，谈谈你对企业创新的理解与认识。

六、实训项目

通过头脑风暴法创建创新型组织

（1）实训目标

①增强对创新的感性认识。

②掌握创新的实施过程。
（2）实训内容与方法
①以小组座谈的形式组建一个创新型组织，每组10～15人。
②选定主持人及记录人员。
③制定有创新性的组织愿景及扁平式组织结构。
（3）实训要求
①小组讨论在自由开放的条件下进行，每个人都要在讨论中积极参与，且不能否定他人。
②主持人在讨论中充分发挥作用，能够有效激发团体的气氛。
③时间控制在1 h以内。
④各组在班级展示交流。
（4）实训检测
①各组派代表发言。
②各组分别对其他各组评分，并指出不足。
③各组对本组员评分。

项目 14

管理创新

知识目标：
- 掌握管理创新的含义；
- 熟悉管理创新的过程；
- 掌握管理创新的模式；
- 了解企业国际化管理的内涵；
- 掌握企业国际化管理的模式。

能力目标：
- 能够推动企业创新管理有序化；
- 能够培养企业国际化管理的理念。

素质目标：
- 培养学生突破自我能力。

14.1 案例导读

联想的"大船结构"管理模式

联想的决策者认识到，没有一支组织严密、战斗力强的队伍，企业就成不了气候，也就无从谈起进军海外市场。在这样的背景下，他们提出了"大船结构"管理模式，使之产生"1+1>2"的总体效益。

"大船结构"这种模式的主要特点是"集中指挥，分工协作"，具体包括四层意思。

集中指挥，统一协调。 公司以开发、生产、经营三大系统为主体，围绕这个主体，公司设置了一个决策系统、一个供货渠道、一个财务部门，实行人员统一调动、资金统一管理。根据市场竞争规律，企业内部实行目标管理和指令性工作方式，统一思想、统一号令，接近于半军事化管理。

"船舱"实行经济承包合同制。从 1988 年起，公司按工作性质划分了各专业部，比如业务部下设汉卡、微机、网络、小型机、CAD 工控、软件、资料等专业部，实行"船舱式"管理，任务明确，流水作业，有利于提高工作质量和效率，有利于实现按劳分配，调动职工积极性，体现企业主人翁地位。

逐步实现制度化管理。从1998年起，公司开始完善各种企业管理制度，比如财务制度、职工培训制度、干部聘任制度、库房管理制度等，着力规范企业管理。实行制度管理，使各"船舱"衔接起来，既提高了各自的工作效率，又顾及了整体目标和利益。制度化管理使企业不但有了强大的动力机制，同时也建立起了一套企业约束机制，以保证企业高速正常运转。

实行集体领导，董事会下设总经理（总裁）室。总经理室有4名成员，两个在香港，两个在国内，实行海内外统一指挥。由于领导班子成员有共同的理想、共同的思想基础，且配合默契，从而使总经理一班人成为公司的坚强核心，在职工面前具有很强的号召力，并保证了企业决策的正确性。

（案例来源：百度文库. http://wenku.baidu.com/view/a55f16f69e3143323968932b.html）

思考题：

（1）联想的"大船结构"是一种什么模式？
（2）联想的"大船结构"的主要特点是什么？
（3）联想的管理创新创造了哪些成功的经验？

管理创新是企业发展的内在要求，如何实现管理创新，构建符合社会主义市场经济要求的管理体制和运行机制，关系到企业今后的生存和可持续发展。建立现代企业制度，实施科学发展，管理创新势在必行。

14.2 理论与实务知识

14.2.1 管理创新概述

1. 管理创新的含义

管理创新是指企业把新的管理方法、新的管理手段和新的管理模式等管理要素或要素组合引入企业管理系统，更有效地实现组织目标的创新活动。企业管理创新，最重要的是在组织高层管理层面有完善的计划与实施步骤，以及对可能出现阻力的清醒认识。在管理创新中，有3个因素将有利于组织的管理创新，即组织的结构、文化和人力资源实践。

①从组织结构因素来看，有机式组织结构是一种松散的结构，能够根据需要迅速做出调整，对管理创新具有正面影响；拥有富足的资源能为创新提供重要保证；组织之间的密切沟通有利于克服创新的潜在阻力。

②从文化因素来看，充满创新精神的组织文化通常具有以下特征：接受模棱两可，容忍不切实际，外部控制少；接受风险，容忍冲突，注重结果甚于手段，强调开放系统。

③从人力资源因素来看，有创新能力的组织积极地对员工开展培训，使其保持知识和观念的更新；同时，还会给员工提供较高的工作保障，减少他们担心因犯错误而遭解雇的顾虑；组织也鼓励员工成为创新能手，一旦员工产生新的思想，组织会主动热情地帮助其把思

想深化，提供支持并克服阻力。

2. 管理创新的特征

（1）紧迫性

宏观生存环境和市场竞争的变化，对企业管理创新活动的要求更加紧迫。如果企业在创新管理上没有空前的紧迫感，就只能永远跟在别人后面跑，直至被淘汰出局。

（2）决定性

知识经济时代，人的智慧资本和企业的无形资产在产品与服务中的比重越来越大，如互联网经济。在市场竞争中，只有价值创新的企业和附加值高的产品才能在竞争中取胜，创新决定着一个企业的生死存亡。

（3）广泛性

过去的创新主要体现在技术创新和产品创新的领域，而现在的企业创新几乎涵盖企业的一切经营管理活动，如营销活动、企业组织、企业文化等。这些领域的创新是当今企业价值创新系统中最为关键的薄弱环节，有些企业仅仅依靠改变一下模式、改进一个流程和改变一种想法，就可以在竞争中取胜。

案例分析

薇姿的药房营销模式

把化妆品卖到药房，是薇姿的成功首创。薇姿是世界最大的化妆品集团——欧莱雅公司旗下的名牌之一。自1998年7月进入中国市场以来，以药店营销模式，在短短的2年里已入驻北京、上海、广州、深圳、南京、昆明、成都、重庆、武汉等十几个大中城市，目前已发展到近300多家大型药房统一以薇姿护肤专柜进行销售。其独特的渠道形式、惊人的发展速度及出奇的市场业绩，引起了业内人士的极大关注。薇姿开创了"全世界只在药房销售"的营销模式，而且建立了自己专业护肤的品牌形象。

薇姿品牌的独特之一：回避竞争。护肤品市场一向是风起云涌、硝烟弥漫，各类高、中、低档品牌不胜枚举，而且绝大多数聚集在百货商店内"厮杀"。薇姿选择进入药房销售，恰恰回避了在商场与各类品牌的正面冲突，这无疑起到了减少竞争压力的作用，同时也大大降低了消费者的购买时间和精力成本。药房在我国向消费者传递的是"健康、放心"的信息，专业大药房更是如此。

薇姿品牌的独特之二：卖点独特和顾客群鲜明。薇姿，取名于法国中部著名的温泉疗养胜地——薇姿市，薇姿市又素以温泉著称，薇姿正是利用这一点大造卖点。在它的广告语及产品说明书上，总是不断突出薇姿温泉的独特功效："预防兼治疗皮肤病的天然药物。"它还打出"薇姿温泉水"这一"王牌"："是薇姿市所有温泉源头中矿物质含量最高的，被誉为'肤之泉'"。通过这样的广告诉求，薇姿使自己的产品牢牢地印上了"质地纯净、营养丰富、品质天然"的特征。薇姿自进入我国市场以来，所采用的广告形式主要是杂志、报纸宣传，它所选定的杂志的读者多是白领或有一定经济实力的女性，如《女友》《时尚》等。这样，薇姿通过广告阅读者，确定了自己的顾客群——白领或拥有较强经济实力的女性，她们讲究质量和档次。

薇姿品牌的独特之三：完美服务形象。薇姿一直以服务专业化自居，会为顾客进行免费的皮肤测试，然后给出一些建议。

薇姿护肤品以药房为主要渠道，避开了与其他竞争者的正面冲突，减少了市场压力与经营风险。因为它的形象出众且视觉冲击力强,并且取得了非凡的销售业绩,从而给中国化妆品行业带来新的启示。

(4) 不确定性

经营环境和市场的不确定因素,给企业的管理创新活动带来了更高的要求。企业既要突破传统思维方式,积极拓展开放式经营,大胆进行破坏性创新,还要加强对管理创新活动的风险评估和管理,尽可能减少意外的风险和损失。

(5) 多层次性

过去企业的创新活动主要是在技术平台上,即对新产品、新技术、新工艺的开发和应用,而现在除了运用技术平台之外,更重要的是学会在信息平台、网络平台、市场平台、服务平台、观念平台上进行创新。如何整合这些新的创新平台,实现企业创新资源的有效配置和运用,是新形势下增强企业创新能力的新课题。

3. 管理创新的途径

一般认为管理创新是指对企业生产要素和管理职能在质与量上实现新的组合,以提高管理整体效能。管理创新可以通过以下几个途径实现。

(1) 思维创新是管理创新的灵魂

管理思维模式创新是指企业为了取得整体优化效益,打破陈规陋习,克服旧思想束缚,树立全新的管理思路。它深刻地影响着企业的行为和效益,是企业管理创新的灵魂。

(2) 技术创新是管理创新的基础

技术创新是指企业进行技术研制与开发,合理实施技术改造,发挥技术优势的创新活动,目的是追求利润最大化。技术变迁决定企业的发展方向,技术创新是企业赢得市场份额的主要途径,就企业本身来说,必须有自己的技术创新能力。现代企业的技术创新要形成行之有效的内部运行机制和良好的外部支持环境。

(3) 组织结构创新是管理创新的关键

组织结构是企业运行赖以支撑的构架,科学的机构设置是以管理理论为基础、与企业的实际管理要求相关的。企业组织结构创新是通过调整、优化管理要素等资源的配置,提高现有管理要素的效能来实现的。由于科学技术的迅猛发展和市场的瞬息万变,使企业的运转大大加快,传统的组织结构难以适应时代的要求,因此必须调整和创新组织结构。扁平化、柔性化、虚拟化是组织结构调整的目标。

(4) 制度创新是管理创新的保证

制度创新是为了实现管理目标,将企业的生产方式、经营方式、分配方式、经营观念等规范化设计的创新活动。制度创新是把思维创新、技术创新和组织结构创新制度化、规范化,同时又具有引导思维创新、技术创新和组织结构创新的功效,它是管理创新的最高层次,是管理创新实现的根本保证。更新旧的经营管理理念、实现管理组织现代化、广泛采取现代技术和方法是行之有效的科学管理制度。

4. 管理创新的作用

管理创新在企业发展中具有多方面的作用,具体表现如下。

(1) 提高企业经济效益

管理创新的目标是提高企业有限资源的配置效率。管理创新可以使资金周转速度加快,资源消耗减少,劳动生产率提高,最终提高企业的经济效益。提高企业经济效益分为提高目前的经济效益和提高未来的经济效益两种。管理创新的要素,有的是提高目前的经济效益,如生产组织优化创新等,有的是提高未来的经济效益,如战略创新等。无论是提高哪一种经济效益,都是在增强企业的实力,从而有助于企业下一轮的发展。

(2) 强化企业核心竞争力

管理创新是强化企业核心竞争力的重要手段。企业核心竞争力的产生、维持和拓展,是一个系统的组织过程,它涉及技术、管理、制度等多方面的因素,而不是某一种因素简单作用的结果。管理可以将技术转变为企业快速适应变化的能力。

(3) 推动企业管理有序化

管理创新的结果是为企业提供更有效的管理方式、方法和手段,其机构和职能保持稳定,不仅使层级制本身稳定下来,也使企业发展的支撑架构稳定下来,这将有效地帮助企业长远发展。

(4) 延长企业的生命周期

企业的发展一般要经历出生、发展、成长、成熟、衰退几个阶段。在信息技术突飞猛进的新时代,许多企业甚至没有步入发展期就遭到了市场的淘汰,企业必须提高自己的管理创新意识,时刻关注市场的变化,不断推出符合企业发展的新的管理理念,使企业的生命力得以延续与提升。

14.2.2 管理创新的过程

管理创新是一个循序渐进的过程,它需要经历管理创新需求的分析、管理创新目标的确定、管理创新模式的设计、管理创新模式的实施及管理创新模式的评估5个阶段,如图14-1所示。

图14-1 管理创新的过程

1. 管理创新需求的分析

任何企业的管理创新都是有一定原因的。了解企业管理创新的动因,确定企业管理创新的需求,是推进企业管理创新的基础和前提。一般而言,企业管理创新的原因有以下3个方面:一是企业面临的发展环境,如市场、法律和政策环境等发生了显著的变化,迫使企业进行技术创新;二是企业的发展战略需要调整,引发管理创新;三是企业现有的管理模式不能满足需求,带动企业的管理创新。

2. 管理创新目标的确定

一般来说,企业管理创新的需求是多样的,并不是任何一项管理创新都能满足需要。管理创新需要稳步推进,同时还要考虑综合因素,确定未来一段时间管理创新的目标。企业确定未来的管理创新目标,首先要充分考虑管理创新的原因和需求,明确各项管理创新的轻重,从需求出发确定管理创新的重点;其次,要充分考虑企业管理的现状及管理创新的条件、已经积累的经验和承受能力;最后,要考虑能够运用的科学管理理论、方法和技术,如果缺少理论和技术的支撑,其管理创新目标就很难实现。

3. 管理创新模式的设计

明确了管理创新的目标后,需要设计新的管理模式。一般来说,新的管理模式设计主要有两种：一种是系统化的改造法，即在理解现有管理模式的基础上，根据管理创新目标，通过在现有管理模式基础上的系统化改造形成新的管理模式；另一种是全新的设计法，从根本上重新考虑管理创新目标的要求，零起点设计新的管理模式。

4. 管理创新模式的实施

新的管理模式设计好后，就要开始实施。由于推行新的管理模式，往往会直接影响一些人的切身利益，会给组织创新带来一些阻力。为了保障新的管理模式顺利实施，在推行新的管理模式之前，一定要对管理创新的优势进行广泛宣传，尽可能地得到利益相关者的大力支持，对实施中受到影响的人员必须给予合理的安排和补偿，减少对新的管理模式的阻力。只有精心准备和有效组织新的管理模式的实施，才能产生预期的效果。

5. 管理创新模式的评估

新的管理模式实施后，还需要对其实施效果进行评价，分析新的管理模式实施后实现的新目标及完成的程度。评估的重点是管理模式的实施对企业的工作效率、经济效益和核心竞争力产生的影响。在此基础上，根据评估的结果，调整和优化管理创新的目标和新的管理模式，不断提升管理模式的运用成效，最终形成能够满足企业管理创新需求的新的管理模式。

14.2.3 管理创新模式

管理创新模式是指在现有标准的基础上，实现创新所形成的全部管理理念与管理行为，包括保证、提高、创新、认证质量的全部管理要素，管理结构，管理程序，管理标准与管理规范等。

1. 管理创新模式的要素

为了实现创新管理的目标，管理创新模式应该包括以下6个要素。

（1）职能相称

首先要求组织职能与组织目标相称，即依据组织目标确定组织职能；依据组织职能确定机构设置；依据岗位职责确定职位设置；确保机构职责明确，机构、职位与人员职能相称。其次要求人员素质与其职位相称，依据岗位职责确定人员素质条件，保证人员的质量与数量满足职位要求。职能相称是实现组织目标的基础，做不到这一点，一切良好的愿望都只能是空想。

（2）观念适宜

观念支配行动，观念决定行为，没有创新的观念，就不会有创新的工作、创新的生产与创新的管理。具体要求如下。

①目标观念。组织成员应知道组织、部门的目标和自己的目标，并知道怎样去实现目标。

②竞争观念。组织成员应具有争先、争优、争光、争气的观念并有行动体现。

③质量观念。组织成员应具有追求用户满意的质量观念并有行动体现。

④创新观念。组织成员应具有理念、技能、工作、成果创新的观念并有行动体现。

⑤服务观念。组织成员应具有为他人服务的观念并有行动体现。

（3）条件保障

一切事情都需要有其条件做保障，具体包括：人才资源的保障、财力资源的保障、物资设备的保障、信息资源的保障、时间空间的保障、环境的保障、关系的保障、技术手段与市场需求的保障等。这些条件一个都不能缺少。

（4）目标正确

正确地确定执行工作及成果目标。明确管理目的、管理状态、管理结果；明确管理标准、工作标准、成果标准；明确所要管理的要素与管理程序；明确所要管理的对象及其特点和要求；明确用什么对策、方法、技术、手段去管理。

（5）机制有效

管理的关键在于运行什么样的机制，这就要求依据管理任务制订管理制度，运用管理机制，做到管理行为正确、有效。机制通常包括：责权机制、制约机制、监督机制、反馈机制、激励机制。

（6）过程完整

一个完整的工作过程应该包括以下步骤：认定基础，确定目的；制订计划；实施计划；反馈改进；测评验收。要根据工作性质确定工作单元与工作管理周期。工作单元与管理周期要一致，生产工作以生产工序为管理周期，教育工作以教育活动为管理周期，临时工作以工作任务为管理周期，管理工作以管理阶段为管理周期。

案例思考

湖南衡钢集团的 ERP 系统

湖南衡阳钢管（集团）有限公司（简称"湖南衡钢集团"）始建于1958年，改革开放以后，企业飞速发展，从一个地方小厂变成一家大型一档工业企业。现厂区占地160万 m^2，员工6 200人，其中各类专业技术人员1 300人，总资产约30亿元，具备年产40万 t 管、30万 t 钢的生产能力，年销售收入超过15亿元，年创利润近亿元；拥有5条钢管生产线和一套全水平连铸圆坯生产系统，是全国第二大专业化钢管生产企业、中南地区最大的钢管生产基地、我国最大的小口径钢管生产厂家。

公司领导意识超前，在企业管理方面不断创新，并且有一种难得的危机意识。深知企业进一步发展和管理的提升有赖于先进的管理思想、方法和手段，于是管理流程重组（BRP）、建立完善的现代企业制度、充分利用信息技术、引入体现现代企业管理思想的 ERP 系统是最佳的选择。

1. 管理流程重组（BRP）

根据衡钢实际情况，引入管理咨询，分析和诊断管理现状，找出公司管理的症结和不合理、不增值的流程，结合 ERP 的管理思想和管理理念，对管理模式进行"彻底性"、革命性的变革。通过业务流程重组规范和优化了公司的业务流程，建立了面向业务流程的扁平化组织机构和面向电子商务及以信息流、资金流、物流集中动态为特征的管理体系，制定了公司管理白皮书，建立了现代企业制度体系，进一步深化了企业改革改制。

2. 企业资源计划（ERP）

根据业务流程重组对信息系统的需求、企业的实际情况及国内外软件应用效果比较，衡钢企业资源计划（ERP）软件采用"外购"ORACLE ERP 产品与"定做"其他辅助模块相结合的方式来实现。对于制造企业，分销、采购、库存、财务、制造、质量是主要业务流程，根据业务流程重组需求及企业的业务特点，衡钢采用了成熟的国际先进 ERP 软件。

根据现阶段国有大型企业及冶金行业的实际情况，衡钢和天工远科信息技术股份有限公司联合开发了人力资源、设备管理、计量管理、科技管理、安全管理、环保管理、档案管理、党群管理八大辅助模块。

思考：
(1) 湖南衡钢集团在企业管理方面有哪些创新？
(2) 什么是管理流程重组？

2. 管理创新模式结构

管理创新模式的要素确定之后，决定质量的关键就在于结构。管理创新模式结构的特点是在决策之后，不仅要有执行一条线，还要有监督认证制约一条线，以保证管理目标的实现。认证具体包括以下几个方面。

(1) 职能认证

①组织职能的认证。要依据组织目标认证组织职能，依据组织职能认证机构设置，依据岗位职责认证职位设置，依据组织绩效认证组织效能。

②人员素质认证。要依据岗位职责认证人员素质条件，依据人员工作绩效认证人员的胜任度。

(2) 观念认证

通过检测工作人员输出相关目标信息认证其目标观念；通过检验工作人员的竞争表现认证其竞争观念；通过检测工作人员输出质量信息，检验其工作与成果质量，认证其质量观念；通过检测工作人员输出创新信息，检验其创新成果，认证其创新观念；通过检测工作人员输出服务信息，检验其服务表现与成果，认证其服务观念。

(3) 条件认证

通过检查相关文件、资料及实际状况，认证其相关条件与质量；通过检查相关文件、资料及实际状况，认证其生产条件与质量；通过检查相关文件、资料及实际状况，认证其管理条件与质量等。

(4) 目标认证

通过检查管理目标文件，检测管理人员对管理目标的输出信息，检验其管理目标状态与管理成果，认证其管理目标质量；通过检测工作人员对质量目标的输出信息，检验相关工作与成果质量，认证其目标管理质量。

(5) 机制认证

依据管理制度考核执行效果；依据执行效果认证管理效能；依据管理效能认证管理机制质量；通过检查相关文件、制度、资料及实际运行情况，认证其机制管理质量。

(6) 过程认证

通过检查基础测评资料与设定目标，认证其工作基础与目标；通过检查相关工作计划，认证其计划质量；通过检查相关工作记载与成果，认证其计划执行质量；通过检查质量反馈改进记载，认证其反馈改进质量；通过检查验收测评资料，认证其成果与产品质量；通过对各个管理步骤的认证，评定其过程质量。

3. 管理创新模式的新理念

随着社会经济的快速发展，常规的管理模式将被新的管理创新模式所替代。管理创新是管理的主旋律，企业应该在不断发展中完善，并紧紧关注当前管理发展的动态，改进管理模式。

(1) 知识是最重要的资源

世界经济已从农业经济时代、工业经济时代发展到了知识经济时代，社会的发展使得知识已成为最重要的资源,知识在创造社会财富中起着举足轻重的作用。

(2) 企业再造是一场管理的革命

20世纪90年代以来,西方发达国家兴起了一场企业再造革命,被喻为是从"毛毛虫变蝴蝶"的革命,也被认为是继全面质量管理之后的第二次管理革命。企业再造有两个方面与传统的管理模式不同:一是从传统的自上而下的管理模式变成信息过程的增值管理模式;二是企业再造不是在传统管理模式基础上的渐进式改造,而强调从根本上着手。

(3) 学习型组织是未来企业的模式

学习型组织是彼得·圣吉在《第五项修炼》中首先提出的。他认为要达到学习型组织,需要有这几个方面扎实的基础:系统思维、自我超越、改变心智模式、建立共同愿望和团队学习。

(4) 组织结构的倒置

传统的组织结构是金字塔式的,最上面的是企业的总裁,然后是中间层,最后是基层。指挥从上到下,决策来自最上层,下面是执行层。但是,接触市场最多的是基层。在多变的时代,顾客的个性化需求日益突出,就要求将上述金字塔式结构倒置,应为:顾客、一线工作人员、管理人员。

(5) 跨文化管理

企业竞争的全球化必然带来管理活动的国际化,管理活动受人们的价值观、伦理道德、行为准则、社会习俗的全面影响,其与不同的文化相结合,就形成了不同的管理文化和管理风格。我国企业应该如何建立既具有中国文化特色,又吸纳人类一切先进文化成果的管理文化模式,是一个迫切需要深入研究的问题。

4. 管理创新模式

在管理创新的实践中,应积极吸取国内外企业管理创新的成功经验,结合企业自身的实际,努力探索,建立适合本企业发展的管理模式。

知识链接 14-2

(1) 战略管理

随着我国国内市场与国际市场的逐渐接轨,国内企业必须从全球角度来统筹考虑、合理配置资源,建立一套真正适合本企业的跨国经营的战略管理体系,逐步形成国际竞争优势。

(2) 虚拟经营

企业的资源是有限的,为了获得最大的竞争优势,企业应该只保留其最关键的功能,而将其他功能虚拟化,使企业价值上升,从而更好地增强企业的市场竞争力。

(3) 扁平化组织

实现组织结构向扁平化组织模式转化,减少中间层次,可以加强组织的灵活性和创造性,加快信息传递速度,从而使企业更好地适应信息社会。

(4) CIMS 管理

CIMS 管理是一种利用信息技术、计算机科学技术、网络技术和现代管理技术改变传统的制造业,形成市场反应灵敏、产品质量好、成本低和服务好的局面,从而有效提高企业市场竞争力的企业整体优化战略。

(5) 柔性管理

柔性管理是指对企业外部因素变化具有响应能力和对企业内部因素变化具有应对能力。其特点是适应性强、灵活性高、系统性强、刚柔相济,且富有力度和弹性。柔性管理应建立在严格的制度化管理基础上,应有一套严格完整的制度规范体系。

(6) 危机管理

危机管理是指企业为应付各种危机所进行的规划决策、动态调整、员工训练等活动的过程,其目的是消除或降低危机给企业所带来的风险。

14.2.4 企业国际化管理

企业国际化是指一个企业的生产经营活动不局限于一个国家,而是面向世界经济舞台的一种客观现象和发展过程。其主要目的是通过国际市场组合生产要素,实现产品销售,以获取最大利润。

对于单个企业来说,企业国际化是指企业的生产国际化、销售国际化和管理国际化。对于所有企业来说,企业国际化是指企业的内涵国际化和外延国际化。企业的内涵国际化是指企业通过技术、人才、服务等非物质性的生产要素实现的企业国际化。企业的外延国际化是指企业通过资金、设备、厂房等物质性的生产要素实现的企业国际化。

1. 企业国际化过程

从国内企业发展为国际企业,这个过程是循序渐进的,从国际活动对企业管理活动的重要程度来看,企业国际化过程一般分成4个阶段。

(1) 间接或被动的进出口阶段

企业国际化的第一个阶段是间接或被动的进出口过程。在这个阶段,企业没有直接与外商建立联系,而是利用其他公司的中介服务与国外建立间接或被动的商务关系。没有国际商务经验或没有进出口经营权的企业通过中间商获得订单。因为这一阶段的企业国际业务不充分,没有设立专门的进出口部门,进出口业务完全掌握在中间商手里,所以企业的本质仍然是国内企业。

(2) 直接或主动的进出口阶段

企业国际化的第二阶段是直接或主动的进出口阶段。在这个阶段,企业积极主动开拓国际市场,在国际市场上寻求供应商或客户,直接从事进出口活动。企业内部专门设置国际部或进出口部门,并定期外派商务人员实地考察了解市场和客户,但是一般还没有在境外建立永久的分支机构。

(3) 设立境外分支机构阶段

企业国际化的第三阶段是设立境外分支机构。在这个阶段,企业逐渐开始在境外直接投资,在境外设立分支机构,兴办企业,直接在各东道国购买原材料、从事生产制造经营活动或提供服务。

(4) 成熟的多国导向型阶段

企业国际化经营的最高阶段是成熟的多国导向型阶段。在这个阶段,企业国际贸易和投资业务的比重远远超过国内业务,企业重心向国际业务转移,企业发展成为具有国际业务的多国公司和跨国公司。企业面向全球市场,建立全球组织结构;企业以全球观点进行管理,将国内市场看作是国际市场的一部分。

企业国际化各阶段的特征见表14-1。

表 14-1 企业国际化各阶段的特征

内容	第一阶段	第二阶段	第三阶段	第四阶段
与国际市场的联系	间接、被动	直接、主动	直接、积极	直接、积极
国际经营的地点	国内	国内	国内与国外	国内与国外
企业经营方针	国内	国内	先考虑国内	国际
国际经营的种类	商品、劳务贸易	商品、劳务贸易	贸易、合同、国外投资	贸易、合同、国外投资
企业的组织结构	传统的国内结构	进出口部	国际部	全球性结构

2. 企业国际化的特征

在企业的国际化过程中，各个企业的国际化进程是不同的，但从相对比较长的时间来看，企业国际化成长过程所经历的阶段是清晰的。不同的阶段，企业国际化经营的程度不一样，决策的目标和组织结构也不同。一般来说，企业在国际化的过程中，具备渐进性、动态性和战略性的特征。

知识链接 14-3

（1）渐进性

企业在国际化的过程中，一般经历通过中间商获取国际订单出口产品、积极主动开拓国外市场进行出口活动、设立境外分支机构和在国外投资建厂等阶段。因此，从企业的国际化经营过程来看，企业国际化具有较强的渐进性。在企业国际化的初期，由于企业国际化的相关知识缺乏，在选择目标市场时首先进入容易了解的邻近国家，最大限度地降低投资风险，为未来进入较远的国际市场积累经验。因此，从企业国际化发展过程的路径来看，也是一个渐进的过程。

（2）动态性

企业的国际化过程是一个发展演进的动态变化过程。企业在国际化的过程中，通常由最初的从事商品进出口贸易活动发展到对外直接投资组建跨国公司。跨国公司在实现产品国际化后，会相继进入研发国际化、财务国际化、管理国际化、生产国际化、销售国际化、服务国际化和人才国际化等领域。因此，企业的国际化是一个包含内容越来越广的动态变化过程。

（3）战略性

全球战略是指在企业国际化过程中，逐步实现全球范围内的资源最优配置，以期达到长期的总体效益最优化。这种长远的谋略可以替代仅从一个国家或地区的目标出发而确定的局部性战略，以更广阔的视野看待企业的生产、贸易、投资的组织及技术的开发和转移，带动和促进产品在更广阔的国际市场上销售，更迅速、更准确地掌握世界市场的动态。

3. 企业国际化的内容

企业国际化包括管理国际化、生产国际化、销售国际化、融资国际化、服务国际化和人才国际化6个方面。

（1）管理国际化

管理国际化是指企业的管理具有国际视角，符合国际惯例和发展趋势，能在世界范围内有效配置资源。

（2）生产国际化

生产国际化是指企业在世界范围内进行采购、运输和生产，利用海外资源提高生产绩效的方法。

（3）销售国际化

销售国际化是指企业通过国内外的销售网络，根据不同地区和产品，有选择地进行销售活动，使自己利润最大化。

（4）融资国际化

融资国际化是指企业有能力在世界范围内寻找成本低、风险小的融资机会。

（5）服务国际化

服务国际化是指企业根据实际范围内的不同地区提供从售前到售后并且符合当地文化、习俗、法律规章的服务。

（6）人才国际化

人才国际化是指企业拥有的人才不仅要熟悉国际贸易、国际金融、国际投资等领域的相关知识，而且懂经营、会管理。

案例思考

茅台开创国际化传播新范式

2022年5月19日，茅台国际官方公众号发布了海外系列营销活动"节气里的茅台"，活动一经亮相便吸引了大量的关注。早在2022年1月6日的经销商大会上，茅台便提出了"元宇宙"的概念，近期"i茅台"App上线，利用区块链技术进行存证、防伪和抽签，以解决抽签公平、公正性问题。此次茅台在全球范围内推广"节气里的茅台"系列活动，是茅台在区块链及元宇宙领域的又一次重大尝试。茅台将中国的二十四节气文化与茅台的品牌内涵相结合，以更加开放、包容和创新的形式，在国际市场传播中国文化，讲好中国的品牌故事。茅台作为中国民族品牌的骄傲，在走出国门、走向世界，以及国际化传播方向开创了一个新的范式。

近年来，茅台一直在积极加强国际化营销与品牌文化输出工作。数据显示，茅台在境外新媒体的总粉丝量已突破223万，总曝光量超10亿次。茅台在境外发布的内容大多与中国的饮食文化、节气文化和历史文化等相关，画面清新、美观，使用了大量中国风和国潮的元素，特别是脸书平台，帖文的平均点赞量更是超过了6 000次，吸引了大量境外用户的关注，起到了非常好的传播效果。

思考：

(1) "节气里的茅台"系列活动的内容是什么？对茅台的国际化传播有什么作用？

(2) 茅台在国际化营销与品牌文化输出方面做了哪些工作？

4. 企业国际化的模式

企业国际化由于受到经营方式、国际环境、自身战略目标和实力的影响，企业会采取不同的国际化经营模式。企业进入国际市场可以选择出口进入、合同进入、投资进入、国际战略联盟等模式，选择最恰当的模式进入国际市场对企业能否完成国际化目标具有非常重要的意义。

（1）出口进入模式

出口进入模式是指将在本国生产和加工的产品输往国际市场的方式。采用该种方式时，生产地点不变，劳动力和资本也不进入国际市场，它是企业国际化经营的重要方式之一，主要包括间接出口和直接出口。

①间接出口。间接出口是指通过本国或外国的中间商代理本企业的出口业务，从而使产品或服务进入国际市场。间接出口具有投资少、风险小的优点，是进入国际市场初期积累经

验的有效方法。但是,间接出口通常无法直接获取跨国经营的经验,对产品进入国际市场的过程无法控制,不利于企业深入了解国际市场环境,不方便与国外用户保持联系。

②直接出口。直接出口是指企业凭借自己的实力在国际市场上建立自己的营销网络,直接经营业务。直接出口有利于掌握国际市场的行情,与国外客户建立密切的联系,掌握产品流通领域的主动权,缩短国外市场的流通环节,增强竞争力。但是,与间接出口相比,直接出口的投资和风险都比较大。

(2) 合同进入模式

合同进入模式是指企业与目标国的法人签订协议,将自己的无形资产使用权授予目标市场国,允许其制造、经营本企业产品和劳务,或提供设备、服务和技术支持等,以进入国际市场,取得目标国企业的某种控制权,从而获得收益。合同进入模式和出口进入模式的区别在于:它已不是单纯地出口有形产品,而是以知识和技能的转移为主要形式,具体包括许可证贸易、国际特许经营、合同经营3种形式。

①许可证贸易。许可证贸易是国际经营中的一种简单模式,是指通过与国外一方签订许可证协议,允许对方使用本企业的专利、商标、产品配方等进行生产,然后向对方收取许可费。例如,遍布全球的麦当劳、肯德基、必胜客等均属于此种类型。

②国际特许经营。国际特许经营是指特许经营权拥有者以合同约定的形式,允许被特许经营者有偿使用其名称、商标、专有技术、产品及运作管理经验等。国际特许经营与许可证贸易的不同之处是:特许方要给予被特许方生产和管理方面的帮助。国际特许经营的优点是不需要太多的资源支出便可进入目标国,对被特许方的经营有一定的控制权。不足之处是特许方盈利有限,易于把被特许方培养成自己未来的竞争对手。

③合同经营。合同经营是指企业以承包商、代理商、经销商、经营管理和技术人员的身份,通过承包工程、经营管理、技术咨询等形式,取得利润和产品,开辟新的国际市场。该种方式不需要股份投资,财务风险比较小。合同经营具体又包括国际管理合约、国际制造合同、交钥匙合同、工程项目合同4种进入模式。

国际管理合约是指企业以向目标国企业提供管理服务的方式介入该企业的经营活动并收取管理费的一种合同经营方式。该方式的优点是利用管理技术且不发生现金流出而获取收入;通过管理活动与目标国的企业和政府发生接触,为未来企业经营活动提供机会。该方式具有阶段性的特征,缺乏长久性。

国际制造合同是指企业与国外生产企业签订合同,由企业向国外生产企业提供订单和生产技术并由国外企业进行生产活动的一种合同经营方式。该方式对外投资少、风险小,但不易找到合作伙伴。

交钥匙合同是指企业与外国企业签订合同,由企业为外国企业建造一个完整的项目,承担从设计、施工、安装、调试到验收的全部建设内容,建设完工后,整个工程交付给外国企业而进入国际市场的一种方式。该方式有利于发挥工程承包者的整体优势,利润丰厚,其主要缺陷是在合同执行的过程中会遇到外国企业的干涉和阻力。

工程项目合同是指企业为外国政府或企业从事道路交通、水利等工程建设,在提供机器、设备及物料的同时,还提供设计、工程、管理等多项服务。在工程建设期间,项目管理由企业负责,工程完工后管理权交付给外国政府或企业。

(3) 投资进入模式

投资进入模式是指企业直接投资进入目标国家。投资进入模式是真正意义上的跨国经营，也是跨国企业的主要经营形式，具体包括独资进入、合资进入和企业并购3种形式。

①独资进入。独资进入是指企业独自到目标国投资建厂，进行产销活动。该方式可以享受企业的全部所有权和经营权，并独立承担风险与责任，获取全部利润。该方式有利于整体战略的制定和资源配置，比出口更能深入地打入目标国市场。但新建企业耗资大、周期长、不确定性大，易受当地政策排斥。

②合资进入。合资进入是指企业与目标国企业联合投资，共同经营、共同分享股权及管理权，共担风险。该方式可以享受合资经营国的优惠政策，减少该国政治因素变化带来的风险；可以利用合资伙伴的专门技能和当地的营销网络，开拓国际市场，但不能独立掌握企业的自主经营权，对企业整体战略制定、实现有一定的制约。

③企业并购是指企业兼并与企业收购。企业兼并是指在竞争中占优势的国际企业购买另一家企业的全部资产，合并组成一家企业的行为；企业收购是指一家国际企业通过公开收购另一家企业一定数量的股权而获取该企业控制权和经营权的行为。并购是进入和开拓国际市场的快捷方式，而且易于实现多元化，开展新业务，但并购很难使两个企业间的差异很快改善，易导致企业经营控制不灵的风险。

（4）国际战略联盟模式

国际战略联盟是一种深层次的合作方式，是指两个以上的企业为了实现优势互补、提高竞争力及扩大国际市场的共同目标而制定的合作协议。战略伙伴必须坚持平等互惠、共享利益、共担风险的原则。国际战略联盟与国际合作、合资经营相比，具有组织灵活、自主经营、风险小的特点。

国际战略联盟的建立是指在分析企业外部环境和内部条件的基础上，根据企业的战略目标，确定合作对象、合作方案及其应变措施的具体行动计划的过程。国际战略联盟的建立主要包括制定战略、评选方案、寻找盟友、设计类型和谈判签约5个阶段。

①制定战略。这项工作通常是指在分析环境和确定企业长期、短期目标的基础上，明确来自竞争对手的威胁和本企业所具有的市场机会，核查本企业的资源和生产能力，评估本企业在现有环境下的优势与劣势，然后确定本企业的战略。

②评选方案。为了确定战略，企业需要对各种方案进行评选。企业在评选这些备选方案时，除了要深刻全面地研究这些战略方案之外，还需要知道实施这些方案所需的资源及这些方案对本企业所产生的影响。

③寻找盟友。如果所制定的战略要求建立一个联盟，接下来就要寻找一个合适的合作伙伴，理想的合作者应该能对联盟起到互补的作用。这就要求企业严格考察和甄别每个潜在的合伙人，切忌匆忙选择联盟者。

知识拓展：
中国企业的
管理创新

④设计类型。建立战略联盟采取什么样的形式，应当依据企业的不同情况，考虑联盟的类型与构成方式。中、上层管理人员应参与筹划战略联盟过程，从而取得企业全体人员对联盟的支持和协助。此外，应选择适合协调工作和具有丰富经营管理经验的人员担当联盟的管理人员。

⑤谈判签约。联盟类型一旦确定，就要将加盟各方集中起来进行谈判，确定合作方的目标、期望和义务等，最后在取得一致意见的基础上制定出联盟的细则并签约实施。

【课堂案例讨论】

企业国际化模式	优点	缺点	你的结论
1. 出口进入 （1）间接出口 （2）直接出口			
2. 合同进入 （1）许可证贸易 （2）国际特许经营 （3）合同经营			
3. 投资进入 （1）独资进入 （2）合资进入 （3）企业并购			
4. 国际战略联盟			

讨论：

对比企业国际化 4 种模式的优缺点，你觉得企业国际化经营应如何扬长避短？

14.3 思考和实训

一、单项选择题

1. （　　）是管理创新的灵魂。
   A. 技术创新　　B. 制度创新　　C. 思维创新　　D. 组织机构创新
2. （　　）是管理创新的保证。
   A. 思维创新　　B. 技术创新　　C. 组织机构创新　　D. 制度创新
3. 对企业外部因素变化具有响应能力和对企业内部因素变化具有应对能力的是（　　）。
   A. 柔性管理　　B. 战略管理　　C. CIMS 管理　　D. 危机管理
4. （　　）是指一个企业的生产经营活动不局限于一个国家，而是面向世界经济舞台的一种客观现象和发展过程。
   A. 生产国际化　　B. 销售国际化　　C. 企业国际化　　D. 管理国际化
5. 企业国际化经营的最高阶段是（　　）。
   A. 间接或被动的进出口阶段　　B. 直接或主动的进出口阶段

C. 设立境外分支机构阶段 D. 成熟的多国导向型阶段
6. 企业国际化的第一个阶段是（ ）。
   A. 成熟的多国导向型阶段 B. 间接或被动的进出口阶段
   C. 设立境外分支机构阶段 D. 直接或主动的进出口阶段
7. 企业国际化具有较强的（ ）。
   A. 渐进性 B. 动态性 C. 战略性 D. 计划性
8. （ ）是指企业的管理具有国际视角、符合国际惯例和发展趋势，能在世界范围内有效配置资源。
   A. 生产国际化 B. 销售国际化 C. 管理国际化 D. 融资国际化
9. （ ）是指在本国生产和加工的产品输往国际市场的方式。
   A. 合同进入模式 B. 投资进入模式
   C. 国际战略联盟模式 D. 出口进入模式
10. （ ）是指企业直接投资进入目标国家。
    A. 出口进入模式 B. 合同进入模式
    C. 国际战略联盟模式 D. 投资进入模式

二、多项选择题

1. 有利于组织管理创新的要素有（ ）。
   A. 组织结构因素 B. 技术改革
   C. 文化因素 D. 人力资源因素
2. 下列属于管理创新的特征有（ ）。
   A. 紧迫性 B. 决定性 C. 广泛性 D. 多层次性
3. 下列属于管理创新过程的有（ ）。
   A. 管理创新模式的评估 B. 管理创新模式的实施
   C. 管理创新需求的分析 D. 管理创新模式的设计
4. 管理创新模式认证包括（ ）。
   A. 职能认证 B. 观念认证 C. 机制认证 D. 过程认证
5. 下列属于企业国际化过程阶段的有（ ）。
   A. 间接或被动的进出口阶段 B. 直接或主动的进出口阶段
   C. 设立境外分支机构阶段 D. 成熟的多国导向型阶段
6. 企业国际化的特征有（ ）。
   A. 计划性 B. 渐进性 C. 动态性 D. 战略性
7. 企业国际化包括（ ）。
   A. 管理国际化 B. 服务国际化 C. 人才国际化 D. 制度国际化
8. 国际战略联盟的建立主要包括（ ）。
   A. 制定战略 B. 评选方案 C. 寻求盟友 D. 谈判签约

三、判断题

1. 企业技术创新的目的是追求利润最大化。（ ）
2. 制度创新是通过调整、优化管理要素等资源的配置，提高现有管理要素的效能来实现的。（ ）
3. 管理创新是强化企业核心竞争能力的重要手段。（ ）

4. 企业再造是未来企业的模式。（　　）
5. 学习型组织是一场管理的革命。（　　）
6. 危机管理的目的是消除或降低危机给企业所带来的风险。（　　）
7. 融资国际化是指企业有能力在世界范围内寻找成本低、风险大的融资机会。（　　）
8. 国际特许经营易于把被特许方培养成自己未来的竞争对手。（　　）

四、思考题

1. 管理创新的含义是什么？进行管理创新有哪些有利因素？
2. 管理创新需要经历哪些阶段？
3. 什么是企业国际化？企业国际化的模式有哪些？

五、案例分析题

自我改善的柔性管理

大连三洋制冷有限公司成立于1992年9月，于1993年正式投产，现有职工400余人，是由日本三洋电机株式会社、中国大连冷冻机股份有限公司和日本日商岩井株式会社三家合资兴办的企业。该公司是在激烈的市场竞争中成立的。当时他们对外，面对来自国内外同行业企业形成的市场压力；对内，则面临着如何把引进的高新技术转化成高质量的产品，如何使来自各方面有着文化程度、价值观念、思维方式、行为方式巨大差异的员工形成统一的经营理念和行为准则，适应公司发展的需要的问题。因此，大连三洋成立伊始，即把严格管理作为企业管理的主导思想，强化遵纪守规意识。但是，随着公司的发展和员工素质的不断提高，原有的制度、管理思想和方法，有的已不能适应企业的管理需求，有的满足不了员工实现其精神价值的需要。更为重要的是，随着国内外市场竞争的激烈，大连三洋如何增强自身应变能力，为用户提供不同需求的制冷要产品，就成为公司发展过程中必须要解决的问题。因此，公司针对逐渐培养起来的员工自我管理的意识，使其逐步升华成为立足岗位的自我改善行为，即自我改善的柔性管理，从而增强了公司在激烈市场竞争中的应变能力。

大连三洋的经营领导者在实践柔性管理中深深地领悟到，公司不能把员工当成"经济人"，他们是"社会人"和"自我实现人"。基于此，大连三洋形成了自己特有的经营理念和企业价值观，并逐步形成了职工自我改善的柔性管理。通过这种管理和其他改革方法，大连三洋不但当年投产当年盈利，而且5年利税超亿元，合资各方连续3年分红，很快收回投资，并净赚了两个"大连三洋"。

以下是大连三洋自我改善的柔性管理的部分内容：员工是改善活动的主体，公司从员工入厂开始，即坚持进行以"爱我公司"为核心的教育，以"创造无止境改善"为基础的自我完善教育，以"现场就是市场"为意识的危机教育。他们在吸纳和研究员工危机意识与改善欲求的基础上，总结出了自我改善的10条观念。

①抛弃僵化固定的观念。
②过多地强调理由，是不求进取的表现。
③立即改正错误，是提高自身素质的必由之路。

④真正的原因，在"为什么"的反复追问中产生。

⑤从不可能中寻找解决问题的方法。

⑥只要你开动脑筋，就能打开智慧的大门。

⑦改善的成功，来源于集体的智慧和努力。

⑧更要重视不花大钱的改善。

⑨完美的追求，从点的改善开始。

⑩改善是无止境的。

如今这10条观念已成为大连三洋职工立足岗位、自我改善的指导思想和自觉的行为。大连三洋的职工自我改善是在严格管理的基础上逐渐形成的。从公司创建起，他们就制定了严格要求的管理制度，要求员工要适应制度、遵守制度，而当员工把严格遵守制度当成他们自我安全和成长需要的自觉行动时，就进一步使制度能有利于发挥员工的潜能，使制度能促进员工的发展，具有相对的灵活性。例如，他们制定的"员工五准则"中第一条"严守时间"规定的后面附有这样的解释，"如果您由于身体不适、交通堵塞、家庭有困难，不能按时到公司时，请拨打7317375通知公司。"在这里没有单纯"不准迟到""不准早退"的硬性规定，充分体现了公司规章制度"人性化"的一面。公司创立日举办庆祝活动，公司将所有员工的家属都请来予以慰问。逢年过节，公司常驻外地的营销人员，总会收到总经理亲自操笔的慰问信。在他们那里，"努力工作型"的员工受到尊重。职工合理化提案被采纳的有奖，未被采纳的也会受到鼓励。企业与员工共存，为员工提供舒适的工作环境，不断提升着员工的生活质量，员工以极大的热情关心公司的发展，通过立足岗位的自我改善成了公司发展的强大动力。

思考题：

(1) 试分析大连三洋柔性管理模式的内涵。

(2) 在大连三洋的柔性管理中体现了怎样的管理思想转变？

六、实训项目

企业管理创新调研

(1) 实训目标

①增强学生对管理创新的感性认识。

②培养学生分析与选择企业管理创新模式的能力。

③培养学生企业国际化管理的理念。

(2) 实训内容与方法

①到一家管理创新成功或失败的企业进行调研，系统地搜集该企业的管理创新资料。

②用所学的理论分析其管理创新的模式。

③了解该企业国际化的经营理念和进程。

④对该企业的管理创新模式或国际化经营进行评价，并提出建议。

⑤写出简要的调研与分析报告，并以班级为单位进行交流。

(3) 实训要求

①以调研的企业为单位拟定调研提纲。

②做好联络组织工作，调研企业可由学校推荐或学生自己联络。

③调查方式可以采用企业负责人介绍或学生到现场直接访谈。

④学生的调研报告按照调研提纲的脉络与要求写，注意运用所学理论与该企业的实际紧密结合。

(4) 实训检测

①每名学生上交一份调研与分析报告，按要求评分。

②选取有代表性的学生在班级进行交流，教师和学生共同评估并给出修改建议。

参考文献

[1] 罗宾斯. 管理学. 北京：中国人民大学出版社，2002.
[2] 陈佳明. 管理学原理与方法. 上海：复旦大学出版社，2004.
[3] 崔国成. 管理学原理. 北京：中国财政经济出版社，2009.
[4] 单凤儒. 管理学基础. 北京：高等教育出版社，2008.
[5] 单凤儒. 管理学基础实训教程. 北京：高等教育出版社，2009.
[6] 杜明汗. 管理学原理. 北京：电子工业出版社，2009.
[7] 王绪君. 管理学基础. 北京：中央广播电视大学出版社，2008.
[8] 梭伦. 宾馆酒店资源管理. 北京：中国经济出版社，2005.
[9] 杨湘洪. 现代企业管理. 南京：东南大学出版社，2008.
[10] 余凯成. 人力资源管理. 大连：大连理工大学出版社，2002.
[11] 徐哲. 人事管理10堂课. 广州：广东经济出版社，2004.
[12] 晓红. 把新概念变成生产力. 北京：民主与建设出版社，2003.
[13] 辛健. 管理学基础. 上海：上海财经大学出版社，2007.
[14] 车洪波. 领导科学. 北京：对外经济贸易大学出版社，2007.
[15] 蒋永忠. 管理学基础. 北京：清华大学出版社，2007.
[16] 冯学东，林祝君. 简明管理学. 北京：中国人民大学出版社，2011.